JN416448

재난의 연결고리를 끊어라

재난을 어떻게 활용할 것인가?

송재빈

재난의 연결고리를 끊어라

재난을 어떻게 활용할 것인가?

송재빈 저

도서출판 디자인21

프롤로그

아이야, 너는 어디에…

아이야
여섯 살이잖니…
…장난기 많아 잠시도 가만 못 있는 아이야.
두고 온 세상 궁금하여
무릎 꿇고 내려다보겠지.
너희들 맑은 눈으로 이 세상 구석구석 보다가
무심한 어른들
욕심 많은 어른들
심술궂은 어른들이 만들어 둔 웅덩이가 있거든
아이야, 너희들이 천사되어 꿈속에서 일깨워 주려 마.
다시는 다시는 이런 슬픔이 없도록 말이다.

1999년 6월 30일 경기도 화성군(현 화성시) 위치한 청소년수련원인 씨랜드에서 화재가 발생하여 유치원생 19명과 인솔교사 및 강사 4명 등 23명이 숨진 사고이다.

- 시인 박경란님이 희생된 어린이들을 기리기 위해 쓴
'아이야 너는 어디에' 추모시 중에서

아이야 "피우지도 못한 아이들의 불꽃을 꺼버리게 누가 허락했는가, 언제까지 돌이킬 수 없는 잘못을 반복하고 살텐가"

- 아이야! (I yah!) H.O.T 씨랜드참사 추모곡

"미안하다, 가방이랑 신발 못 전하겠어. 돈가스도 해주려고 했는데… 내 딸아 사랑한다"

"아침에 화내고 나와서 미안해, 진심이 아니었어, 자기야 사랑해 영원히"

"오빠가 없어도 밥 꼬박꼬박 챙겨 먹고 부모님 말씀 잘 들어라"

"열차가 불이 났는데 문이 안 열려요, 숨을 못 쉬겠어요… 살려줘요…

여보 사랑해요…애들 보고 싶어"

"공부 열심히 하고 착하게 커야 해, 아빠가 미안해"

"엄마, 숨을 못 쉬겠어"

"아빠! 구해줘요, 문이 안 열려…"

2003년 2월 18일 대구지하철 화재순간 희생자들은 휴대폰 문자로 가족들에게 절절한 작별의 말을 남겼다.

씨랜드, 대구지하철 화재사건 이후로 20여년이 지난 지금…

무엇이 변화됐으며 무엇이 나아졌을까?

"한동안 혼자 살아남은 죄책감에 시달렸지만 비슷한 아픔을 겪은 이들과 연대하며 버텼다" "내가 겪은 일을 남들은 겪지 않기를, …일상이 무너지지 않기를 원한다"

- 2022 핼러윈 사고 생존자

"어른들이 지켜주지 못해 미안하고 가슴 아픕니다. 좋은 데 가서 편히들 쉬세요." "잊지 않겠습니다. 안전한 국가, 나라다운 나라 만들겠습니다."

- 2022년 사고를 안타까워하는 시민

"사고가 나기 한 시간 전에 또 신고를 했다. 새벽 6시쯤 성수대교를 지나는 운전자, '덜컹' 다리 중간에서 충격이 느껴졌다. 이미 연결부분이 균열되고 있었다. 서울시에 또 신고했다. 바로 차량통제를 안했다"
세상이 다 잊어도…엄마는 잊지 않으마

- 1994년 성수대교붕괴 희생자 유족

"어른들이 미워요. 부주의 때문에 내 친구가 죽었잖아요."

- 1995년 대구지하철공사장 가스폭발사고 당시 00중학교 1학년 희생자 친구

불조심 싸이렌~윙
"서울 대연각호텔 화재현장입니다. 12월 25일 아침에 발화해서 18시간 만에 진화된 이 불은 2백명에 가까운 인명피해를 가져왔습니다. 이 참혹한 화재소식을 들은 시민들은 호텔주변에 몰려들어 인명구조를 애타게 바랐으나 불길은 너무도 거셌습니다. 헬리콥터까지 동원해서 구조작업을 벌였지만 솟아오르는 불길을 피하지 못해 그대로 뛰어내리다 숨진 투숙객도 있었습니다. 이처럼 끔찍스런 참사를 통해서 우리는 한 사람의 부주의가 얼마나 비참한 결과를 가져오는가 사실을 새삼 느낄 수 있습니다. 지상 21층이나 되는 높은 건물에 대해 방화시설이 제대로 갖추어지지 않았다는 점은 집을 짓는 사람들이 크게 반성해야 할 일입니다. 한 건물에 있어서 이같은 불행한 화재가 일어나기 이전에 잘 대비하고 안전관리를 철저히 해야 한다는 것은 더 크게 보면 나라의 일에도 비교됩니다. 적의 침공을 받아 우리의 도시가 불타기 이전에 미리 대비하고 굳건한 국방태세를 갖춘다는 것 이것은 언제나 우리들 가슴에 새겨야할 교훈이 아닐 수 없습니다"

- 대한뉴스 (제860호, 1971년 12월 25일 당시 생방송 뉴스)

지난 수십 년의 대형 재난을 돌아보면 특징이 있다.

공통점은 사고유형은 달라도 똑같은 원인, 대응, 처리방식 그리고 언론이 사고 방향을 이끄는 일이 계속 반복되고 있다. 사고를 통해 재발방지 대책에 노력하기보다는 처벌을 위한 진상조사, 정쟁의 수단

으로 이용되다 보니 교훈을 얻고 고치기보다는 대형사고가 오히려 증가하고 있다. 최근 화재, 붕괴, 침몰, 침수사고가 어떻게 반복되는지를 보면 깜짝 놀랄 것이다.

붕괴사고

1993년 1월 7일 청주우암아파트상가 붕괴(28명 사망, 48명 부상)

1994년 10월 21일 성수대교붕괴(32명 사망, 17명 부상)

1995년 6월 29일 삼풍백화점붕괴(502명 사망, 937명 부상, 실종 6명)

2014년 2월 17일 경주마우나오션리조트붕괴(10명 사망, 100명 부상)

2021년 6월 9일 광주학동건물철거붕괴(9명 사망, 8명 부상)

2022년 1월 11일 광주아파트외벽붕괴(6명 사망, 1명 부상)

화재

1971년 12월 25일 대연각호텔화재(191명 사망, 68명 부상)

1972년 12월 2일 서울시민회관화재(53명 사망, 78명 부상)

1974년 1월 3일 대왕코너(88명 사망, 35명 부상)

2003년 2월 18일 대구지하철화재(192명 사망, 151명 부상)

2008년 1월 7일 이천냉동창고화재(40명 사망, 9명 부상)(주)코리아 2000의 냉동 물류 창고

2014년 5월 28일 장성요양병원화재(21명 사망, 부상 8명)

2017년 12월 21일 제천스포츠센터화재(29명 사망, 36명 부상)

2018년 1월 26일 밀양세종병원화재(47명 사망, 112명 부상)

2020년 4월 29일 한익스프레스이천물류센터화재(38명 사망, 10명 부상)

2021년 6월 17일 쿠팡덕평물류센터화재(소방관 1명 사망)

2022년 1월 5일 평택냉동창고공사장화재(소방관 3명 사망)

침몰사고

1970년 12월 15일 남영호(326명 사망)

1993년 10월 10일 서해훼리호(292명 사망)

2014년 4월 16일 세월호(299명 사망, 실종 5명)

침수사고

2020년 7월 23일 부산초량제1지하차도침수(사망 3명)

2022년 9월 6일 포항아파트지하주차장침수(7명사망, 2명 부상)

2023년 7월 15일 청주오성지하차도침수(14명 사망, 9명 부상)

폭발사고

1977년 11월 11일 이리역 폭발사고(59명 사망, 부상 1,343명)

1995년 4월 28일 대구지하철공사장폭발사고(101명 사망, 부상 202명)

전복사고

1993년 3월 28일 구포역 열차 전복사고(78명 사망, 198명 부상)

처벌만으로는 사고막기 어렵다

대형사고가 발생하면 일반적으로 네 가지 정도의 단계를 거친다. 첫째, 왜 이런 사고가 발생했는지를 밝히는 진상 규명 단계다. 둘째, 책임이 누구에게 있는가를 묻게 된다. 셋째, 재발을 막기 위한 대책을 수립하고, 마지막은 보상·배상의 단계다. 세월호, 이태원, 충북오송지하차도침수사고도 이 과정을 거쳤거나 거치고 있다.

각종 재난·재해를 예방하고 국민을 보호하는 건 헌법이 정한 국가의 의무다. 그런데도 국가의 역할은 언제나 미흡하다. 사고 원인부터 대처 과정을 보면 담당 공무원의 무사안일과 준비없는 대책이 피해를 키운 것으로 드러났다. 대형 재난의 책임자를 가려내고 처벌하는 일은 이제 익숙한 풍경이다. 물론 진상규명과 책임자 처벌은 반드시 필요하다. 문제는 그 과정에서 가장 중요한 재발 방지 대책이 뒤로 밀리고 잊혀진다는 사실이다. 여기에는 재난과 참사를 정쟁 소재로 이용하는 정치권의 책임이 크다.

세월호 조사와 수사(9차례), 9년 만에 지휘부 최종 무죄 확정(대법원 2023.11.2.)

세월호 당시 초동 조치를 제대로 하지 않아 승객들을 구조하지 못한 혐의로 재판에 넘겨진 전 해양경찰청장 등 해경 지휘부에 대해 대법원이 무죄를 확정했다.

이 사고는 한국사회에 많은 문제점과 앞으로 나갈 방향을 제시한 긍정적인 측면과 국가 모든 기관을 동원한 점, 정권이 바뀌었는데도 결론이 나지 않은 아주 특별한 사고라고 할 수 있다.

2014년 세월호 참사 발생 이후 특검을 포함 여덟 기관이 아홉 차례 수사·조사를 벌였다. 검찰 수사, 국회 국정조사, 감사원 감사, 해양안전심판원 조사, 선체 조사위 조사, 사참위 조사, 검찰 특별수사단 수사 등을 받았다. 한 사건을 놓고 이런 식의 강도 높은 수사·조사를 거듭한 유례가 없다. 검찰의 첫 수사에서 밝혀진 내용에서 더 나아간 것은 사실상 없다.

통상적인 선박 전문가라면 누구나 짐작할 만한 원인으로 일어난 사고였다. 검경 수사와 재판에서 '선체 불법 개조 증축과 평형수 부족, 부실한 화물 고정, 운전 미숙, 승객을 버려두고 도망친 선장과 선원들, 관리감독 소홀 등으로 사고가 났다'고 명확한 결론이 난 상태다. 어떤 이유로 공식적인 발표가 이뤄지지 못하고 있다. 해난사고는 오히려 증가하고 있다. 이제는 이 사건에서 지적된 문제점을 법령, 매뉴얼, 재난훈련 등을 통해 고쳐나가야 한다.

이쯤 되면 왜 어이없는 참사가 반복되는지 점검할 필요가 있다.

이태원 압사사고, 오송지하차도 침수사고 등 담당 공무원들이 신고를 받고도 소극적인 대응을 한 이유는 무엇일까? 그들의 행동에 조직문화, 지휘부의 메시지 또는 축제, 지하차도보다 '후순위'로 만든 요인은 무엇일까?

현장근무자에게 '왜 통제를 안 했어'라고 추궁하는 대신 근무자에게도 어떤 말 못할 이유가 있었을 것이라는 전제하에 사고 조사 접근을 해나가야 한다.

사고를 조사할 때 이해하는 방법을 바꿔야 한다. 눈에 보이는 것만이 아니라 그 속에서 상호작용하는 요소들의 상황을 파악해야 한다. 즉 위험을 인지하는 지식과 경험, 자원의 부족 및 사전 제약요인 등을 찾아 바꿔나가야 한다. 이런 상황 및 조건을 체계적으로 이해하기 위해서는 시스템적 사고가 필요하다. 사고 속에 관계된 사람들의 제한된 합리성을 이해하는 것이 사고 재발을 막는 데 필수적이다.

"누구 잘못 이냐"로 변질되면 과학적·객관적인 원인 분석을 통한 실체적 진실 파악은 불가능해진다.

잘못은 고쳐지지 않고, 처벌받아야 하면 누군가는 책임을 면하게 된다. 그리고 재난은 반복된다. "재난은 정상에서 벗어난 일탈과 같은 놀라운 일이 아니라 영원히 반복해 일어나는 일상적 표준이 됐다" 예를 들면, 기록적인 폭염, 폭우 등이다.

미국의 재난 대응 전문가인 줄리엣 카이엠하버드 케네디스쿨 교수는 책 '악마는 잠들지 않는다'에서 "모든 재난에는 역사가 있다." 재난은 일순간 터지는 사고처럼 보이지만 사실은 그보다 훨씬 전부터 이루어진 공공 정책과 의사결정이 쌓여 축적된 결과다.

재난사고에 어떻게 대비하고 있는가?

세계 어느 나라도 자연재난을 비롯한 교통사고, 화재, 붕괴, 선박 침몰 등의 사고는 정도의 차이는 있으나 계속 발생하고 있다. 사전에 철저하게 대비한다. 재난은 국가나 사회 개인에게 피해를 주지만 미리 예고하고 찾아오지 않는다. 과거 오랜 경험과 축적된 지식에 의해서만 재난을 막거나 피해를 최소화 할 수 있을 뿐이다. 그러나 이러한 미래의 일도 결국은 과거의 일이 되고, 경험과 지식의 영역으로 바뀐다. 과거 재난을 어떻게 활용할 것인가는 그 나라와 그 사회의 역량에 달려있다.

안전교육을 생활화하고 있다

독일 국민들의 안전 의식은 유치원에서 부터 시작된다. 교통안전교육을 공교육 교과과정에 편입하여 유치원부터 시작하여 초등학교까지 계속한다. 예고도 없이 긴급 소방재난훈련도 실시하여 대처 능력을 향상시키고 있다. 전 국민이 16세에서 65세까지 10시간 안전교육을 받아야 하며, 미사일이나 핵 공격 상황에 대처하는 방법도 배우게 된다. 운전면허 교습을 할 때에도 심폐소생술, 교통사고 대처 등 응급조치 교육을 의무적으로 4시간 받아야 한다.

3학년이 되면 수영을 배우기 시작하여 8~9학년(김나지움 4~5학년)까지 계속된다. 마지막 단계에서는 심폐소생술과 인명구조 훈련을 배우고 인명구조 자격증까지 받게 된다. 모든 학생이 인명구조 요원이 되어 졸업하고 있다.

사고 대응 지휘 체계가 현장 중심으로 단순화되어 있다.

독일 재난사고 처리는 고도의 전문성과 빠르게 대응하는 것이 절대적이다. 따라서 사건처리대책본부(control tower)의 책임자는 사건 내용과 대응 방법을 가장 잘 알고 있는 현장 책임자가 맡는다. 현장 소방서장·경찰서장·해양경찰서장이 모든 권한과 책임을 가지고 맡은 사건을 지휘하게 시스템을 구축해야 한다. 책임자의 계급이나 직책은 전혀 문제가 아니라 정당한 권한을 부여해서 현장 책임자의 명령과 지시가 곧 법으로 여기에 정치가 정무적 판단으로 개입을 없애야 한다.

반복 훈련만이 안전한 사회를 만든다.

"문제는 늘 예고 없이 생기는 것이다"

2001년 911테러 당시 세계무역센터에 입주한 모건스탠리의 보안 책임자였던 릭 레스콜라(당시 64세)는 사고는 언제나 예고 없이 터지는 것을 잘 알기 때문에, 테러 위험에 대비해 주변 반대에도 재난 대비 메뉴얼을 만들고 최대한 비상 상황과 근접하게 반복 훈련을 실시해 2,687명을 살릴수 있었다. 9·11의 영웅으로 아직까지도 칭송받는 릭 레스콜라, 그는 평소 반복훈련의 중요성을 이렇게 말한다.

"인간이 재난으로 충격에 휩싸일 때 어떻게 행동해야 하는지 뇌를 움직이는 최고의 방법은 훈련이다. 똑같은 훈련을 반복하는 것뿐이다"

국민이 변해야 정부, 정치권, 재난도 변하게 된다.

세월호, 이태원 등의 사고를 겪으면서 수많은 사고 원인과 문제점을 발견했다. 관련자를 처벌하고 법과 매뉴얼을 만들어 시행했음에도 사고는 지속적으로 발생하고 있다. 그 원인은 무엇일까? 관련 법안을 만들고 재발방지에 온 힘을 쏟아도 예측하기 힘든 사고가 계속 발생하고 있다. 그러나 이런 일을 해야 할 국회는 시급하게 처리했어야 할 안전사고 방지 법안은 국회에 방치돼 있다. 유권자들은 이런 정치인들을 심판해야 한다.

사고 원인이 없어도 사고는 발생할 수 있으며 사고 원인을 모를 수도 있다. 자신의 역할을 다했는데도 어떤 경우는 사고로 이어질 수도 있다. 이는 변화하는 환경속에서 상호 연결성이 작용하기 때문이다. 사고 예방 업무는 과거의 유사 사례를 분석해 보면서 다가올 재난상황을 예측하고 준비하는 것이다. 사고로부터 교훈을 얻고 특히 취약요인을 발견하면 꾸준히 모니터링해야 한다. 다음은 우리 사회 어디에서 재난이 일어날지 뒤돌아보고, 안전한 사회를 위해 사고로부터 진실과 정직을 배우고 유가족들의 아픔을 공감하며 막을 수 있는 사고는 반드시 막아야 한다는 자세로 임해야 할 것이다. 헌법 제7조1항은 "공무원은 국민전체에 대한 봉사자이며 국민에 대하여 책임을 진다"규정하고 있다. 공직자는 자신이 맡은 분야만큼은 최선을 다해 책임과 의무를 다해야 한다. 재난을 분석하고 운동선수가 시합 전 똑같은 기본 훈련을 하듯이 반복 훈련을 해야 한다.

"재난 예방의 시작은 과거의 재난을 분석하는데서부터 출발한다"

일본 아카시시육교압사사고가 있었다.

2017년 7월 21일(11명 사망, 247명 부상) 참사 이후 일본 여론은 "경비당국은 물론 행사 참가자를 포함해 시민들 모두 안정을 위해 노력할 필요가 있다"고 했다. 마이니치신문과 인터뷰에서 한 시민은 "이번 사고의 근본적인 원인은 시민으로서 기본적인 질서를 지키지 않은 것"이라고 말했다.

일본 정치권은 철저한 원인 규명을 통한 재발 방지에 모든 초점을 맞췄다.

아카시시 의회는 "사고 원인을 철저히 규명해 이에 따른 정확한 대응을 요구한다"고 밝혔다. 도시 방재 전문가, 건축 공학자, 재난 전문

구급 의사 등으로 구성된 사고 조사위원회를 결성하고 재발 방지를 위한 보고서를 만들었다. 사고 발생 후 두 달 만에 열린 합동위령제에서 "이런 사고가 다시는 발생하지 않도록 하는 것이 희생자들을 기리는 방법"이라고 유족들은 말했다. 우리 사회도 참사 초기에 "지켜주지 못해서 미안하다"는 시민들의 추모에는 자성의 목소리가 담겨 있었다. 하지만 시간이 지날수록 참사는 정쟁의 도구로 전락하면서 사고에 대한 시민사회의 반성과 앞으로 더 안전하게 축제를 즐길 수 있는 방안 등을 고민하는 목소리는 이제 거의 들리지 않는다. 우리나라는 사전대비에 30%를 사후 수습에 70%를 투자한다. 일본과 비교하면 반대 행정을 하고 있다.

언론을 어떻게 정확하게 보도하게 만들 것인가?

최근 우리나라 대표 공영방송 사장이 대국민 기자회견을 열어 "공영방송으로서 핵심 가치인 공정성을 훼손해 신뢰를 잃어버린 상황에 깊은 유감을 표하며 정중히 사과한다"고 밝혔다.

"지난 몇 년 동안 불공정 편파 논란이 끊이지 않았고 TV와 라디오에서 일부 진행자가 일방적으로 한쪽 진영의 편을 들거나 패널 선정이 편향된 일이 적지 않았다, 무분별한 속보 경쟁을 하지 않고, 팩트체크를 활성화해 오보가 발생하지 않도록 하고, 오보를 내면 사과할 것이며 정정보도는 원칙적으로 뉴스 첫머리에 보도하겠다"며 "불공정 논란이 일면 잘잘못을 따져 책임을 묻겠다"고 했다.

오보 사례의 재발을 막기 위해 주요 불공정 방송의 경위와 진상을 철저히 규명하고 관련 백서를 발간하고, 공정성과 신뢰도 확보를 경영 최우선 가치로 삼을 것이라고 강조했다.

천안함 폭침현장 작전수행과정을 기록한 『폭침 어뢰를 찾다』에서도 다음 유사한 상황 발생시 절대 잊지 말고 개선할 사항을 책 말미에 호소하고 있다.

현장 언론 보도가 정말 중요하다. 처음부터 확인되지 않은 사항을 경쟁하듯이 신속하게 발표하는 형태는 엄청난 장애물을 만든다. 각 언론사 패널 선정 '전문가'에 대한 통제와 검증이 필요하다. 잘못된 내용으로 희망을 준다면, 준비한 계획은 사라지고 언론의 흐름을 따를 수밖에 없는 상황이 만들어지고 만다. 현장에는 수많은 변수가 있다. 최악의 경우 현장 발표가 계속 거짓말이 되고 마는 것이다. 직접 보고 확인되지 않는 상황을 함부로 보도해서는 안된다.

현장에서 발표는 현장 전문가에게 확인을 받을 필요가 있다.

전후방 없는 공습 공포 속에 우크라이나 덮친 두 번째 겨울을 잊지 말아야…

2023.11.26일 0시, 야간 통행금지 실시로 고요한 우크라이나 수도 키이우 일대에 사이렌 소리가 울렸다.

"신속히 방공호로 이동하십시오. 자만은 당신의 약점이 될 수 있습니다. 신속히 방공호로 이동하십시오."

"10년전 우리는 러시아와 같은 전체주의 나라가 되지 않고 자유민주주의와 법치를 우선하는 나라가 되고 싶어서 목숨을 걸고 싸웠던 것입니다. 러시아는 이미 이란과 중국제 드론을 공급받아 우리를 공격하고 전장에선 북한산 무기를 쓰고 있습니다. 이처럼 룰(규칙)을 어기는 나라들의 횡포를 그대로 둔다면 이들 전체주의 국가는 더 강해지고 더 결속할 겁니다. 우리는 반드시 이겨야 합니다."

- 전쟁 발발 후 자원입대해 '남부 지역'에서
러시아군과 싸우는 우크라이나 군인

안전불감증보다 더 무서운 안보 불감증

"내가 요즘 말하는 '안보 불감증'이었어요. 전방도 아니고 평생 광주광역시에서 살면서 교사로 지냈죠. 아들이 휴가 나오다가 그렇게 처참하게 전사하고 나서야 알았어요. 북한의 도발에 따른 희생에는 예외가 없다는 걸. 남은 사람은 평생을 아픔과 원망 속에 살게 됩니다. 안보의 소중함을 모든 국민이 머릿속에 각인해야 합니다."

혈육을 잃고 난 뒤에야 재난과 마찬가지로 안보 불감증에서 벗어나는 어리석음을 범하지 말라는 진심 어린 조언이다.

- 13년 전 北 연평도 포격으로 숨진 故 서정우 하사 모친 김오복 여사

2010년 11월 23일 북한은 연평도와 인근 해상에 포탄 170여 발을 1시간 동안 발사했고 해병 대원 2명과 민간인 2명이 목숨을 잃었다. 당시 서 하사는 마지막 휴가를 위해 선착장에 나갔다가 부대 복귀 중에 전사했다.

그 누구보다 책임지는 리더였다

신숙주(申叔舟)가 임종을 앞두고 있을 때 성종(成宗)이 친히 찾아와 하고 싶은 말이 없느냐고 물었다.

"그래, 경은 나에게 남길 말이 있소?"

신숙주는 "일본과 화친을 잃지 마소서"라는 말을 남겼다.

조선 시대를 최악의 상황에서 최고의 리더 류성룡(1542~1607)은 〈징비록〉 서문에서 이 같은 일화를 소개하며 일본과 관계를 끊은 것이 임진왜란(1592년) 정유재란(1597년)의 부메랑으로 돌아온 것을 개탄했다. 좋든 싫든 이웃 국가인 일본을 잘 살펴보고 그에 대한 유비무환을 게을리해서는 안 된다는 뜻으로 〈징비록〉을 썼다.

그는 영의정으로 군사를 총지휘하며 훈련도감을 설치했으며, 경기 일대 나루터에 군사를 주둔시켜 나라를 배반한 역적들의 내통을 차단했으며, 이순신의 후원자 역할을 맡아 나라를 지켜냈다.

"자기와 같은 무리이면 비록 그른 것이라도 옳다고 하고, 자기와 다른 무리이면 옳은 것이라도 그르다 한다 …온 나라 안이 그르고 옳음을 떠나 헐뜯기를 일삼는 것이 망국으로 가는 길이다"

- 류성룡〈운암잡록〉

430여년 전이나 지금이나 우리는 똑같은 모습을 보고 있다.

류성룡은 기록으로 남겨 책임지고 반성하는 리더였다. 징비록 서문에 이렇게 쓰고 있다.

"나와 같이 보잘것없는 사람이 어지러운 시기에 나라의 중책을 맡아 위태로운 판국을 바로잡지 못하고 넘어지는 형세를 붙들어 일으키지도 못했으니 그 죄는 용서받을 수 없을 것이다. ……지금에 와서 비록 후회한들 무슨 소용이 있으랴마는 그래도 훗날의 경계가 되겠기에 상세히 기록하여 둔다"

'미리 준비하고 훗날의 재난을 대비하라'

7년의 전란을 극복하고 그것을 잊지 않고 후세에 전하기 위해 기록을 한다. 징비록은 당시 조정의 상황들을 아주 자세히 상세하게 기록한 방대한 기록이다. 누구보다도 중요한 위치에 있었기에 당시 조정의 상황, 주요 인물들에 대한 설명, 명·일본과의 외교, 백성들의 고통 등을 기록하고 있다. 당시 백성의 고통은 이러했다.

"성안의 백성들은 백에 하나도 남아있지 않았는데 살아있는 사람들조차 모두 굶주리고 병들어 있어 얼굴빛이 귀신 같았다. 날씨마저 더워서 죽은 사람과 말(馬)썩는 냄새로 가득했는데 코를 막지 않고는 한 걸음도 떼기 힘들었다."

그는 전란이 끝난 후에도 자신의 막중한 책임을 끝까지 다하기 위해서 징비록을 저술했던 것이다. 마치 아무도 책임지지 않는 지금 세태를 미리 알고 꾸짖고 있는듯하다.

공동체 정신을 회복해야 한다.

언제부터인가 우리 사회는 스스로 힘으로 해결하려고 하는 자정 능력을 상실했다. 어떤 문제가 생기면 그것을 공동체정신을 통해 스스로 해결하려고 노력하기보다는 행정기관에 민원을 넣는 등 타율적 해결에 호소하고 사소한 사안을 갖고도 고소·고발로 경찰, 검찰과 법원으로 가져가고 있다. 학교는 물론이고 아파트 단지에서 사소한 분쟁도 어디서든 이런 현상을 볼 수 있다. 과거 같으면 당사자끼리 결정할 문제가 소송으로 비화하고 이로 인한 사회적 비용도 엄청나다.

공동체 정신이 사라지자 책임질 만한 일을 하지 않는 이상한 현상이 모든 공직자부터 사회 곳곳에서 나타나고 있다. 기업들은 민원과 고소·고발에 대비하는 방어적 경영에 열중하고 생산성은 낮아지고 있다. 살기 좋은 나라를 살기 어려운 세상으로 우리 스스로 만들어 버린 것이다. 공동체 정신을 상실한 대신 들어선 것은 온갖 잡다한 법률과 규제다. 무슨 사건사고만 터지면 국회는 처벌을 강화하는 법률을 만들어 내지만 그것은 스스로의 행동을 막아버리는 부작용을 일으키는 경우가 많다. 법률로 책임과 의무를 강화하면 경각심을 갖게 하는 긍정적 효과도 있지만 책임이 돌아올 수 있는 일은 아예 하지 않는 문제점도 많다. 재난현장에서도 스스로 결정할 일을 위원회, 협의회 등을 통해 책임을 분산하는 경향이 있다. 의사에 대한 책임을 강화하면 의사는 위험하고 힘든 일을 피하게 되는 것이 대표적인 경우다. 응급실 의사가 부족하고 소아청소년과 병원이 문을 닫는 현상도 이런 추세와 관련이 있다고 할 수 있다.

더 늦기 전에 사라져 버린 '공동체 정신'을 되살리기 위한 노력을 국민 모두가 해야 한다. 서로가 상대방을 비난하고 내 책임과 의무를 경찰이나 법원 맡기기에는 우리에게 주어진 시간이 그리 많지 않다.

이 책을 쓸 수 있도록 지혜를 주신 살아계신 하나님께 감사 영광 드리며, 다가올 재난 예방과 대책 수립, 피해를 줄이는데 조금이라도 도움이 된다면 참으로 다행일 것이다.

송재빈

차례

3장 교육·훈련이 최고의 복지다 / 243

4장 국민이 변해야 재난도 변한다 / 297

1장
재난사례

정보 실패

진주만 공습(Battle of Pearl Harbor)

세계 2차 대전 때 일본의 진주만 공습 정보 실패는 인종주의 편견이라는 거울 이미지 효과(mirror image effect)가 작동한 사례다. 미국인들이 "조그마한 황색인"이라고 비하한 일본이 미국을 공격할 것이라고 상상도 하지 못했기 때문이다. 동양인을 멸시한 더글러스 맥아더도 "진주만을 공격한 조종사들이 백인 용병일 것"이라고 주장할 정도였다. 인종적 편견이라는 '거울 이미지'에 빠져 일본에 대한 정보활동을 소홀히 한 대가로 미국은 태평양전쟁 초기 항공모함 부족에 시달려야 했다.

1941년 12월 7일, 일요일 아침 미합중국 하와이주 오아후섬의 미합중국 해군의 진주만 기지를 일본 제국 해군이 기습공격을 한다. 진주만에 대한 기습공격은 미국 태평양 함대와 이를 지키는 공군과 해병대를 대상으로 과감하게 실행되었다.

일본 해군 항공기 360대가 일시에 기습 출동해 미 해군 전함 5척, 경순양함 1척이 피해를 입거나 침몰했고, 항공기 480대, 2,335명의 군인과 68명의 민간인 사망자가 나왔다. 한꺼번에 큰 피해를 입자 루스벨트와 처칠은 충격에 빠졌다.

1940년 이후 미국인들은 일본이 미국과의 한판 전쟁을 준비하느라 바쁘게 움직이고 있는데도 그런 내막을 전혀 모른 채 마치 꿈 속을 헤매듯이 친일 분위기에 취해 있었다. 미국인들이 이렇게 일본인들의 실상에 대해 무지했던 이유는 그동안 일본의 군국주의자들이 미국인들을 상대로 펼쳤던 거짓 선전 선동의 결과였다.

그러나 일본 천황전체주의의 기원과 실상, 저들의 행태 등을 정확히 이해하고 있었던 이승만 박사는 일본이 빠른 시일안에 미국을 침공하리란 것을 알고 이를 미국인들에게 알려서 일본의 침공에 대비하도록 해야겠다고 결심한다.

그는 그동안 일본이 쓰고 있는 가면을 통해 일본을 인식하고 있던 미국인들에게 일본의 가면 뒤의 실체를 알려주기 위해 책을 쓰기로 결심하고 집필 작업을 한다. 1941년 7월에 『JAPAN INSIDE OUT』 영문으로 미국에서 출판되었다. 이 책은 시종일관 미국이 일본을 경계하지 않으면 곧 미국이 일본의 공격을 받을 것이라고 주장하고 있다. 그러나 책이 출간될 당시 그 가능성을 믿고 이승만 박사의 말에 귀를 기울였던 미국인은 거의 없었다.

책이 출간되고 나서 다섯 달이 지난 1941년 12월 7일, 하와이의 진주만에 있는 미군 해군기지가 일본군에 폭격당하자 미국인들은 그제야 이승만 박사의 예언이 옳았음을 알게 되었고, 따라서 미국의 정치지도자들과 군사 지휘관들이 이 책을 적극 일본을 이해하기 위한 필독서로 간주하게 됨으로써 이 책은 순식간에 미국 전역에 걸쳐 베스트셀러가 되었다.

소위 '태평양전쟁'이 벌어지고 나서야 미국인들이 이 책의 진가를 알게 되었으니 놀라운 책이다. 이 책이 정말로 놀라운 책이라는 사실을 노벨상 문학상(1938년)수상작가 펄 벅(Pearl Buck, 1892~1973)은 미리 알고 있었다. 월간지 〈아시아〉지 1941년 9월호에 실린 펄 벅 여사의 서평이 그 산 증거이다.

아래는 번역된 펄 벅 여사의 서평 전문 중 일부이다.

〈한국의 우국지사인 이승만 박사가 대담하게 한국인의 관점에서 일본에 관한 책을 썼는데 'JAPAN INSIDE OUT'이 바로 그것이다.

이것은 무서운 책이다. 나는 이 책에서 이야기하고 있는 것들이 진실이 아니라고 말할 수 있기를 바라지만 너무나 진실한 것임을 밝히지 않을 수 없는 것이 두렵다.

……우리들이 나치즘(Nazism)의 구성요소라고 생각했던 속임수와 거짓 핑계와 망상 등은 히틀러가 탄생하기 이전부터 이미 일본의 정책이었음을 이 박사는 이 책에서 보여주고 있다.

이 책은 미국인들이 읽어야만 할 책이다. 왜냐하면 이 책은 미국인들을 위해 저술되었으며 지금이야말로 미국인들이 읽어야 할 때이기 때문이다. 다시 한번 말하는데 내가 두려움을 느끼는 것은 이 책에서 말하는 것들이 전부 정말이라는 것이다〉

이 책만큼 일본 천황제의 실체를 간결하고도 설득력 있게 정리한 책은 없다. 우리가 천황 전체주의의 실체를 알면 이것이 스탈린으로 대표되는 공산 전체주의는 물론 북한의 수령 전체주의와 얼마나 유사한지도 알게 된다. 이 문제를 이해해야 전체주의와 평화를 유지해야 한다고 주장하는 소위 '평화주의자'들의 위선을 알 수 있다.

그동안 이 책의 존재는 알려져 있었지만 4.19혁명으로 하야한 이승만 대통령에 대한 부정적 여론이 강했기 때문에 번역돼 나오지 못했다. 최근 대한민국 건국 과정에 대한 재평가 움직임이 활성화되면서 뒤늦게 조명을 받게 됐다.

'거울 이미지 효과(mirror image effect)'에 따른 정보 오판

1) 1949년 2월 28일 6·25 전쟁 1년여 전인 CIA는 "미군 철수 이후 북한의 침공 가능성이 매우 높다(highly probable)"고 경고했다.

6·25 전쟁은 소련과 북한의 진짜 의도를 잘못 판단한 미국의 정보 실패 사례로 꼽힌다. 당시 소련과 중국이 압도적인 핵 공격능력을 가진 미국과 전면전을 벌이기 힘든 상황에서 소련의 위성국인 북한이 쉽사리 전쟁을 벌이지 못할 거라고 판단한 것이다.

이에 따라 CIA는 게릴라전 같은 제한 전쟁(limited war) 가능성만 백악관에 보고했다. 딘 러스크(Dean Rusk) 국무성 차관보가 전쟁 5일 전인 1950년 6월 20일 "우리는 북한이 전면전을 일으킬 의도가 없다고 보고 있다"고 잘라 말한다. 하지만 현실은 소련과 중국의 지원을 받은 북한은 전면전을 과감하게 실행했다. 미국이 자국의 핵 무장력을 앞세워 소련, 중국, 북한의 의도를 지레짐작한 실수는 전쟁 3일 만에 수도 서울을 빼앗기는 비참한 결과를 맞이한다.

2) 미국 9·11 테러는 정보 실패의 대표적 사례로 꼽힌다

2000년 1월, 미국 국가안전보장국(NSA)이 테러범 3명의 통화를 감청해 불순한 정황을 포착하고도 범행을 사전에 막지 못했다.

미국 의회 조사 결과 여러 정보기관이 수집한 첩보를 제때 공유하지 않았던 것으로 드러났다.

2001년 9·11 테러를 조사한 미국의회진상조사보고서는 정보당국에 기습공격을 저지시킬 수 있는 기회가 10번이나 있었다고 결론 내렸다. 뉴욕의 무역센터 쌍둥이 빌딩과 국방부 건물을 공격하는 항공기

자살 테러 사건을 막을 수 있는 사전 징후를 정보 당국들이 여러 차례 놓쳤다는 것이다. NSA는 테러 발생 9개월 전에 항로를 답사하기 위해 쿠알라룸푸르를 방문한 테러분자 세 명의 통화를 감청하였으나 각 정보기관에 전파하지 않았다. 중앙정보국(CIA)은 6개월 전에 태국으로부터 테러범이 LA행 비행기에 탑승했다는 정보를 받고도 연방수사국(FBI)과 공유하지 않았다. FBI는 미심쩍은 이슬람 비행 훈련생을 조사하지 않고 단순 추방하여 용의자 추적에 실패하였다. 오사마 빈라덴과 연계된 중동인이 상업용 제트기 조종을 배우려는 정보가 입수되었지만, 빈라덴이 아프간에서 수송기 운용을 원한다는 그릇된 결론을 내렸다. 정보 해석이 틀렸다. 결과적으로 미국 본토 테러는 통합된 정보 공유체제가 작동하지 않아서 벌어진 참사였다. 미국이 본토 공격을 당한 것은 역사상 처음이며, 미국 안보 정책의 근본적인 변화를 가져오는 계기가 됐다. 미국 본토를 대비하는 국가 안보체계는 9·11 테러 전후로 구분된다.

9·11 테러는 정보기관의 사전 위기 경고 소홀로 인한 정보 실패(intelligence failure) 사례다. 경고등이 작동되지 않은 대표적 사례는 1941년 제2차 대전 당시 일본의 진주만 공격, 1973년 이집트의 이스라엘 기습 작전인 욤 키푸르 전쟁이 있으며 1990년 이라크의 쿠웨이트 침공 등은 국가정보학 교과서에서 사례 연구로 다루어진다.

정보기관은 기술정보(TECHINT)와 인간정보(HUMINT)를 활용해 상대의 인사이드 스토리를 파악하는 데 주력한다. 특이동향이나 징후 관련 첩보(information)는 분석관들의 체계적이고 깊이 있는 분석 평가 및 해석을 통해 정보(intelligence)로 전환되어 사용자에게 보고된다. 첩보와 정보를 구분하는 과정은 매우 전문적인 중간단계를 거쳐야 한다.

자료(Data) → 첩보(Information) → 정보(Intelligence) 과정에서 정교한 분석과정은 필수적이다.

정보기관의 업무는 평시에는 국익을 수호하기 위한 방첩과 상대국에 대한 첩보 수집 활동이 핵심이다. 특히 위해를 가할 적의 기습이나 동향을 파악하는 것은 핵심 업무다. 적의 동향을 파악해서 적시성, 객관성 및 정확성을 기초로 해서 경고 보고를 하고 대응은 정부 전 부처와 군(軍)을 중심으로 이뤄진다. 9·11 테러는 사전 경고 실패(warning failure)로 인한 정보 실패(intelligence failure) 사례다.

FBI 미니애폴리스 지부에서 근무 중인 22년 경력의 콜린 로울리 여성 요원은 9·11 연쇄테러를 사전에 차단하지 못한 미국 연방수사국(FBI)의 관료주의와 무능을 강도높게 비난했다. 그녀는 2002년 TV로 전국에 방영된 상원 법사위원회 증언을 통해 "FBI에는 요원들의 자발성을 질식시키는 관료주의가 팽배해가고 있으며, 7단계에서 9단계까지의 관료층이 존재한다"

"FBI에는 매우 강력한 서열이 존재하며 누군가가 전화를 받고 1~2단계 높은 상부에 직접 보고하는 일조차 드물다"고 폭로했다. "앞으로 또 다른 테러공격을 막기 위해서는 FBI가 보다 유연하고 능동적인 조직이 돼야 할 필요가 있다"고 증언했다.

FBI 고위 관계자들이 '작은 정치'에 너무 신경을 쓴 나머지 승진에 영향을 미칠 수 있는 어려운 결정을 내리는 것을 너무 두려워했다고 지적했다.

9·11 테러 관련 사형 평결을 받은 자카리아스 무사위는 2006년 배심증언에서 "후회도 참회도 없으며, 9·11 테러가 날마다 일어났으면 좋겠다"고 말했다. 검사가 "9·11을 다시 보면 행복하겠느냐"는 질

문에 "우리가 당신을 죽일 때까지 매일"이라고 답했다.

또 무사위는 "우리는 당신들이 당신들 나라에서 고통을 당하길 원한다"며 "9·11 같은 공격이 9월 12일, 13일, 14일에도 일어났길 바란다"고 강조했다.

9·11 사후 분석에서 '점선 연결(connect-the-dot)' 실패였다.

하마스 기습에서도 이스라엘은 9·11 사례처럼 동일한 '점선 연결' 실패의 오류를 반복한 것이다. 하마스 기습은 9·11 테러와 유사하다.

미국의 국제정치학자 잭 레비에 의하면 정보의 복잡성, 인지적 편견, 제한된 자원, 정치적 압력 등으로 인해 "정보 실패는 불가피"하다고 말한다. 그보다는 정보 실패의 부작용, 가능성, 후유증을 최소화하는 것이 더 중요하다. 이를 달성하기 위해서는 생각할 수 없는 도발적 개념들을 제시하는 것도 '잘못된 전제의 오류'를 극복하는데 도움이 될 수 있을 것이다.

3) 2023.10.7 팔레스타인 가자지구의 이슬람 무장 단체 하마스가 이스라엘을 기습 공격했다.

'이스라엘판 911'일어난 것이다. 하마스 기습 직전 이집트 정보기관이 이스라엘 정부에 경고 메시지를 보냈지만, 이스라엘이 요르단강 서안지구만 주시하고 가자지구 위협은 무시한 걸로 알려졌다. 역사상 다른 정보 실패 사례도 마찬가지다.

사소한 정보도 수십 번을 두드려 본다는 정보의 세계에서 왜 이런 일이 벌어졌을까?

전문가들은 여러가지 요인을 꼽지만 그 중에서도 자국 관점에서 적국을 분석하는 이른바 '거울 이미지 효과(mirror image effect)' 효과라고 말한다. 철저히 상대국의 입장에서 의도를 분석해야 하는데 무의식중에 자국 입장을 투영시킨다는 것이다. 보통 사람들도 자신의 시각에서만 상대방을 이해하려고 하니 소통이 잘 안되는 것과 비슷하다.

지금까지 주요 정보 실패 사례들을 보면 기습공격의 단서를 어느 정도 사전에 인지했다는 공통점이 있다. 구체적으로 언제, 어느 장소로, 어떻게 침입해 들어올지를 몰랐을 뿐 기습이 곧 있을 것이라는 신호는 어느 정도 알아차렸다는 말이다.

하마스 기습은 첨단무기로 무장한 아이언돔(iron dome)과 아이언월(iron wall)이 있는 한 하마스가 국경을 정면 돌파하는 기습을 시도하지 않으리라는 미리 판단한 것이 화를 불렀다. 하지만 하마스는 이런 이스라엘의 안일한 시각을 간파하고 다량의 로켓과 드론, 행글라이더 부대 등으로 정면 침투를 감행해 허를 찔렀다. 이스라엘이 무인 첨단기기라는 자국의 방어전략에 갇혀 적의 동태를 제대로 살피지 않은 것이다.

이스라엘이 망국 직전까지 갔던 50년 전 제4차 중동전쟁(욤키푸르전쟁) 때도 비슷한 일이 벌어졌다. 당시 이스라엘 정부는 자국의 압도적 공군력에 대응할 수 있는 방공망이 구축되지 않는 한, 이집트가 공격하지 못할 거라고 봤다. 또 시리아는 이집트 도움 없이는 침략할 수 없을 거라고 예상했다. 하지만 결과는 이집트와 시리아의 협공에 따른 초기 참패였다. 기습 직전 후세인 요르단 국왕이 골다 메이어 이스라엘 총리를 만나 위험을 경고했고, 나세르 이집트 대통령의 사위 아슈라프도 모사드에 비슷한 신호를 보냈지만 이스라엘의 오판은 끝내 바뀌지 않았다.

과거 경험으로 독·소 전쟁 오판한 스탈린

제2차 세계대전 때 독일 나치에 밀려 연전연패하던 영국에 한줄기 서광이 비친 건 1941년 6월 발발한 독일과 소련의 전쟁이었다. 그해 12월 미국의 2차 대전 참전과 더불어 전쟁의 거대한 흐름을 바꿔게 된다. 2년 전 1939년 8월 히틀러와 불가침조약을 맺은 스탈린은 독일군의 기습공격에 크게 당황한다. 나치 침공 당시 소련이 보낸 지원 열차가 독일을 향하고 있을 정도로 전혀 예상치 못한 일격을 당하게 된다.

이때도 소련 정보당국이 독일군의 침공 가능성이 높다는 84차례에 사전 보고를 했지만, 스탈린은 무시한다. 20년 전 러시아 내전 당시 영국, 일본 등 열강이 백군을 지원한 역사적 기억에 사로잡혔기 때문이다. 영미 등 자본주의 제국이 프롤레타리아트 사회주의 혁명을 무너뜨리려 한다는 볼셰비키 혁명관도 영향을 미친다.

스탈린은 독일 침공 정보를 자신과 히틀러를 이간질하려는 처칠의 음모로 규정하고, '반대 정보'에 속지 말라고 지시한다. 절대 권력을 휘두르는 스탈린의 지시에 소련 정보기관은 그만 입을 다물 수밖에 없었다. 과거의 역사적 경험과 사회주의 혁명관이라는 '거울 이미지'가 정보 실패로 이어진 것이다.

임진왜란 직전의 정보 실패가 대표적이다.

정보기관의 실패 가장 큰 원인은 정보분석의 정치화 현상에서 시작된다.

우리 역사에도 정보 실패의 뼈아픈 상처가 있다. 1589년 11월 18일 일본 사정을 탐지하려고 파견된 조선통신사에 서인(西人) 황윤길이었고, 동인(東人) 김성일이었다. 동인은 도요토미 히데요시를 '쥐새끼·원숭이'로 깎아내리며 두려울 게 없는 인물로 평가한 반면, 서인은 그의 안광·담략을 거론하며 반드시 병화(兵火)가 닥칠 것으로 보았다.

"도요토미 히데요시가 어떻게 생겼던가?" 하니, 황윤길이 아뢰기를, "눈빛이 반짝반짝하여 담과 지략이 있는 사람인 듯하였습니다. 반드시 왜군의 침입이 있을 것"이라고 보고했다. 김성일은 아뢰기를, "그의 눈은 쥐와 같아, 두려워할 위인이 못 됩니다"

조선은 두 사람 의견에 나눠 논쟁을 벌인다.

같은 동인이었던 류성룡은 김성일에게 이렇게 질문한다.

류성룡 : 그대(김성일)의 말이 황윤길과 많이 다르니 만약 전쟁이 일어나면 어찌할 것이요?

김성일 : 왜인들이 움직이지 않는다고 제가 어떻게 장담할 수 있겠습니까? 다만 황윤길의 말이 너무 지나쳐서 안과 밖의 사람들을 놀라게하고 미혹시킵니다. 그래서 저는 사람들의 의혹을 풀어주려 했습니다.

결국 도요토미가 침입해 오지 않는다는 김성일의 의견을 수용한다. 임진왜란이 터지자 김성일은 귀향을 가게 된다. 그러나 유성룡은 경상도 초유사에 김성일을 추천했다. 다가올 위험에 대한 아무런 대책을 세우지 않았다. 국론 분열로 전쟁에 대비하지 못했다.

6·25전쟁 직전에도 38선 일대에 병력 증강이 두드러지게 나타났지만, 김일성의 남침 가능성을 무시했다. 6·25전쟁 중에 맥아더 사령관

은 웨이크섬에서 트루먼 대통령에게 "중공군의 개입 가능성이 전혀 없음"을 보고했지만, 그 시점에 벌써 수십 만명의 중공군이 압록강을 넘어 장진호 주변에 매복하고 있었다.

정치 분열에 세계 최고 정보기관마저 무력화됐다

이스라엘 정보기관의 정보력은 미국 CIA, 영국 MI5, 프랑스 DST, 독일 BfV, 러시아 KGB 등 선진국 정보기관과 비교해도 최상급이었다.

이스라엘 국민들과 군·정보기관은 팔레스타인 준군사조직에 불과한 하마스가 육상(픽업트럭), 해상(수상정), 공중(패러글라이드)에서 입체적 다양한 작전으로 자국 영토로 쏟아져 들어오는 '영화의 한 장면' 같은 상황에 깜짝 놀랐다. 뉴욕타임스의 토머스 프리드먼은 이를 가리켜 "이스라엘 역사상 최악의 날"로 표현했다.

외부의 적은 멀리 있어도 알 수 있지만, 내부의 적은 가까이 있으나 분별하기 어렵다. 유대인 공동체의 중심 텔아비브 내부에서 터져 나오는 분열을 극단주의 무장 세력 하마스가 놓치지 않았다. 첨단 AI 기술에 의한 영상 정보와 감청 등 신호정보를 피하기 위해 역설적으로 하마스 메트로'(Hamas Metro) 땅굴을 이용하는 뉴하이브리드 군사작전을 구사하였다. 대외적으로는 철저한 위장 평화 전술을 구사하여 이스라엘의 의심을 풀게 했으며, 모사드뿐만 아니라 국내 정보기관인 신베트(Shin Bet), 군(軍) 정보기관인 아만(Aman)을 무력화시켰다.

이스라엘의 3대 정보기관들은 총리실에 하마스의 공격 가능성을 보고했을 것이다. 빈번한 공격 가능성 경보에 무디어지고 '늑대 소년 효과(cry wolf effect)'와 함께 국내 정치의 분열에 따른 정보당국의 혼란이 치명적이었다. 정보력과 군사력을 너무 과신한 오류가 발생하였고 방심과 자만심이 정치 분란으로 이어지면서 정보 실패로 돌아왔다.

정보당국은 '상상 속 시나리오'라고 묵살했다.

파이낸셜타임즈(FT)는 이스라엘방위군(IDF) 가자지구 보초병들이 하마스가 이스라엘을 침공하기 몇 주 전 남부사령부 최고위 정보 장교에게 상세 보고서를 제출했다고 보도했다. 보고서에는 하마스가 여러 지역 국경 초소를 폭파하고 이스라엘 영토로 진입해 키부츠(이스라엘 집단 공동체)를 점령하는 훈련을 하고 있다는 내용이 담겼다. 하마스가 인질 납치 리허설을 했다는 내용도 보고서에 있었다. 보초병들은 국경에서 수집된 비디오와 각종 데이터를 토대로 공격이 임박했다고 경고했다. 군 당국이 이 보고서를 무시한 것은 가자지구 경제지원을 통해 완전하게 장악했다는 이스라엘 정부의 과신 때문이었다고 관계자들은 전했다. 하마스가 즉각 전쟁으로 이어질 수 있는 침공은 하지 않으리라는 게 이스라엘 정보당국의 판단이었다.

정책결정권자의 '입맛'에 맞게 분석 보고서를 맞춤형으로 작성한다.

정부 부처 간 경쟁, 관료들의 타성과 경직된 사고, 정보조직 체계의 결함 등은 정보 예측의 허점을 불러오고, 정보 실패의 원인으로 작용한다. 정보기관의 불합리한 인사관리가 정보 왜곡이나 실패에 영향을 주기도 한다. 정보수집과 분석의 전문성을 업신여긴 결과다. 냉전 시대 소련의 군사력에 대한 미국 정보기관의 과대평가 등이 그 사렜다.

뉴욕 타임즈는 이스라엘과 미국 관료들과의 인터뷰, 이스라엘 정부 문서 등을 기초로 "이스라엘의 오만함으로 인해 하마스의 능력을 과소평가했을 뿐만 아니라 정보수집에도 완전히 실패했다"고 평가했다. 암호 해독, 첩보신호 수집 등 시긴트(SIGINT·신호정보) 분야에서 최고로 꼽히는 이스라엘 8200부대는 1년 전 하마스 무전기에 대한 도청을 중단했다. 하마스가 더 이상 이스라엘을 상대로 전쟁을 일으킬 의도가 없다고 오판했기 때문이다.

여기에다 네타냐후 총리는 '사법부 무력화' 작업에 집중 외부 위협에 안이했으며 미 중앙정보국(CIA)조차 이런 이스라엘을 믿고 하마스 관련 정보를 수집하지 않은 것으로 드러났다.

미국 외교전문지 포린폴리시는 이번 이스라엘과 하마스 전쟁에서 네타냐후 총리의 강한 당파성이 정보기관 불신을 낳아 정보 실패로 이어졌다고 분석했다. 네타냐후가 사법부를 무력화하는 비민주적 정책을 강행하는 과정에서 이에 반대한 군부와 정보기관을 적대시한 것이 재앙의 근원이었다.

이스라엘 정치인들이 사법부를 무력화시키기에 집중한 나머지 안보 위협을 지속적으로 무시한 정황도 밝혀졌다. 이스라엘 고위 관료 2명은 네타냐후 총리가 주도하는 초강경 우파 연정이 사법부 무력화 법안을 가결하기 직전인 7월 24일 의회를 방문해 경종을 울렸다. 이들은 이 자리에서 이스라엘의 정치적 혼란을 틈타 하마스와 헤즈볼라 등이 공격해 올 가능성을 경고했지만 이들의 '안보 브리핑'에 참석한 의원은 단 2명뿐이었다.

권위주의 정권에서 정책 결정자들은 정보기관을 길들이려는 행동을 보이기 마련이다. 자신이 특별히 좋아하지 않는 정보기관에 대해 충성심이 부족하다고 여기는 것이다. 이에 따라 정보기관은 인사, 예산권을 틀어쥐고 권력자의 입맛에 맞게 정보를 만드는 과정에서 정세를 왜곡하기 쉽다. 이 같은 정보분석기관의 정치화는 첩보의 세계에서 가장 피해야 할 현상 중 하나이다.

조지 부시 행정부의 이라크 침공 당시 WMD(대량살상무기) 정보 실패가 대표적인 사례

미국 싱크탱크인 카네기 국제평화재단은 2004년 1월 8일 보고서에서 "이라크가 WMD를 폐기 또는 이동하거나 은닉했을 가능성은 없다. 부시 행정부가 이라크의 WMD 위협을 조직적으로 왜곡했다"는 결론을 내렸다. 한마디로 9.11 테러에 대한 보복 차원에서 일으킨 이라크 침공 명분을 얻기 위해 정보기관이 나서 WMD 위협을 조작했다는 것이다.

2002년 CIA는 이라크 사담 후세인이 대량살상무기를 보유하고 있다는 보고서를 발표했다. 하지만 부시 대통령의 이라크 공격 의도에 맞춘 잘못 판단한 보고서로 나중에 드러났다.

2001년 CIA는 이라크가 암시장에서 알루미늄 튜브를 구입하려고 한 것을 핵무기 개발 증거라고 보고했다. 해당 알루미늄 튜브의 재질, 크기, 모양이 핵무기 부품과 전혀 다르다고 밝힌 다른 정보기관의 분석을 무시했다. 결국 나중에 구성된 조사위원회는 해당 알루미늄 튜브가 재래식 로켓용 부품이며, 핵무기와 관련없다고 결론 내렸다. 또 CIA의 WMD 정보 근거 중 하나는 이라크인 망명자들이었는데 이것도 문제가 많았다. 사담 후세인 몰아내기를 바라는 망명자들이 미국의 개입을 유도하기 위해 WMD 존재를 허위로 보고했기 때문이었다.

속이는 전술과 정보 실패

최근 이스라엘과 하마스 전쟁을 계기로 '정보 실패(intelligence failure)'가 관심의 대상이다.

정보 실패란 정보수집부터 분석, 정책결정, 배포에 이르는 일련의 과정에서 제 때에 정확한 정보를 제공하지 못하는 것을 말한다. 정책결정권자의 정보 무시와 왜곡에 의한 '정책 실패(policy failure)'도 크게 보면은 정보 실패로 볼 수 있다.

서로 우호적인 관계를 맺고 있는 나라에서도 거침없이 적국 요인을 암살하는 등 과감성과 실행력, 주도면밀함으로 세계 최강으로 꼽히는 모사드(해외 정보), 신베트(국내 정보) 등 이스라엘 정보기관들이 하마스의 기습에 전혀 대비하지 못했기 때문이다.

군사, 정보, 재정 모든면에서 하마스보다 압도적으로 우세한 이스라엘이 이처럼 속수무책으로 당한 이유는 무엇일까? 한 국가의 생존이 걸린 정보 실패는 제2차 세계대전, 6·25 전쟁, 9.11 테러, 중동전쟁까지의 역사를 들여다보면 그 해답이 보인다.

이번 전쟁에서 하마스의 기만전술도 이스라엘 정보 실패의 원인 중 하나이다. 로이터 등 외신들에 따르면 하마스는 2년에 걸쳐 이스라엘과 화해 무드를 조성하면서 은밀히 군사 훈련을 진행했다. 2021년 이스라엘 정부가 가자지구 주민들이 이스라엘에서 일할 수 있는 허가증을 발급하자, 이를 받아들이며 2년간 이스라엘에 대한 공격을 자제한다. 가자 지구의 또 다른 무장단체 이슬람 지하드도 이 같은 위장 평화 공세에 가세했다.

하마스는 은밀하게 가자 지구에 이스라엘 정착촌 모형을 만들어 놓고 침투 훈련을 실시했다. 이스라엘은 이런 정황을 포착하고도 하마스가 노동자 파견 제안을 수용하는 등 유화적 자세로 돌아선 만큼 정면 전쟁을 감행하지는 않을 거라고 잘못 판단한 것이다. 이스라엘군 관계자에 따르면 정보기관 고위관계자가 기습 몇 주 전 '하마스는 대규모 공격에 관심이 없다'고 말했다고 한다.

북한은 6.25남침 전쟁 직전인 1949년 4월 세계평화옹호대회에 참가해 군비경쟁 및 전쟁예산 증가 반대를 주장하고, 6월 29일 조국통일민주주의전선을 결성해 평화통일 방안을 남한에 제안했다. 전쟁 3개월 전 1950년 3월에는 스톡홀름 평화대회에 참가해 군비 축소 주장에 찬성하고 북한 전역에서 서명 운동까지 벌였다. 6월 19일에도 남한 국회가 동의한다면 통일 방안을 협의할 용의가 있다고 거듭 제안한다.

이와 동시에 군사적 기만 작전도 벌인다. 북한은 휴전선 근처로 부대이동 배치 등 남침 준비를 대규모 야외 훈련으로 위장했다. 휴전선 근처 군인들에게는 공격 개시가 임박해서야 작전 지침을 통보하는 등 보안에 각별한 주의를 기울였다. 6·25 전쟁 직전 남한과 사소하고 잦은 군사 충돌은 북한의 남침 개시작전을 숨기는데 활용하는 치밀함을 보였다.

하마스·이스라엘 전쟁은 우리에게 중요한 교훈을 주고 있다.

최첨단 통제·통신 감시·사격 장비로 가자지구를 둘러싼 이스라엘의 스마트 장벽이 어처구니없이 무너졌다. 하마스의 드론이 통제센터를 파괴하고 불도저가 방벽을 밀어버린 것이다. 철의 장벽을 치고 그 속에 안주하면 전략적 실수를 범하기 쉽다. 역사적으로 뚫리지 않은 장벽은 없다. 프랑스는 탱크, 대포 수와 질에서 독일을 앞섰다. 그런데 마지노선을 과신하고 육군 병력을 집중하는 전략적 실수로 아르덴느 고원을 송곳같이 뚫은 구데리안의 기갑군단에 포위당해 6주 만에 항복하고 말았다.

최첨단 무기, 압도적 국력이 안보를 자동으로 보장해주지 않는다. 현대전은 국력을 모두 동원한 총력전이다. 미국 중앙정보국(CIA) 부국장을 지낸 레이 클라인은 인구, 경제력, 군사력 같은 국력도 중요하지만 '국민 의지(national will)'와 '국가전략'이 전쟁의 승패를 가름할 수 있다고 말한다.

미국의 군사 지원으로 압도적 군사력을 갖추고도 쉽게 무너진 아프가니스탄 정부군, 군사 대국이지만 전투의지가 약한 러시아군이 고전하는 것이 이를 증명하고 있다. '한국 육군은 애국심 하나만 빼면 독립전쟁 초기 워싱턴 군대와 비슷한 수준이다.' 1949년 미 군사고문단의 보고서다. 이 같은 애국심으로 70여 년 전 우리는 지는 전쟁을 이기는 전쟁으로 바꿨다.

언제부터인가 국민의지가 점점 약화되고 있다.

'세계가치조사(World Values Survey)'에 의하면 한국인은 67.4%가 "전쟁이 나면 싸우겠다"고 응답했다. 조사 대상 79개국 중 40번째다. 그런데 문제는 "싸우지 않겠다"고 한 응답자가 1981년 6.5%에서 32.6%로 급증했다는 것이다. 레이 클라인이 말한 대한민국을 지키기 위한 국민 의지의 약화이다. 이런 현상은 **'대한민국을 정통성 없는 나**

라'로 왜곡하는 우리의 잘못된 역사교육 때문이다.

북한의 기습 공격은 하마스의 이스라엘 공격 못지않다.

전쟁은 기습공격으로 시작된다. 전쟁 개시를 선언했을 때 이미 최전방은 쑥대밭이 되어 있다. 손자병법의 철학은 상대를 속이고 기습하는 것이 승리의 법칙이다. 상대를 파괴하는 최고의 전략은 기습공격이다. 상대 또한 이를 효과적으로 방어, 격퇴하기 위해 방첩 전략을 수립한다. 적의 기습 징후를 사전에 파악해 대응하면 정보 성공이고 그렇지 않고 심각한 피해가 발생하면 정보 실패다.

기습공격의 양과 질적 측면에서 한반도는 중동전쟁 못지않다. 1999년 6월 15일 북한 해군의 도발로 시작된 제1연평해전, 월드컵 경기가 한창이던 2002년 6월 29일 북한 기습 포격 도발한 제2연평해전, 2010년 천안함 폭침 등 예측 불가능한 기습공격을 당했다. 이스라엘 국내 정치 분열에 따른 정보 실패에서 배워야 할 교훈은 분명하다. 한반도에서 북한기습 공격이 벌어질 경우 서울의 피해는 이스라엘과 비교할 수가 없다. 1000만 명이 거주하는 서울은 북한의 직접 공격 사정권 안에 있다. 과거처럼 기습공격을 당하고도 '평화협정' '종전선언' 운운하는 것보다는 강한 군대와 단호한 대응 의지와 자세를 보이는 것이 오히려 전쟁을 막고 평화를 가져오는 지름길이 될 것이다.

국가정보기관인 국가정보원, 군, 경찰 등 각 정보기관들이 정보의 정치화 현상에 휘둘리지 않고 전문 역량을 발휘하도록 정치권이 법과 시스템을 만들어주어야 한다. 또한 정보기관은 정보의 정치화 현상을 주의하면서 국가안보 관련 징후를 포착하고 위기 경고음을 울리는 역할과 사명을 잊어서는 안 된다. 최고 정보사용자 역시 편견 없이 정보기관의 보고를 확인하는 것이 책임있는 자세이며, 최고 책임자와 정보기관은 국가안보를 위해 헌신 희생정신으로 이스라엘판 9·11 테러가 우리에게도 닥칠 수 있다는 사실을 잊어선 안 된다.

이스라엘 네타냐후 총리는 정권 유지하는 데 정부 역량 집중하다 하마스 공격 징후를 간과해서 기습공격을 당했다. 우리나라도 정권이 바뀔 때마다 정보기관 수난으로 본래 정보기능을 약화시키고 있다. 냉철한 정보분석·판단·대응의 장애물인 '정보분석의 정치화' 경계해야 하며, 자체 정보·군사력을 과신해서는 안된다. 지금 세계적으로는 러시아-우크라이나, 하마스-이스라엘 두 곳에서 전쟁이 진행중이다. 둘 다 기습공격이다. 특히, 하마스의 이스라엘 기습공격은 한반도에 시사하는 바 크다. 민병대 수준의 하마스가 세계최강의 군대를 자랑하는 이스라엘을 기습 공격하는 것을 본 북한이 핵과 미사일을 믿고 기습격해 오지 않을까 하는 우려를 떨칠 수 없다. 이스라엘판 9·11 테러가 우리에게 주는 교훈이다.

대규모 특수부대 위협과 첨단 시스템의 한계

이스라엘 정부는 길이 65㎞의 스마트 펜스를 11억 달러를 들여 3년 반만인 2022년 말 완공하면서 '철의 벽'(Iron Wall)"이라고 자랑했다. 하지만 이 펜스에 매달려 있는 원격 첨단 장비는 상대적으로 '조잡한' 하마스의 드론이 떨어뜨리는 소형 폭탄에 속절없이 파괴됐다.

한국군도 인구절벽에 따른 대규모 병력 감축 등에 따라 DMZ(비무장지대) 일대에 과학화 경계 시스템을 구축하고 있어 하마스 기습 성공이 시사하는 바가 많다.

북한은 세계 최대 규모인 20만명의 특수부대를 보유하고 있다. 레이더에 잘 잡히지 않는 300대의 AN-2기, 130여 척의 고속 공기부양정, 지하땅굴 등을 통해 수천 명 이상이 동시에 침투할 수 있다. 우리 후방 지역에 대규모 특수부대를 침투시켜 정규전과 비정규전을 함께 수행하는 혼란 전술은 북한의 오랜 전략이다. 북한은 2022년 12월 수도권을 침투한 소형 무인기를 비롯, '북한판 글로벌호크' 등 크고 작은 다양한 무인기를 개발해 배치하고 있어 하마스가 사용한 것 이상의 드론 공격 작전을 펼 것으로 예상되고 있다. 특수부대와 드론을 활용한 공격도 유사시 북한이 그대로 쓸 수 있는 방법이다.

예비군 강화도 이번 이스라엘-하마스 전쟁의 교훈이다.

이스라엘은 하마스 기습에 큰 피해를 입긴 했지만 하마스와의 전쟁을 선포한 직후 예비군 30만명을 바로 소집했다. 이는 정규군(18만명)보다 2배 이상 많고 실전 경험이 풍부한 46만명의 예비군이 있기 때문에 가능한 일이었다. 이스라엘 예비군은 연간 55일간 동원 훈련을 받고 있어 훈련 시간이 연간 2박3일에 불과한 우리나라 예비군과는 차원이 다르다. 275만 예비군 교육과 동원훈련기간을 이스라엘 수준으로 끌어올려 전쟁에 대비해야 할 것이다.

하마스 기습과 북한 공격 유사점(자료=합참,국방연구원 등)

- 휴일 새벽 기습공격
- 대규모 로켓발사 '아이언돔' 무력화
- 드론 공격으로 분리 장벽 설치된 각종 감시, 통신, 사격 체계 파괴 후 침투

이스라엘과 한국예비군 비교

- 이스라엘: 정규군 18만명, 예비군 46만명, 연간 동원훈련기간 55일
- 한국: 정규군 55만명, 예비군 275만명, 연간동원훈련기간 2박3일

이스라엘 정보기관현황, 자료=International Business Publication

- 모사드(해외정보기관) 과학기술정보에서 세계최고수준, 8개 부분으로 구성, 직원 2000여 명
- 신베트(국내 방첩 및 보안 담당기관) 아랍과 비아랍과 등 3개 부분으로 구성, 약 5000여 명
- 아만(군 정보기관) 2개 부문으로 요원 약 7000여명
- 세계각국의 정보기관 미국 CIA, 영국 MI 프랑스 DST 독일 Bfv 러시아 KGB

초연결사회 재앙

일상생활에 정보기술이 깊숙이 들어오면서 모든 사물들이 거미줄처럼 인간과 연결되어 있는 사회. 센서 기술과 데이터 처리 기술 발달로 많은 데이터들이 수집되고 스마트폰 보급으로 개인을 둘러싼 네트워크는 점점 더 촘촘해졌다. 초연결사회 도래는 소셜 네트워킹 서비스(SNS), 증강 현실(AR) 같은 서비스로 이어졌다. 하지만 사생활 보호와 새로운 윤리, 질서 규범 정립 같은 풀어야 할 숙제도 함께 늘어났다.

초연결사회란 사회구성원 간에 그리고 일상에 관련되는 대상이나 공간을 연결해 주는 다리가 전면적으로 개통된 사회라 할 수 있다. 도로는 외형적·물리적 조건이지 도로를 통하여 무엇이 이루어질지는 또 다른 차원의 이슈이다. 수단에 불과한 도로가 누군가에게는 거부가 되는 상업용으로, 누군가에게는 정치적 야망을 채워가는 방편으로, 일방적 편익이 되어 사회적 문제를 발생시킨다면 초연결사회의 목적과 수단이 전도되는 결과가 된다. 더구나 연결된 도로를 통하여 해외의 기업들이 국민의 호주머니를 털어간다면 이 또한 좌시할 문제는 아니다.

초연결은 사람과 사람은 물론이고 사람과 사물, 사물과 사물이 모두 네트워크로 연결되는 것을 의미한다. 단순한 물리적 연결 외에도 모든 서비스의 연결도 의미한다. 이렇게 하는 이유는 인간의 편리함과 효용성 때문이다.

하지만 이런 초연결이 마냥 긍정적이지만은 않다. 인간이 고통을 겪을 수도 있다. 시간을 많이 절약하고 육체적으로 편한 대신 초연결 네트워크 중 하나라도 어긋난다면 모든 일상이 한순간에 정지될 수 있다.

편리하다는 것은 양면성을 항상 내포한다. 내가 다 조정하고 이용하는 것 같지만 그만큼 의존성이 강해진다는 의미도 담는다. 어떤 이는 "초연결 사회에서 인간은 자율주행 차나 집안의 냉장고처럼 단말(통신망에서 연결되는 끝)부분에 불과하다"고 단정하기도 한다. 평소에는 아무런 문제 없이 잘 작동하지만 작은 문제라도 발생하면 단말은 거의 무용지물이 되는 것과 같은 이치다. 건전지가 다 소모돼 전원이 꺼진 휴대전화기나 태블릿처럼 말이다.

초연결 사회는 또 다른 부익부 빈익빈을 예상할 수 있다. 초연결이 되기 위해서는 기술력이 있어야 하고 기술력은 결국 돈이다. 돈이 있는 사람은 기술력 있는 제품을 구입해 초연결 생활을 누리겠지만 돈이 없는 사람은 자연스럽게 기술과 멀어지는 것이다. 이는 기회의 박탈과도 연결된다.

새로운 재난이 다가오고 있다.

뉴욕 대정전(Blackout)

1977년 7월 13일 오후 8시 37분 당시 뉴욕시에 전기를 공급하는 콘에디슨의 웨스트체스터 발전소에 낙뢰가 떨어져, 25시간 동안 뉴욕 퀸스를 제외한 뉴욕 전체가 정전된 사건을 말한다. 뉴욕 시민들에게 잊기 힘든 악몽이다.

대부분 상점이 문을 닫을 시간 정전이 발생하자 뉴욕은 순식간에 무법천지로 변했다. 이튿날 전기가 복구될 때까지 25시간 동안 이 암

흑을 틈타 대규모 약탈과 방화가 이어지면서 당시 1700여 개 상점이 약탈당하고 3000여 명이 현행범으로 체포되고 다친 경찰관도 550명이나 됐다. 당시로는 천문학적 액수인 3억 1000만 달러(약3655억원) 피해가 발생했던 것으로 알려져 있다.

뉴욕 대정전(2019년)

대정전이 일어난 지 정확히 42년 만에 미국 뉴욕시에서 2019년 7월 13일 오후 6시 37분경 대규모 정전이 발생한다. 대규모 정전으로 뉴욕 대부분 지역이 암흑에 쌓였다. 원인은 기계적 결함인 것으로 보이는 변전소 폭발 사고로 뉴욕 맨해튼 미드타운과 어퍼웨스트사이드 일대에 대규모 정전이 발생했다. 지하철이 멈춰서고 뉴욕의 명물인 타임스스퀘어의 광고판이 꺼졌다. 이 정전으로 7만 3000여 가구가 정전 피해를 입었으며, 뉴욕 맨해튼을 오가는 거의 모든 지하철이 3시간가량 중단되거나 운행에 차질을 빚었다. 오후 10시쯤 다시 들어오기 시작해 7월 13일 자정 무렵 복구 작업이 완료되면서 5시간 만에 정전 사태가 종료됐다.

한국은 전기가 끊기는 일이 드물다 보니 전기가 없는 삶을 상상하기 쉽지 않을 정도다. 하지만 별다른 준비가 없는 상태에서 정전이 닥칠경우 끔찍한 재앙이 될 수 있다. 예고 없이 닥치는 재난에 대비 확인 점검을 철저히 하고 조금의 방심도 있어서는 안 될 것이다.

1개 '파일 손상' 때문에 항공 1만 편 올스톱

2023.1.11. 미국 올랜도국제공항

미국 전역에서 일어난 항공 대란의 원인이 '파일 손상'인 것으로 확인됐다. 잇따른 결항에 낡은 항공 시스템을 개선해야 한다는 지적이 나온다. 항공 시스템을 겨냥한 해외 조직의 해킹 가능성은 낮은 것으로 나타났다.

미연방항공국(FAA)은 트위터를 통해 "항공기의 전산 정보 체계인 노탐(NOTAM) 중단의 근본 원인을 찾기 위해 철저히 검토하고 있다"며 "초기 작업에서 추적해보니 손상된 데이터베이스 파일이 원인인 것으로 파악됐다"고 밝혔다.

노탐은 활주로 폐쇄나 장비 고장 등 비행에 영향을 미칠 수 있는 정보를 항공기 기장과 승무원에게 발송하는 안전 시스템이다.

필수 운항 정보 시스템이 먹통이 되자 FAA는 미국 내 모든 항공사에 안전을 위해 출항 중단 시켰다. 이 사고로 9000여 편이 지연됐고 1300여 편이 취소됐다. 항공 추적 사이트인 플라이트어웨어에 따르면 1만여 편에 달하는 항공기 운항이 지연된 건 20년 만에 처음이다. 2001년 9·11테러 당시와 맞먹는 혼란이라는 설명이다.

미국 전역에서 일어난 항공 대란의 원인이 FAA의 전산 체계가 노후화됐다는 지적과 함께 '파일 손상'인 것으로 확인됐다. 미국 여행협회는 이날 성명을 통해 "FAA의 재앙적인 시스템 오작동은 미국 교통망을 개선해야 한다는 걸 명확히 보여줬다"고 강조했다.

아주 조그만 파일 한 개가 항공 운항을 전면 중단시킬 수 있다는 것을 보여주는 사건이다.

KT 아현지사 화재 사고

일시 : 2018년 11월 24일 오전 11시 12분(오후 9시 26분 완진)

장소 : 서울특별시 서대문구 충정로3가에 KT 아현지사 건물 지하 통신구(Cable Tunnel)

피해 : 서울 5개구와 경기 고양시 일대 통신 장애 발생

감식 결과 통신구 약 79m가 소실되었음이 확인되었다.

화재가 발생하여 일대 KT망을 사용하는 기기들의 유·무선 통신 장애가 발생한 사고다.

결국에는 경찰마저도 밝혀내지 못해 원인 미상의 사고로 남게 되었다.

KT는 화재 발생 사실을 확인하고도 12분이나 늦게 119에 신고했다.

통신구를 관리하는 주체가 달랐기 때문이었다. 아현지사 통신구는 길이가 500m 미만이다. KT의 내부 규정에 따르면, 길이가 500m 이상인 통신구는 과천 관제센터와 혜화지사 통신구팀이 통합적으로 화재를 감시하지만, 500m 미만 통신구의 관리는 해당 지사 경비실에서 맡는다. 아연지사 경비실의 경우 외주업체 직원이 단순 건물 경비만 하고 있었다.

KT 화재로 인한 통신장애는 자연재해가 아닌 인재였다.

화재 신고를 처음 인지한 곳도 KT 자회사인 KT텔레캅이었다. KT텔레캅은 당일 이날 오전 11시에 화재경보 신호를 접수했으나 실제 119에 신고한 시간은 12분이나 지난 11시12분이었다. 골든타임 5분이 훨씬 지난 시점이었다.

KT화재 보고서, 결론은 "원인 모르겠음"

사고 보고서에서는 서울지방경찰청, 서울시소방재난본부, 국립과학수사연구원, 과학기술정보통신부 등 7개 기관에서 33명이 달라붙어서 조사를 해봐도 원인을 알 수가 없었다는 것이다.

경찰은 "9시간 화재로 통신구 안이 심하게 타 과학적으로 발화 원

인을 규명할 수 없다"며, "화재 원인이 규명되지 않았기 때문에 형사 처벌할 수는 없다" 설명했다.

건물 지하 통신구에는 별도의 상주인원 없이 통신 케이블만 설치된 곳이다. 지하에 있던 통신구 케이블에서 발생한 화재로 유선 16만 8000개 회선과 광케이블 220조가 소실되고, 서울의 14개 동에서 초고속인터넷, 인터넷TV(IPTV), KT 통신망으로 연결된 ATM이나 신용카드 단말기, 유·무선전화 등이 불통됐다. 각종 통신선을 지하를 통해 연결하기 위한 갱도인 통신구를 통해 불이 옮겨 붙어 지상에 위치한 맨홀을 통해 연기가 분출되었다.

IT 기술이 생활 깊숙히 자리잡은 특성상 통신망 마비의 영향은 엄청 크다.

KT 통신망을 이용한 카드 결제 단말기와 POS가 먹통이 되면서 카드 결제가 불가능해졌다. 음식점, 카페, 편의점 등 각종 매장들도 영업에 지장을 받았다.

지하 주차장의 카드 결제가 막혀 움직이지 못하는 사례도 생겼다.

차량 열쇠로 쓰는 스마트폰 애플리케이션(앱)이 안 돼 자동차 문을 못 연다.

전자 방식의 지하철 물품 보관함도 KT 통신망을 이용하고 있어서 열리지 않는다.

○○은행을 비롯한 KT 통신망을 이용하는 ATM도 작동이 되지 않는다.

보안시스템이 작동이 안 돼 사무실 문을 여닫지 못한다.

인근 지역 버스 도착 안내 전광판도 역시 먹통이 되었다.

KBS의 청각장애인을 위한 폐쇄 자막방송 송출이 중단되기도 했다.

대한민국 국방부 외부전화망이 잠시 두절됐다.

112 시스템도 먹통이 되었다.

119 신고를 못해 70대 노인이 사망하는 사건이 발생했다. 통신장애 사고에 따른 첫 사망자이다.

모든 것이 통신으로 연결된 세상이 되면서 새로 등장한 피해사례다.

새로운 기술의 발전은 인류의 번영을 가져온 핵심 원동력이다. 기술 개발은 국가 경쟁력의 밑거름을 제공하기도 한다. 다만 이러한 기술 개발이 국가경쟁력을 높이고 우리에게 풍요로운 삶을 가져올 수 있도록 하기 위해서는, 통신재난등을 사회적 재난으로 인식 투자, 체계적으로 대응하는 정책적 방향을 올바르게 잡고 이를 세심하게 추진할 필요가 있다.

통신 재난 사회적 책임과 R&D 지속 투자로 체계적 대응해야

이번 KT화재를 분석한 전문가들의 공통점은 통신사업자의 직무 소홀과 정부의 감독책임 부족을 들고 있다. 통신사업자는 민영화 이후 공적 책임보다 영리추구를 우선시한 점, 팀장급 이상 관리자가 없는 '폐쇄형 전화국'의 문제점, 아현지사는 정부가 직접관리하는 A~C등급 시설이 아니었다는 점이다. 정부는 소방법의 문제점과 비상시 다른 사업자와 통신망을 공유하는 체계가 없다는 점이다. 가장 큰 문제는 통신재난에 대한 인식 전환과 재난관리를 체계적으로 접근하는 것이 준비가 안되었다는 점이다.

이희상 성균관대 기술경영전문대학원장은 "인식 전환이라는 측면에서 사업자가 영리를 우선해 재난 대책을 비용대비 성능으로 바라보는 인식을 고쳐야 한다. 현재 선진 기업은 재난 예방과 대응을 비용대비

성능이 아닌 사회적 책임(CSR)으로 인식한다. KT도 통신재난을 사회적 책임으로 인식했더라면 소방법이 규율하지 않는 짧은 통신구, D등급시설이라는 이유로 스프링클러가 없거나 화재발생 당시 근무자가 2명이었다"고 지적하면서 "재난예방에 최선을 다하면서 완벽하게 예방할수 없으니 재난발생 이후에도 고객에게 서비스를 제공할 능력을 미리 갖춰야 한다. 이를 위해 통신사업자는 이중접속, 자기치유망 등 다양한 방법을 사용하고, 재난 시 비상통신자원을 투입하며, 사업자 협의체나 정부는 이를 위한 협조체제를 마련해야 한다. 일례로 미국의 경우 대형 재난 발생 시 통신사업자의 자원이 부족하면 연방재난관리청(FEMA)이 트럭이나 트레일러로 옮기는 이동기지국을 투입한다"

재난 예방뿐만 아니라 재난 발생 후에도 체계적인 접근을 통해 대응하는 것이 중요하다.

재난에 대비한 연구개발(R&D)을 아끼지 말아야 한다.

"2011년 동일본 지진을 겪은 일본의 통신회사들은 5년간 연구 끝에 헬륨 가스를 주입한 풍선을 통해 10㎞ 범위에 150Mbps까지 가능한 와이 파이 서비스를 제공할 수 있는 장비를 개발했다. 우리나라도 이번 화재의 경험으로 카드결제 서비스 등 국민 생활에 필수적인 서비스를 비상자원을 투입해 신속히 복구하는 방법에 대한 연구개발이 필요하다"

재난 발생 시 체계적인 대응과 이해관계자 소통 관리가 중요하다.

2001년 9·11테러 당시 세계무역센터 건물에 입주한 모건스탠리, 아메리카은행, 메릴린치 등은 세계무역센터가 붕괴된 이후 2시간 안에 업무를 재개했다. 이들 기업의 공통점은 업무연속성 계획이 마련됐다는 점이다. 모건스탠리의 경우 비행기의 건물 충돌 직후 직원의 신속한 대피 유도는 물론 20분 내에 원격지에서 통제센터를 개설해 붕괴하는 건물에 있던 직원의 안전 여부와 수많은 고객의 금융자산정보에 대해 신속히 알렸다. 이들의 체계적인 대응 결과 고객의 자산 보호는 물론 무너지는 건물에 있던 3700여 명 직원 중 희생자가 6명으로 최소화했다. 재난에 미리 대비 계획하고 준비 실행하는 것이 중요하다. 당시 세계무역센터에 입주했던 232개 회사 중 30%가 데이터 손실 등의 이유로 도산했다. 2011년 동일본 대지진 때도 같은 이유로 기업 397개 사가 도산했다.

KT는 화재 발생 이후 몇 시간이 지나도록 불편을 겪고 있는 고객에게 복구시점조차 제대로 알리지 못했다.

근본적인 대책을 고민해야 한다.

KT 통신구 화재는 앞으로 다가올 초(超)연결사회의 재앙을 미리 경고했다는 점에서 시사하는 바가 크다. 통신은 인체의 신경망과 같다. 인공지능(AI) 원격의료, 자율주행자동차, 스마트공장, 자율로봇 등은 모두 통신의 원격제어 기술을 기반으로 하고 있다. 단 한번의 사고로 그 파장은 상상을 초월한다. 철저히 재난을 예방해도 발생가능 할 수 있는 예측 불가능의 영역이 존재한다. 하지만 통신 대란이 발생한다 해도 지속 가능한 서비스를 제공하는 것은 국가와 기업이 준비하면 얼마든지 대응할 수 있는 가능 영역이다. 사람의 실수로 일어난 사고 뿐만아니라 사이버 공격 등 다양한 원인에 빠르게 문제를 해결할 수 있는 체계를 구축해야 한다.

스타벅스 '3중 통신망'...KT 화재에도 끄덕 없었다 <조선비즈,

2019.02.18>

KT 화재 난리에도 인근 스타벅스 매장은 아무런 문제 없이 정상 영업을 했다. 스타벅스가 일찌감치 국내 3개 통신사를 모두 사용하는 '3중 통신망' 조치로 통신망을 강화한 덕분이다. 스타벅스의 전국 1200여개 매장은 '망 삼중화' 시스템을 갖추고 있다.

2017년부터 스타벅스는 결제시스템의 안정성을 높이기 위해 유선 2개 회선에 무선 1개 회선을 더한 3중망 시스템을 구축했다. 메인 통신망이 마비되면 자동으로 백업(back-up·보완) 통신망으로 전환되고, 유선통신 2개 회선이 모두 단절되어도 무선 LTE 망을 이용해 카드 승인 등 영업이 가능하다. 3중 통신망은 스마트폰 보급이 빠른 한국 스타벅스 매장의 특징이다. 미국 스타벅스의 경우 대부분 단일 통신망을 사용 중이다. 통신망 이원화를 하려면 추가 비용이 발생하기 때문에 대부분 단일 통신사를 사용한다.

현재 국내 주요 은행을 비롯해 극히 일부 공공기관과 일부 기업만 스타벅스와 유사한 재난 대응 시스템을 도입하고 있다. 실제 KT 아현지사에서 화재에서 통신 이원화, 삼중화를 하지 않은 일부 정부기관과 금융권도 통신망이 단절되면서 큰 피해를 입었다.

대책은 없고 정쟁만 있었다

소방청 화재 조사보고서는, KT 화재는 1995년 제작된 환풍기 제어판에서 처음 발생한 것으로 추정되며, 사고 현장에는 소화기도 없었다. 문제는 25년이 지난 낡은 환풍기 제어판이 현재 많은 통신구에서 작동 중이라는 점이다. 새로 교체 점검 대책 마련이 시급하다고 전문가들은 말한다. KT 한 관계자는 "환풍구 제어판 내구연한을 15

년으로 권고하고 있다. 하지만 KT는 내구연한보다 10년 지난 환풍기 제어판을 사용하고 있다"며 "제2 사고 예방을 위해 안전 대책을 마련해야 한다"고 조언했다.

정부 특별점검 결과 분석과 소방청 조사 보고서에서 전문가들은 "제2, 제3의 화재 대비책 마련 시급하다고 했지만 청문회에서 KT 화재 원인 규명이나 방지 대책은 뒤로한 채 정쟁에만 몰두하고 있었다. 정보기술(IT) 강국의 자존심이 구겨진 사건이었다.

"대한민국 일상이 멈췄다" 카카오 먹통으로 혼란에 빠진 한국사회

2022년 10월 15일 오후 3시30분쯤 경기도 성남시 분당구 삼평동에 위치한 SK C&C 지하 3층 전기실에서 화재가 발생, 이 과정에서 서버 작동에 필요한 전원 공급이 끊겨 카카오의 서비스가 갑자기 멈추면서 대혼란을 가져온 사건이다.

SK C&C 판교데이터센터 배터리실 화재 직전 상황

4시간 전 BMS 시스템 경고→담당직원 현장 조치→1시간 전 BMS 시스템 경고 2차 경고→담당직원 추가 현장 조치→15일 오후 3시 19분 화재

BMS: 배터리 관리 시스템 (Battery Management System)

SK C&C 데이터센터의 문제점

✓ 전기실과 UPS, 배터리 모두 지하 3층에 배치

- LG유플러스는 전기실과 UPS, 배터리실을 다른 층에 배치

✓ UPS 전원 공급에 리튬이온 배터리 사용

- KT는 화재 위험 고려해 리튬이온 배터리를 리튬인산철 배터리, 납축전지로 교체.
- 네이버는 배터리 없이 UPS 운영(회전형 다이내믹 UPS)

UPS: 무정전전원장치, 메인 전력이 사고로 끊길 경우 전력을 일정 시간 대체 공급해 주는 장치로 배터리는 등으로 가동됨.

망 전체 셧다운 대비훈련 안했다

국민들의 일상을 마비시킨 가장 큰 원인은 카카오의 부실 대비와 SK C&C의 관리 소홀 때문인 것으로 드러났다. 카카오는 최악 상황 대비 훈련을 전혀 하지 않았고, SK C&C도 두 차례나 사전 위험 경고가 있었음에도 화재를 예방하지 못한 것으로 나타났다.

시스템 분리 안됐고, 화재대응 매뉴얼도 없었다

회사 대표는 "서비스 데이터와 운용 프로그램은 이중화돼 있었지만, 이를 다루는 개발자들의 작업 도구를 이중화하지 않았다는 점이 치명적인 실패"라고 밝혔다. 이중화 조치가 미흡한 점도 인정했다.

메인 전기실, 무정전전원장치(UPS)실, 배터리실을 한 층에 설치 화를 불렀다는 지적도 있다. 다른 회사 데이터센터는 중요 시설들을 서로 다른 층에 분산 배치하거나 처음부터 리튬이온배터리를 쓰지 않는 등 안전 확보를 위한 설계를 하고 있다.

SK C&C 판교데이터센터 관리부실과 구조적 결함이 이번 사태의 주요 원인으로 지목되고 있다. 당일 화재 발생 4시간 전과 1시간 전 데이터센터 내 배터리관리시스템(BMS)이 두 번이나 이상 상황을 알았고, 시스템 경고에 담당 직원이 바로 현장을 찾아 조치했지만, 결과적으로 화재를 막지 못했다.

정보 집중과 연결의 편리함은 위험성이 따른다

카카오 사태는 모든 것이 정보로 연결된 사회에서 우리의 삶은 물론 국가를 도미노처럼 무너질 수 있는 가능성을 보여준 것이다. 앞으로 더욱더 고도화할 초연결사회에 대비한 강력한 보완대책 마련이 필요하다. 안전성과 정보 신뢰성이 뒷받침되지 않는 IT 강국, 첨단기술 강국정부는 언제든지 무너져 내릴 수 있는다는 점을 있음을 명심해야 한다. 우리나라는 세계가 인정한 IT 강국이다. 빠른 속도와 편리함과 함께 안전하고 지속 가능함을 유지해야할 시점이다.

인프라에 제대로 투자하지 않고, 비상사태 대비하지 못한 점

카카오 먹통 사태에 대해 보안 전문가인 김승주 고려대 정보보호대학원 교수는 "네이버 서버도 이번 불이 난 데이터센터에 있었지만 타격이 적었던 것은 강원도 춘천에 자체 데이터센터를 구축해 이원화 수준이 높았기 때문"이라며 "상대적으로 카카오의 이원화 대비가 취약했던 것이 문제의 원인"이라고 분석했다.

카카오는 천재지변을 포함해 어떤 문제가 발생했을 때도 무중단 서비스가 돼야 실제 이원화가 됐다고 볼 수 있는데 그것이 안됐다.

서버와 데이터 이원화는 기술이 아니라 돈과 시간의 문제로 서버 유지 보안에도 과감한 투자를 하고 관리 인력과 프로세스도 마련해야 하는데 카카오는 이런 내실을 다지기보다는 문어발식 확장에만 자금과 인력을 투입했던 것이라고 전문가들은 지적했다.

'예정된 재앙' 얻어야 할 교훈은 세가지

첫째, 데이터 센터 이중화를 포함한 안정적 서비스 제공 장치가 필요하다. 대책을 제대로 세웠다면 데이터 센터 하나가 못쓰게 된다고 회사의 모든 서비스가 장시간 멈출 일은 없었을 것이다. 항공·철도·버스 등 교통수단이 고장 나면 대체 비상 운행 수단을 이용하듯이 정보통신산업에서도 시스템 이중·화하고 감시, 그리고 백업 등 여러 가지 대책을 강구해야 한다.

둘째, 정보통신을 다양화가 필요하다. 한국은 카카오톡에 지나치게 의존한다. 일반 국민들뿐만 아니라 많은 기업, 지방자치단체, 중앙정부조차도 의사소통을 카카오톡으로 활용하고 있다. 카톡 하나만을 사용하는 경우도 많다. 민간기업 서비스 장애로 과학기술정보통신부가 '재난방송·통신,상황실'을 설치하고 대통령실 상황메시지 전달은 특정 서비스에 대한 의존의 위험성을 그대로 보여주고 있다. 만약의 사태를 대비해 문자, 인터넷 등 다른 통신 수단으로 보완하는 것이 좋은 방법일 것이다.

이번 먹통 사고를 거울삼아 정부를 비롯해 모든 단체와 기업들도 장애 대책을 재점검해야 한다. 소통 수단의 다양성을 통해 지속가능한 통신체계 마련을 고심해야 한다.

셋째, 공룡 온라인 플랫폼 독점 폐해는 이미 예고되어 대비책이 필요했던 일이다. 미국과 유럽연합은 5년 전부터 독과점 폐해 예방에 나섰다. 미국 의회는 초당적으로 협력해 플랫폼 독점 종식법을 위해 온라인 플랫폼이 해당 플랫폼을 이용해 재화와 서비스를 판매·공급하는 경우 이해충돌로 규정하고 경쟁 당국이 강제 매각을 결정할 수 있도록 했다. 유럽연합도 온라인 플랫폼 시장의 공정성 및 투명성 규칙 등을 제정 시행하고 있다.

글로벌 기업

넷플릭스는 글로벌 12개 권역마다 서버를 분산해 설치하고 각 권역 안에도 물리적으로 분리된 복수 이상의 서버를 두고 있다. 또한 데이터센터가 멈추는 재난 상황을 설정 '카오스 몽키, 카오스 고릴라'라는 주기적 모의 훈련을 실시하고 훈련 내용도 공개한다.

미국 IT 글로벌 서비스 기업들은 인프라에 대한 자체 대응 프로세스도 잘 갖춰졌을 뿐 아니라 이사회, 투자자 차원에서도 점검이 여러 차례 이뤄지고 있다. 우리도 기업과 정부도 사명감과 책임감을 가지고 기본적인 프로세스부터 다시 점검을 해야 한다.

국가 보안 주요시설로 의무화해야

데이터 안정성과 보안 문제는 세계적 관심사다. 데이터는 미래의 대표적 먹거리 중 하나이기 때문이다.

데이터센터 한 곳에서 발생한 화재가 초연결사회를 사는 국민 전체의 일상에 대혼란을 안겨줬다. 테러범, 해커들이 포털 공격했다면 엄청난 혼란을 초래할 수 있다는 걸 보여준 대표적 사례 중 하나다. 섬뜩하다. 이런 점에서 데이터 관리 책임의 모든 것을 민간 기업에만 맡기는 것은 위험하다.

카카오는 데이터센터의 관리 소홀과 화재 발생 당시 미흡한 사후 대응으로 혼란을 키웠다. 그동안 돈 되는 사업 확장에만 집중하고 고객 서비스는 소홀히하지 않았는지 깊이 반성해야 한다. 이번 사고에 대해 사회적 책임을 뼈저리게 느끼고 사고방지 대책에 총력을 기울여야 한다. 정부도 데이터의 안전 관리를 위한 제도적 장치를 마련하고 사고 예방 대책을 세워야 한다.

바이러스 쇼크

팬데믹(pandemic)

전염병이 제한된 지역 안에서만 발병하는 유행병과는 달리 전 세계적으로 크게 유행하는 현상을 말한다.

인류 역사는 재난의 역사이다. 도전과 응전을 통해 위기를 극복해 왔다. 홍수, 화산폭발, 감염병, 추위와 공포, 지진, 전쟁, 기근, 콜레라 등 수 많은 재난을 극복하는 과정을 통해 발전해 왔다. 19세기 후반 박테리아의 존재를 알게 되고 1932년부터 바이러스 실체를 밝히게 되면서 역병을 과학적으로 이해하게 된다. 그러나 첨단 과학 문명 발달에도 바이러스에 대한 인간 사회의 공포는 극복되지 못하고 있다.

1) 유럽 세 번의 역병은 로마제국 몰락 후 봉건시대 개막을 열었다

오래전부터 이어진 전염병(장티푸스, 천연두, 페스트) 창궐은 인구 급감에 따른 사회 변동과 권력 이동, 종교, 문화예술과 인간의 가치관을 바꿨고 경제와 무역 통상에 지각변동을 일으키면서 세상을 바꿨다.

고대 아테네는 펠로폰네소스 전쟁(기원전 431~404년)에서 역병(장티푸스·발진티푸스)으로 패전한다. 로마제국도 마르쿠스 아우렐리우스 황제가 전쟁터에서 역병(천연두·홍역, 165~180년)으로 죽으면서 팍스 로마제국 시대가 저물었다. 이후 성키프리아누스 역병(천연두, 251~266년)과 유스티니아누스 역병(페스트, 541~542년)이 닥친 데다 정치적·종교적 요인이 겹치면서 결국 멸망에 이른다. 로마제국이 역병의 최대 피해국이 된 것은 역설적이게도 유라시아를 잇는 교역의 중심이자 도시화, 국제화에 가장 앞섰기 때문이다. 고대 유럽을 휩쓴 팬데믹은 황제 1인 체제의 중앙집권 제국 시대를 무너뜨리고 지방 영주들이 군주로 부상하는 봉건시대를 열었다.

2) 14세기 인류 역사상 가장 대표적인 흑사병 대유행은 세계를 변화시켰다.

페스트 혹은 흑사병은 페스트균(Yersinia pestis)에 의해 발생하는 급성 열성 감염병이다.

세계 인구 대비 사상 최악의 펜데믹으로 세계인구 5억명 중 2억명이 목숨을 잃었다.

흑사병은 수많은 사람에게 엄청난 고통을 안겼주었다. 한파와 폭염, 가뭄과 홍수, 한여름의 우박 등 최악의 기상 현상으로 흉년과 기근, 전염병이 창궐한다. 역사적으로 급격한 기후 변화는 기근, 흉작, 전염병이라는 복합 재앙으로 극심한 사회 혼란과 전쟁까지 일어난다. 14세기 흑사병으로 인구가 급격하게 줄어듬으로써 노동력 부족현상이 발생한다. 인구 감소는 소작농 제도를 무너뜨린다. 일손 부족에 따른 임금 상승으로 토지소유자 계층은 파산하고 도시로 몰려든 소농들은 소상공업 노동자로 변신한다. 봉건제도가 붕괴되고 상업이 활기를 띠자 자본주의가 형태를 갖추기 시작했다. 조세에 관한 제도와 화폐제도, 금융 등 자본주의 경제·정치 시스템이 사회를 변화시키는 한편 서유럽 국가들은 식량 등 원자재를 확보하러 해외로 진출하게 된다. 라틴어를 쓰는 지식인층이 줄어들자 영어, 프랑스어, 독일어 등을 쓰는 민족주의 국가가 등장한다.

3) 15세기 대항해로 지구가 '전염병 역사'와 함께 하나로 통합되는 역사적 사건이다.

콜럼버스가 신대륙에 도착할 때(1492년) 전파된 것은 주로 천연두였고 페스트, 홍역, 독감, 말라리아도 함께 들어갔다. 신대륙 정복에 나선 유럽인들의 전염병 전파로 수많은 원주민들이 낯선 전염병에 의해 사망했다. 콜럼버스가 귀환할 때 인디언 여성들이 보복으로 매독을 구대륙에 들여보냈다는 설도 있다. 15세기 말 신대륙 인구는 세계 인구의 10%인 6000만명 정도였으나 콜럼버스 상륙 이후 북아메리카 인디언의 95%가 사라진다.

영국 여왕 엘리자베스 1세는 1562년 천연두를 앓고 곰보 자국 때문에 납과 초산을 섞은 짙은 화장을 해 납에 중독됐다. 그래서 탈모 때문에 붉은 가발을 썼다. 청나라는 세조 순치제가 1661년 천연두로 죽고 이미 곰보가 된 셋째 아들 강희제가 8세에 즉위한다. 한편 조선시대 천연두가 발생하여 수많은 사람이 희생된다. 18세기 후반~19세기 초반에 다시 흉년과 괴질(콜레라·두역)로 250만명이 희생된다.

근대사는 천연두 외에 콜레라, 독감, 결핵, 말라리아, 홍역, 전염병 등의 대유행으로 얼룩졌다. 오래전부터 소, 돼지를 집에서 기르면서 동물 바이러스가 사람에게 옮았고 다시 사람끼리 감염되는 단계로 진화한 것이다. 현재도 발생하고 있는 페스트는 1930년대부터 항생제로 치료가 가능해졌으나 항생제에 의한 부작용도 나타나고 있다.

19세기 발생한 감염병은 미국 지도를 바꿨다. 유럽인들이 아프리카 흑인들을 노예선에 실어 신대륙으로 나르면서 열대성 전염병인 황열병도 함께 들어간다. 아이티에서 노예 반란이 일어난 뒤 1801년 나폴레옹은 프랑스 병력을 파병한다. 황열병으로 병사 5만명 중 3000명만 살아돌아온다. 나폴레옹은 식민지 정책의 꿈을 포기하고 1803년 프랑스령 루이지애나를 1500만달러에 미국에 팔아넘긴다. 평화적 영토 거래로 역사상 최고 수익을 올린 미국은 국토가 두배로 늘어나면서 본격적으로 서부 개척 시대가 개막된다.

4) 1918년 스페인 독감, 인플루엔자 바이러스(A/H1N1)

인류 역사상 가장 치명적인 독감으로 제1차 세계대전(1914~1919년) 중 전 세계로 급속히 확산되었다. 처음 발생해 2년 동안 당시 세계인구 3분의1이 감염되었고 2500만~5000만 명의 목숨을 앗아 갔다.

1918년 3월 미국 캔자스시 병영에서 발생해 미군의 참전으로 유럽으로 전파된다. 스페인에 독감 바이러스가 들어간 것은 1918년 11월 프랑스로부터였다. 최초의 발원지가 스페인이 아닌데도 '스페인 독감'이 된 것은 영국, 미국, 독일, 프랑스 등은 전시 보도 통제를 했으나 중립국이었던 스페인은 독감 보도를 했기 때문이다. 우리나라도 일제강점기 1918년 역병으로 인구 1680만명 중 756만명이 감염돼 14만명이 희생됐다.

당시에는 바이러스를 분리·보존하는 기술이 없어 그동안 스페인 독감의 정확한 원인은 밝혀지지 않았다. 2005년 미국의 한 연구팀이 알래스카에 묻혀 있던 한 여성의 폐 조직에서 스페인독감 바이러스를 분리해 재생하는 데 성공하였고 재생 결과 이 바이러스는 인플루엔자 A형(H1N1)으로 확인되었다.

2003년 중국 사스, 사스 바이러스(코로나 바이러스)

2002년 11월 중국 광동 한 재래시장에서 처음 출현했다. 기원 동물은 중국 관박쥐로 알려져 있다. 감염자는 심한 독감 증상과 폐렴 소견을 보인다. 전 세계 38개국에서 8,273명이 감염되어 이 중 775명이 사망(치사율 9.4%)했다.

2012년 중동 메르스, 메르스 바이러스(코로나 바이러스)

2012년 6월 사우디아라비아에서 중증폐렴환자에서 첫 보고되었다. 기원동물은 박쥐로 추정되며, 낙타가 중간 전파 매개체이다. 2015년 9월 1일 기준, 1.475명 감염, 515명 사망했다. 2015년 6월 우리나라에서 발생하여 186명 감염자와 36명의 사망자를 낳았다.

5) 현재진행형 코로나19(COVID-19)

이상기후, 생태계 파괴, 초연결사회 '복합위기'는 디지털 전환 등 스마트화를 앞당기고 있다.

2019년 12월 중국 우한에서 고열과 기침을 동반한 최초의 폐렴 환자가 발생한다. 우한의 한 재래시장을 방문한 사람들을 중심으로 폐렴 환자는 빠른 속도로 전 세계에 퍼졌다.

지구촌을 강타한 코로나 팬데믹은 수 많은 희생자를 냈다. 기원 동물은 박쥐로 추정된다.

최초의 바이러스부터 신종 바이러스까지 계속되고 있다. 팬데믹은 앞으로도 계속 올 것이고 기후변화 위기와 연관된다. 기후 위기는 환경 오염, 자원 위기, 생태계 파괴, 경제 위기, 보건 안보와 맞물린 복합위기다. 코로나 사태는 그 복합위기가 세계화·구조화되고 있음을 일깨우고 있다. 연결·융합·불확실성 속에 어느 한 부분의 위기는 전체의 위기로 순식간에 전 세계를 파도처럼 연쇄적으로 퍼져나간다.

코로나 이후 세계가 어떻게 달라질 것인가. 이번 사태는 그동안 더디게 진행되던 디지털 전환을 가속시키고, 앞으로 성장 엔진은 이미 진행되고 있는 4차 산업혁명의 기술에서 출구를 찾게 될 것이다. 산업의 스마트화, 구조 변화, 글로벌 네트워크 다변화가 진행되고, 글로벌 가치사슬의 재구축으로 지역적, 국가 중심적 생태계로 전환될 것이다.

코로나 발원지 중국 대응

'코로나' 감염증을 최초로 알린 의사 리원량

"만일 그때 모두가 이 사실을 중시했다면 아마도 오늘의 전염병 폭발은 없었을 것"

코로나 발생을 최초로 알린 중국 후베이성 우한 중심병원 안과 의사 리원량이 한 말이다.

2019년 12월 30일, 리원량은 온라인 메신저인 위챗 채팅방에 있는 그의 의대 동기 7명에게 "7명이 사스류 확진을 받았다" 조심하라고 경고 글을 올렸다.

공안(경찰)은 리원량을 '허위정보 유포'란 죄명으로 체포해 처벌하고, '전염병에 대한 허위진술을 게재했으며 다시는 그러지 않겠다'는 내용의 훈계서를 받았다. 리원량은 나중에 한 언론 매체 인터뷰에서 "공안에서 이런 일을 겪은 것은 처음이라 시키는대로 하고 얼른 밖으로 나왔다"고 말했다.

그러나 이 글은 점차 온라인에 확산됐고 코로나19 존재가 세상에 알려지는 데 결정적 역할을 했다. 당시 사스와 유사한 호흡기 질환이 유행 중이란 사실을 감춰왔던 중국 당국도 리원량의 글을 계기로 대중 앞에 그 사실을 공개해야만 했다.

당시 우한 보건 당국은 사람끼리 신종 코로나바이러스 전염은 없다고 주장했고 의료진은 마스크 같은 보호 장비 없이 환자를 돌봤다. 리원량은 경찰서에서 나와 병원에서 폐렴 환자들을 진료하다 코로나에 감염됐다. 2020년 1월 12일 입원해 2월 1일 확진 판정을 받았다. 그 사이 코로나바이러스는 중국 전역뿐 아니라 세계 각국으로 퍼져 수만 명이 감염되고 수백 명이 목숨을 잃었다.

2020년 1월 6일 LA타임스는 "우한 폐렴이 부패하고 비효율적이며 투명성·책임성이 결여된 중국 정치체제의 허점을 여실히 드러냈다"고 보도했다.

리원량은 1월 30일 중국 언론과의 인터뷰에서 자신이 헛소문을 퍼뜨리지 않았으며 그저 모두에게 경각심을 불러일으키려고 했다고 밝혔다. 또 다른 중국 언론과의 문자 인터뷰에서 "현재 전염병이 확산 중인데 나는 도망가는 병사가 되지 않겠다. 회복되면 일선에서 싸울 것"이라고 심경을 토로했다.

리원량은 2020년 2월 7일 자신이 의사로 일했던 병원에서 숨졌다. 사망 소식이 전해지자 소셜미디어에서 분노가 폭발했다. 정부가 숨기고 감추는 동안 사스처럼 치명적인 신종 전염병의 위험을 알리려 했던 젊은 의사가 억울하게 죽었다는 것에 중국 젊은 층은 분노했다.

이후 중국 사회에선 우한 공안이 리원량에 대한 입막음을 하지 않았다면 오늘과 같은 비극이 있었겠느냐는 탄식이 나온다. 이런 비통한 말이라도 마음 놓고 할 수 없는 게 오늘날 중국의 현실이다.

그는 숨을 거두기 전 중국 언론과 인터뷰에서 "건강한 사회에는 한 가지 이상의 목소리가 있어야 한다고 생각한다"며 "과도한 공권력을 사용하는 것에 찬성하지 않는다"는 말을 남겼다.

세계보건기구(WHO)는 리원량의 사망 소식이 전해지자 트위터 등 공식 SNS에 리원량의 죽음을 애도하는 성명을 발표했다.

한국 코로나 대응

메르스 사태 교훈삼아 방역·출입국 통제했어야

코로나 바이러스(우한폐렴) 발원지 중국을 넘어서 전 세계를 공포로 몰아넣었다. 세계 각국이 신종 코로나를 차단하기 위해 총력을 기울이고 있다.

중국이 코로나 바이러스의 초기 진압에 실패한 가장 큰 원인은 바이러스의 창궐을 경고한 의사를 유언비어 유포자로 지목하고 함구하게 만들면서 초기에 적극적인 대응을 하지 못한데 있다. 중국은 신종 코로나 바이러스의 정보 통제로 진실이 은폐된 채 춘절을 맞았고 수많은 사람들이 이동하면서 바이러스가 중국 전역으로 퍼져나갔다.

대한의사협회가 발표한 대정부 입장에서 "골든타임을 놓쳤지만 이제라도 중국발 입국자들에 대한 입국 금지 조치를 즉시 시행해야 한다"고 했다. 정부는 대한의사협회를 비롯한 전문가의 견해를 무시했다.

재난 컨트롤타워인 질병관리본부(현재 질병관리청)권한이 작다

지난 2015년 메르스 사태를 겪고도 질병관리본부(현재 질병관리청)는 제 기능을 다하기 어려워 보인다. 질병관리청은 국민의 건강을 지키고 안전한 사회를 만드는 것을 목표로 과학적 근거에 기초한 공중보건 정책을 수립하여 적극 추진하는 기관이다.

보건 전문가로서 전염병 방역을 위해 진두지휘를 해야 할 시간에 국회에 불려 다니며 골든타임을 놓쳐버리고 그나마 뭔가 해보려 해도 인력도 권한도 예산도 없었다. 심지어 역학조사관 마저 제 때 충원이 되지 않아 공중보건의사들을 급히 차출해 지원하고 있으나, 숙식조차 제공하지 않았다는 이유로 논란을 빚기도 했다.

정치적 계산을 배제하고 의학적 판단과 공중보건학적 관점에서 결정돼야 할 입국금지 여부를 인사권을 가진 청와대나 복지부가 결정을 해버리고 나면 전문가는 더 이상 설 자리가 없다. 그 결과는 방역 실패는 정해진 순서다.

전문가의 의견을 들어야 한다. 정치가 과학적 사실을 압도하면 생기는 일

대한의사협회는 '의료법'상 대한민국 의사를 대표하는 법정단체다.

신종 코로나바이러스 감염증(코로나19) 사태 후 최대집 회장은 '중국발 입국 전면 금지' 등 강경 대책을 정부에 주문했으나 받아들여지지 않았다. 방역 대책을 둘러싼 정부와 대한의사협회갈등이 있었다.

코로나 정부 방역 대책의 현실과 문제점을 돌아보고 다가올 전염병 현명하게 대처해야 할 것이다. 당시 의협회장 언론 인터뷰 내용이다.

의사협회는 코로나19 발생 초기부터 정부에 '중국발 입국 전면 금지' 강력 대응을 주문했다.

"1월 23일 대한의사협회가 코로나19 관련 긴급 대책회의를 개최하고 1월 26일 첫 번째 대국민담화문을 발표했을 때 국내 확진자는 3명에 불과했습니다. 발견하지 못했을 뿐 훨씬 많은 확진자가 존재한다고 판단했습니다. 그 연장선상에서 '코로나19 감염 확산에 대해 수동적 입장에서 벗어나 능동적이고 적극적인 조치를 취해야 한다'고 주장했습니다. 그 배경에는 중국 내 상황이 자리합니다. 중국이 지역사회 감염 단계에 접어들었기 때문이었습니다. 올해 1월 당시 중국발(發) 한국 입국자는 매일 평균 3만 명에 달했죠. 감염원 차단, 전국 단위 강력 방역 조치 등을 취해 바이러스 확산을 막아야 한다고 봤습니다."

'7차례 중국인 전면 입국 금지가 필요하다는 주장' 왜 무시했을까?

"의협은 1월 26일부터 감염원 차단을 위해 중국발 입국 금지 조치를 일곱 차례나 요청했습니다만 정부는 일절 응하지 않았습니다. '불필요한 조치'라고만 했죠. 왜 그랬을까요? 우선 당시 정부가 2020년 상반기 시진핑 중국 국가주석의 방한에 집착하고 있기 때문이라고 봅니다. 그다음으로 중국은 한국의 첫 번째 수출 대상 국가이기 때문에 경제적 파장도 고려한 게 아닌가 싶습니다. 결론적으로 정치·외교·경제 문제를 우선적으로 고려했다고 판단합니다."

현재도 한국 지도층·지식인들 사이에 중국 눈치를 보는 경향이 있다.

"중국은 전형적으로 약한 나라에는 강하고, 강한 나라에는 약한 나라이다. 중국이 우리를 무시할 수 없을 정도로 우리 국력을 강하게 키우는 게 기본이다. 동시에 단기적인 피해와 불이익을 감수해서라도, 우리가 주권국가로서 중국에 의연하게 당당하게 대응해야 한다. 호주, 노르웨이, 일본, 싱가포르 등은 중국의 경제 보복에 원칙을 갖고 일관되게 맞섰고, 결국 중국이 먼저 꼬리를 내리고 항복했다."

전문가 단체의 종합 의견을 정부 고위 관계자들이 의학적 판단을 떠나 정치적 판단으로 잘못된 생각으로 의사협회 견해를 진지하게 검토하지 않고 청원을 거부한 것은 아닌지 안타깝다.

공포 집단패닉 원인은 대부분 대상에 대한 무지에서 온다

최근 몇 년간 사스, 메르스, 에볼라, 지카 바이러스 등 이름조차도 낯설기에 더욱 공포스런 존재로 우리 주변에 자리잡고 있는 바이러스들은 점점 늘어가고 있다.

왜 중국 재래 시장일까?

코로나 사태로 중국 재래시장이 신종 바이러스 화약고로 주목받기 시작했다. 전염병 전문가들은 각종 동물 거래가 활발한 중국 재래시장을 신종 바이러스가 언제 터질지 모르는 시한폭탄을 안고 있는 거점지역으로 주시했다.

재래시장은 가축 뿐만 아니라 우리가 생각도 못하는 각종 야생동물을 현장에서 도축해 팔거나 거래하는 곳이다. 바이러스 입장에서 보면 재래시장은 여러 지역 다양한 동물 집합소로 다양한 바이러스가 모일 절호의 기회를 제공해 준다. 항상 위험을 안고 있다.

신종 바이러스 출현을 예측할 수 없듯이 앞으로 어떤 바이러스가 나타나 인류를 공포와 위험으로 몰아갈지를 알고 대비하기는 쉽지 않을 것이다. 야생에서 조용히 잠자고 있는 바이러스를 깨우지 말고, 인간이 야생 생태계를 그대로 놔두는 것이 최선이다.

사소하지만 아주 주요한 바이러스 예방법

① 호흡기 감염 예방: 마스크 착용

마스크는 코로나 바이러스 같은 호흡기 질병의 확산을 막는 데 도움이 된다. 안면 마스크는 감염자의 구강 분비물이 일상 환경에 분출되거나 비감염자의 입과 코로 들어가는 것을 차단해 준다.

② 개인 위생 관리: 손 씻기

우한 폐렴이나 메르스 같은 신종 전염병의 병원균은 감염자의 기침이나 가래 등을 통해 다량으로 배출된다. 그런 분비물이 묻은 곳을 수시로 만지는 손이 감염의 주요 경로이다. 비누나 손 세정제로 손을 깨끗이 씻어 위생을 잘 관리하도록 한다.

③ 전문 지식의 대중화: 전염병 정보 공유

신종 바이러스로 인한 전염병 확산에 대해 방송과 언론에서 다루는 정보를 관심있게 봐야 한다. 업데이트된 정보들에 대해 소홀히 하지 않고 귀담아 듣고 지식을 쌓아야 한다. 전염병이 출현했을 때 심한 두려움을 갖지 않고 이성적으로 대처하려면 올바로 알아야 하기 때문이다.

코로나 감염방지 3가지

첫째, 감염 환자를 초기에 진단해 격리·치료해야 한다. 가장 중요한 조치이다.

둘째, 지역사회 전파 차단해야 한다.

셋째, 해외 감염원 차단입니다. 실효성을 두고 논란을 빚지만 감염원은 하나라도 더 차단하는 것이 사태 안정에 도움이 된다는 게 상식이다.

일반인도 전염병 바이러스에 대한 기본적인 지식을 쌓아야 한다

인간의 의지와 상관없이 지구촌 어디에도 신종 바이러스들이 발견되고 있다.

일반인도 전염병 바이러스에 대한 기본적인 지식을 쌓아야 한다.

이런 부분에 대해 평소에 제대로 훈련되어 있지 않다. 트렌드, 자기계발, 유행에는 민감하지만 자기 자신을 위험에서 지켜야하는 바이러스 지식습득에는 별로 관심이 없다. 전염병이 유행하기 시작하면 개인이 할 수 있는 일은 제한되어있다. 평소에 개인은 위생규칙을 잘 지키고 예방접종 등을 통해 예방에 노력하여 전염병의 고통을 줄여야 할 것이다(바이러스 쇼크, 최강석, 매일경제신문사).

19세기 중반 유럽의 대도시를 위협했던 콜레라에 대응하여 발전해 온 공중보건과 도시위생은 생활 환경을 크게 개선했다. 콜레라는 20세기 들어서 거의 사라졌으나 대도시 일상적인 삶속에 장티푸스, 디프테리아, 천연두, 홍역, 결핵 등 다양한 감염병 발병과 함께했다. 감염병 중 가장 많은 사망자는 결핵이었다. 인구가 밀집한 파리에서 그 피해가 가장 컸다.

결핵은 알코올 중독, 매독과 함께 사회적 재앙으로 불렸으며, 재앙을 막기 위해 의료계, 사회단체들이 결핵 퇴치 운동을 실시했다.

역병은 전염성으로 인해 의료적인 진단과 치료에 정부의 개입이 필요한 사회적인 문제이다. 조선시대에도 역병이 창궐할 때 왕이 대신들과 방역을 의논하고 피해의 해결을 위해 노력한 모습이 『조선왕조실록』에 기록되어있다. 조선왕조실록은 태조부터 철종까지 472년의 역사를 시간 순서에 따라 기록한 역사서이다. 여기에 염병이라는 단어가 총 736회 나온다. 염병은 전염병을 줄인 말이고 주로 장티푸스를 가리킨다. 염병 대책을 마련하는 일은 아주 중요한 문제였다. 조선 후기의 전염병으로 많은 사망자를 냈다.

“역병이 발생하면 경제의 기반이 되는 농사에 타격을 입고, 백성들이 목숨을 잃으며, 정부의 권위가 떨어지는 등 국가의 기반부터 흔들렸기에 방역은 국가 존립과도 연결되는 문제였다. 정부에서는 감염된 백성들을 구제하고 전염의 확산을 막아 감염자의 수를 최소화함과 동시에 도성이 피해를 입는 것을 막아야 했기에 이를 위한 각종 대책을 수립했다. 한편 역병의 확산으로 불안해하는 백성들의 마음을 안정시킬 필요가 있었고, 역병의 원인에 계절과 같은 환경적인 요인에 더해 종교적인 차원이 개입한다고 여겼기 때문에 이 부분에 대한 대응으로서 의례 또한 중시되었다"(감염병을 바라보는 의료인문학의 시선, p.52)

환자 치료와 함께 방역에서 또 다른 축을 이루는 것이 바로 격리를 통한 전염의 확산방지이다.

코로나는 사람을 가리지 않는다. 부자든 가난한 자이든 선진국, 후진국 모두 예외없이 닥친다. 미래를 예측 할 수 없지만, 과거의 사례들을 분석하고 준비한다면 피해는 많이 줄일 수 있을 것이다. 중요한 정보를 감추거나 당장 다가오는 불이익을 위해 왜곡한다면 인류에게 더 큰 재앙으로 다가올 것이다.

신종 코로나 바이러스 감염증(우한 폐렴)에 대처했던 나라들을 보면 정직하고 투명하게 전염병에 대처해야 한다는 교훈을 주고 있다. 감추거나 무시한다면 재난을 키우게 될 것이다. 중국 우한 의사 리원량은 웨이보에 코로나 위험성을 폭로했을 때 중국 당국은 리원양의 주장을 묵살하고 괴담을 퍼트린다고 처벌까지 받았다. 감염증 환자를 치료하다가 자신도 감염 결국 사망한다. 중국과 전 세계 사람들에게 가장 중요한 정보를 무시하고 왜곡시켰다. 결과는 전 세계를 재앙과 공포로 몰아넣었다. 위험 신호를 빨리 받아들이고 준비하고 초기 대응을 어떻게 하느냐에 따라 피해 규모는 달라진다. 전 세계적으로 피해가 컸던 재난에는 초기 징조나 위험 신호를 무시하는 데서 출발하였다.

최고 방역은 국경을 차단하고 사람들의 이동을 막는 것 뿐이다.

어떤 정책을 선택할 것인가? 각 나라의 사회적 환경도 다르다는 것이 중요하게 작용한다.

개인의 선택의 자유를 보장하는데 가치를 두는 국가가 있는 반면 국가 전체 이익을 위해 개인의 자유 희생을 택하는 국가도 있다. 실제로 세계 각 나라는 코로나 대응 방식에 큰 차이가 있었다. 중국은 국가가 적극적으로 개입 코로나 발생지 우한을 봉쇄했다. 미국, 영국, 스페인, 이탈이라 등은 바이러스 확산 속도가 빠르기 전에는 정부 개입을 제한했다. 한국, 싱가포르 대만 등은 중국보다 약하지만 정부 개입을 택했다. 행정력과 의료체계를 바탕으로 감염병 확산경로를 추적하고 환자분리, 거리두기 등 격리하는 조치를 선택했다. 방송, 미디어를 적극활용 개인 위생 예방의 중요성을 적극 홍보했다. 예나 지금이나 전염병에 가장 약한 국가는 가난한 국가다.

에볼라, 에이즈, 사스, 메르스, 폐렴 등을 통해 이미 겪었듯이 크고 작은 새로운 전염병이 생겨날 것이다. 인류는 항상 각종 전염병과 싸우면서 각종 재난을 극복하는 과정에서 과학, 의료, 통신 등 눈부신 발전을 거듭해 왔다. 앞으로도 눈에 보이지 않는 또 다른 전염병이 찾아올 것이다. 국가뿐만 아니라 개인도 다가올 재난을 대비하고 준비하는 겸손한 제세로 대처해 나가야 할 것이다.

군중 유체화 압사

사고 4시간 전, 경찰 11번 신고받고도 참사 못 막았다.

조금만 신경을 썼더라면 막을 수 있는 안타까운 사고를 경찰, 구청, 소방도 막지 못했다.

피해규모 159명 사망 196명 부상

군중에 의한 압사사고

- 1959년 7월 17일 부산 공설운동장 압사 사고(67명 사망, 150명 부상)
- 1960년 1월 26일 서울역 압사 사고(31명 사망)
- 1965년 10월 5일 제46회 전국체육대회 압사 사고(14명 사망)
- 1974년 9월 28일 용산역 압사 사고(4명 사망, 40명 부상)
- 1980년 2월 11일 부산 용호국민학교 압사 사고(5명 사망, 21명 부상)
- 1985년 1월 17일 안동 신한민주당 지구당 창당대회 압사 사고(5명 사망, 18명 부상)
- 1992년 2월 17일 뉴키즈 온 더 블럭 내한공연 참사(1명 사망)
- 1996년 12월 16일 별이 빛나는 밤에 대구 공개방송 압사 사고(2명 사망)
- 1997년 3월 3일 울산 남부초등학교 초등생 압사 사고(1명 사망, 10명 부상)

- 2005년 10월 3일 상주 콘서트 압사 참사(11명 사망)
- 2022년 10월 29일 이태원 압사 사고(159명 사망, 196명 부상)

사물에 의한 압사사고

- 1993년 1월 7일 청주우암아파트상가 붕괴(28명 사망, 48명 부상)
- 1995년 6월 29일 삼풍백화점붕괴(502명 사망, 937명 부상, 실종 6명)
- 2014년 2월 17일 경주마우나오션리조트붕괴(10명 사망, 100명 부상)
- 2021년 6월 9일 광주학동건물철거붕괴(9명 사망, 8명 부상)
- 2022년 1월 11일 광주아파트외벽붕괴(6명 사망, 1명 부상)

압사사고는 새로운 사고가 아니라 계속 있어왔다. 1989년 영국 셰필드의 힐스버러 축구장 압사사고는 만원으로 입장하지 못한 리버풀팀 팬들이 경기장 밖에서 난리를 피웠으며, 난동을 두려워한 경찰이 입장하기 위해 출입문을 여는 순간 골대 뒤에 서서 구경하는 자리로 몰려들면서 쓰러져 96명이 사망했다.

핼러윈 참사 당시 현장 상황(2022.10.29. 오후 10시 15분쯤 사고 발생)

골목 밀집도(오후 10시 25분 기준) : 1㎡ 당 9.1~10.7명

골목 높이: 약 5m→내리막길 약 40m, 폭 약 4m(참사 지점은 약 3.2m)

피해자 1인당 받은 압력 평균 560kg 정도(다수 피해자들 최대 10분이상 압력에 의해 저산소등 겪다가 질식해 숨진 것으로 판단)

군중 유체화 발생 : 다수 사람들이 밀집한 탓에 자기 스스로 거동이 어려워진 현상

피해규모 : 159명 사망, 196명 부상

참사 며칠 전, 위험경고 무시

3년 만에 사회적 거리 두기 없는 핼러윈을 맞아 이를 즐기려는 젊은이들이 대거 이태원으로 모여들었다. 사고 당일은 토요일, 수 많은 인파가 몰릴 것을 충분히 예상할 수 있는 상황이었다. 사망자 중 20대가 많았다. 하지만 경찰, 구청은 이런 상황에 대비한 안전 관리 대책을 마련하지 않았다.

참사 며칠 전 구청, 경찰, 소방, 서울교통공사, 상인연합회 등이 참석한 대책 회의가 열렸다. 구청의 최대 관심사는 쓰레기 처리 문제였고, 당시 상인연합회는 경찰기동대 배치 자제를 요구했으며 그 전에 이태원에서 개최된 지구촌 축제는 용산구청 주최로 진행된 반면 핼러윈 축제는 관련 기관들이 주최자가 없는 행사로 인식했다. 그로 인해 상대적으로 인파 관리에 대한 관심과 책임감을 덜 가진 결과 참사 규모를 키운 것으로 본다.

대책 회의에서 차 없는 거리 지정, 인근 전철역 무정차 통과 등의 주제는 논의되지 않았다. 대규모 집회·시위가 있었던 광화문 지역에서의 전철의 무정차 통과, 기동대 배치 등의 조치와 다른 점이다.

그날 용산경찰서 112상황실은 안전사고 발생 위험 보고서를 상부에 "예상을 넘는 인파가 몰려 안전사고 우려가 있다" 보고 했다. 하

지만 경찰이나 구청은 이런 사전 경고를 사실상 무시했다. 참사 당일에도 압사라는 단어가 9번 언급되는 등 오후 6시 이후 수 많은 대중 압사 위험 신고가 구체적인 장소와 상황까지 정확하게 접수됐는데도 위험을 심각하게 받아들이지도 않고 현장대응도 허점 허점투성이였다. 그날 밤 무슨 사정이 있었는지 경찰은 사고 방지를 위해 충분한 인원을 투입하지 않았다.

112 신고접수 말고도 현장 폐쇄회로(CCTV)를 통해 경찰이나 구청은 얼마든지 상황을 파악할 수 있었다. 경찰과 구청이 서로 협조해서 좀 더 일찍 현장상황을 통제했다면 사정이 달라질 수 있었을 것이다.

구성원과 조직의 태만

이태원 핼러윈 참사 3~4시간 전부터 '압사 위험' 112신고가 11번 반복됐는데도 경찰이 적절한 대처를 하지 않은 사실은 충격적이다.

경찰이 사태의 심각성을 해마다 있는 행사 정도로 일상적인 축제로 잘못 판단하고 "대형사고 일보직전" "위험한 상황이다" "압사" 등 아주 다급한 신고를 일상적인 민원신고로 받아들인 것도 문제지만, 6건에 대해서는 출동 약속을 지키지 않는 등 목숨이 위험한 신고자에게 거짓말을 했다는 의혹도 있다.

왜 이런 대응할 수 밖에 없었는지 근본적인 문제점이 무엇인지를 철저히 조사해서 반복되는 대형사고를 막아야 한다. 조직에 문제가 있다면 근본적으로 수술을 해야 한다.

위험 신호가 왔는데도 움직이지 않는 데는 분명 조직에 보이지 않는 문제점이 있다는 것으로 봐야 한다. 이번 사고는 역부족이었던 측면이 있지만 만약의 사태를 준비하고 대비가 부족했었던 것 아니냐는 안타까움이 남는다.

경찰과 지방자치단체 등 정부의 사전 준비와 현장 통제를 제대로 했다면 젊은 생명의 허망한 죽음을 막거나 희생을 최소화할 수 있었을 것이다. 어떤 이유가 있더라도 안이하고 소홀했고 무책임한 행동에 대한 비난을 피하기 어렵다.

대형사고가 터질 때마다 대한민국 공무원이 잊고 사는 게 있다. 바로 헌법 제7조 "공무원은 국민 전체에 봉사자이며 국민에 대하여 책임을 진다"이다. 자기가 맡은 일에 최선을 다하지 않고 책임을 누구에게든 떠 넘기려는 잘못된 형태는 더 이상 국민들이 용납하지 않을 것이다.

무관심, 무책임, 안일한 대응자세 반성부터 해야

코로나 3년간 답답한 마스크를 벗는 정책들이 발표되면서 마음껏 소리 지르고 즐기고 싶은 젊은이들에게 드디어 기회가 찾아왔다. 노마스크 핼러윈 축제를 맞아 이태원에 10만 이상 인파가 몰려들 것으로 예측이 있었는데, 구청, 경찰, 소방 등 유관기관에서는 사고 위험성에 대한 대비가 부족했다. 해마다 있어 온 혼잡한 행사 정도로 이해한 것으로 보인다.

수 많은 사람들이 한꺼번에 모이면 심리적으로 흥분되고 이성적으로 대처하기가 쉽지 않다는 점을 간과한 것이다.

대형사고가 터진 후 항상 그 때 관심을 갖고 대비를 했어야 하는데, 안타까워 할 뿐 계속해서 똑 유형의 사고가 반복되고 있다. 핼러윈 축제도 어느 순간부터 젊은이들이 각종 분장을 하고 즐기는 일종의 문화로 자리 잡아 왔다.

주최자가 없는 행사에도 안전관리는 해야 한다.

2014년 세월호 참사를 겪고도 많은 문제들이 보완되고 정비 됐지만, 핼러윈 행사처럼 주최 측이 없는 행사의 안전 관리에 대한 제도적 정비를 하지 않고 장기간 방치한 것이 문제다.

주최자 없는 행사라고 판단했기에 도심에서 축제를 즐기려던 사람들의 대규모 참사를 예상하지 못한 것이다. 대중, 군중 심리 개념을 정확히 인식하지 못해 도심에서 대규모 압사를 당한 것이다. 이번 참사와 관련 많은 대책들이 쏟아지고 있다. 매뉴얼이 없어서 발생한 것만은 아니다. 주최자가 없는 행사에서도 각 기관에는 사고 유형별 매뉴얼이 있다. 인파 사고를 예측했던 경찰 정보 보고가 있었고, 관련 규정에 따라 서울교통공사 측에 지하철 무정차 통과 지시가 사전에 전달됐지만 중간 과정에서 사라졌다. 복잡한 문제를 해결할 기회를 상실하자 일순간에 산사태처럼 무너져 내린 것이다. 긴급한 상황에서도 각 기관별 대응 매뉴얼을 충실히 따르고, 상식과 책임감을 가지고 적극적으로 대처했다면 참사는 막을 수 있었다.

그 순간 무엇이 잘못된 것이 아니다.

대형 사고가 발생할 때, 한 순간에 무언가 잘못돼 나온 결과는 아니다. 여러 가지 생각과 행동이 아주 작은 결정적인 원인에 눈덩이처럼 무너져 내리는 것이다. 예측하지 못하니 대비할 수 없고, 대비할 수 없으니 무너진대로 당할 수밖에 없다. 갑작스런 사고를 확률론적 관점에서 나누어 본다면 시간적·장소적·방법적 중에서 이태원 내리막 골목길에서 사람에 떠 밀려 상상할 수 없는 대형 참사가 일어날 것을 예상한 사람은 아무도 없을 것이다. 좁은 장소에서 공격을 당한 것이다.

헬러윈 참사 후 전문가들이 언론에서 여러가지 문제점을 지적했다. 분명한 것은 2022년 10월 29일 밤 10시 15분 전까지 그런 대형 사고가 발생할 것이라고 생각한 사람은 거의 없었다는 사실이다.

사고 후 대처가 더 한심

경찰과 소방은 범죄, 화재구조, 구급 신고를 받으면 통상 5분 이내에 출동하는 조직이다. 대응 능력이 빠르다는 것이다. 현장 상황이 더욱 악화됨에 따라 사고 징후가 느꼈지만 밀려드는 인파를 보면서 제대로 된 조치를 내리지 못했다. 재난은 예방이 최선이지만 실패했을 경우에 어떻게 대응하느냐에 따라서 결과는 크게 달라진다.

현장에 있던 경찰, 소방 공무원들이 최선을 다해 구조 활동을 했지만 조직적이고 체계적인 대처와는 거리가 멀었다. 사고 발생 전 정보 공유 등 기관별 통합 대처는 없었고 책임을 둘러싼 기관 간에 서로 떠넘기고 변명하는 무책임한 사태가 벌어졌다.

지속적 경고 상황에서 골든타임을 놓친 결과 대형 참사로 이어진 것이다. 결과적으로 신속한 대응을 해야할 최일선 경찰 책임자가 대통령, 행정안전부 장관보다 참사 상황을 늦게 보고받는 초유의 사태가 발생했다. 무책임한 현장조치, 사망, 부상자 파악에서 병원 환자이송까지 사고 현장에서 드러난 문제점은 한 두 가지가 아니다. 핼러윈 참사는 정부, 지자체, 경찰, 소방, 시민들 안전의식 소홀 등의 결과물이다.

이번 참사는 많은 사람이 순식간에 희생된 어처구니없는 사건임과 동시에 주최자가 없는 행사뿐만 아니라 대중이 모이는 곳에는 압사 사고에 대비해서 철저하게 관리해야 한다는 점을 우리 사회에 교훈을 주는 사건이다. 이번 사건을 계기로 사회 곳곳에 퍼져 있는 무사안일,

무관심, 무책임을 깊이 반성하고 자신의 맡은 일에 최선을 다하는 사회가 되어야 한다.

안전을 위협하는 불법건축물 즉시 철거해야

해마다 이태원 핼러윈 축제 때 8만~10만 명이 방문했다. 대규모 군중이 자주 모이는 장소인 이태원 행사 방문자 안전에 각별한 주의를 기울여야 했다.

건축법상 도로 너비가 4m 이상이어야 하는데, 테라스와 부스가 도로를 1m씩 침범하면서 원래 5m인 세계음식문화거리 일부 구간 도로 폭이 3m까지 줄어들었다. 길이 좁아지면서 거리는 인파로 가득 차 움직이기도 어려운 상태가 됐다. 사고 당시 현장에 있던 시민들이 대피하려고 해도 이미 포화 상태로 어느 쪽으로도 나갈 수가 없었다.

이태원 핼러윈 참사 현장과 연결되어있는 세계음식문화거리에 있는 해밀톤호텔 주점이 도로 방향으로 테라스가 무단 증축됐고, 핼러윈 행사 부스가 설치되었다.

불법 시설물 때문에 병목 현상이 생겨 인명피해 규모를 키웠다고 볼 수밖에 없다. 많은 사람이 모이는 행사에서는 원활한 통행의 흐름이 안전조치의 기본이다. 하지만 용산구는 지난해 5월 테라스 무단 증축을 확인하고도 이행강제금을 부과했을 뿐 철거는 하지 않았다.

건축법에는 불법건축물은 바로 철거 조치를 할 수 있도록 돼 있다. 도로 통행에 현저하게 지장을 주거나 공공의 안전에 저해되는 건축물로 인해 공익이 침해돼서는 안 된다는 취지다. 대형 화재, 붕괴 현장에는 불법건축물이 설치된 경우가 많다. 정부와 지자체는 불법건축물 일제 조사를 실시해 위험이 발견된 부분은 모두 철거해야 한다. 더 이상 불법건축물이 시민의 안전을 위협하는 일은 없어야 한다.

'군중 밀집' 안전교육 실시해야

우리나라는 서울을 포함 대도시 인구 밀집도가 높고 경사 지형이 많아서 압사 사고 발생 우려가 높다. 군중밀집 관련 안전교육이 제대로 이뤄지지 않아 이번 피해자들이 위험 상황을 인지하지 못했을뿐만 아니라 어떻게 대처할 수 없이 사고를 당한 것이다. 이제라도 사회적 재난에 포함시켜 안전교육 대응 방안을 마련해야 한다.

핼러윈은 무엇인가

할로윈, 또는 핼러윈(Halloween)은 영미권의 전통 행사이다. 모든 성인의 날 전 날인 31일에는 죽은 영혼들이 되살아나며 정령이나 마녀 등이 출몰한다고 믿어, 귀신들에게 육신을 뺏기지 않기 위해 사람들은 유령이나 흡혈귀, 해골, 마녀, 괴물 등의 복장을 입고 돌아다닌다. 최근에는 대한민국의 이태원, 일본의 시부야, 도톤보리 거리와 클럽에서 모든 성인의 날 앞 주말에 주요 거리를 중심으로 젊은이들이 코스프레를 하고 모이는 현상이 늘어나고 있다.

술 취한 젊은 사람이 모이면 열기가 뜨거워지기 마련이다. 거기다 '복면 심리'도 큰 영향을 미친다. 핼러윈 축제 때 많은 사람이 기괴한 가면과 복장으로 분장한다. 한국과 일본 핼러윈엔 애니메이션 캐릭터로 변신하는 '코스프레' 놀이까지 끼어든다. 최소한의 종교적 의미는 사라지고 청춘들의 열기가 분출하는 축제로 변했다. 긴장이 풀릴 수밖에 없다 보니 질서와 안전이 사라지고 가면을 쓴 '위험'이 도사리고 있었다. 무관심으로 위험을 방치한 우리 모두의 책임이다.

만원 버스, 지하철에 너무 익숙한 사회

동물 행동학자가 '과밀(過密)의 결말'에 대한 실험을 했다.

미국의 동물행동학자이자 행동과학자로, 존 캘훈은 1968년 인구밀도와 이것이 행동에 미치는 영향에 대한 연구로 잘 알려져 있다. 쥐 실험을 통해 과밀의 결말을 설명했다. 설치류의 개체수 과잉에 따른 절망적 결과가 인류의 미래에 대한 암울한 본보기라고 주장하였다. 가로세로 2.7m 공간에 쥐들이 잘 살 수 있는 공간을 만들어줬다. 빠르게 번식하던 쥐들은 개체 수가 2200마리로 정점에 이르자 더 이상 새끼를 낳지 않았다. 과밀로 인한 스트레스가 원인이었다. 개체당 공간이 늘었지만 번식이 멈추면서 개체 수는 다시 늘지 않았다. 실험은 몇 년 뒤 마지막 남은 쥐가 죽으면서 끝났다.

과밀은 스트레스뿐만 아니라 사고위험이 따른다. 서울 지하철 출퇴근은 항상 위험부담을 느낀다. 서 있기도 어려울 때가 많은데도 일부 승객은 문이 닫히기 직전까지 몸을 비집고 들어온다. 전동차 한 칸 표준 탑승 인원은 160명인데, 혼잡한 일부 구간에서는 열차 한 칸에 약 300명이 탈 때도 있다고 한다. 버스도 마찬가지다.

서울 시가지 인구밀도(1㎢당 2만7018명·서울연구원)는 프랑스 파리, 일본 도쿄, 중국 베이징, 싱가포르 등 주요 도시와 비교해 가장 높은 수준이다. 어느 재난 전문가는 핼로윈 참사 원인으로 시민들이 과밀에 익숙해지면서 위험을 느끼지 못했다고 말했다. 바쁜 일상속에 과밀의 위험을 너무 당연하게 받아들이고 살아온 대가를 우리는 지금 치르고 있는지 모른다. 일상의 위험은 이 순간에도 우리를 노리고 있다.

특히 1000만 인구가 모여 사는 서울은 인구밀도는 1㎢당 1만5699명으로 다른 6개 광역시보다 최소 3.6배, 최대 14.8배나 높다.

영국 힐즈버러 압사사고

1989년 4월 15일 당시 리버풀과 노팅엄 포레스트의 잉글랜드축구협회(FA)컵 준결승이 열린 셰필드 힐즈버러 스타디움에서 압사 사고가 발생했다. 당시 이 경기에 수많은 관중이 몰려들면서 경기장 수용 인원을 넘어서는 축구팬들이 입장했고, 철제 보호철망과 인파 사이에 낀 리버풀 팬 96명이 사망하고 766여 명의 부상자가 발생했다.

사고 이후 경찰은 술에 취한 리버풀 팬 5000명이 경기장에 난입해 벌어진 사고라고 규정했으나, 유족들은 이 결과를 받아들이지 않았다. 사건의 진상 규명을 위한 조사위원회가 구성됐고 1990년 첫 사고 보고서가 나왔다. 이 보고서는 술에 취한 리버풀 팬들의 과격한 행동이 사고의 가장 큰 원인이라는 결론을 내렸다. 유족들이 강력 반발하면서 1997년 재조사가 시작됐으나 곧 흐지부지됐고, 2009년 12월 독립적인 조사위원회가 다시 구성됐다. 이후 2년 9개월에 걸친 대대적인 조사가 이뤄지면서 경찰이 문제였다는 결론이 나오고 시작했고, 2012년에는 법원이 해당 사건에 대한 재심을 결정했다. 그리고 데이비드 캐머런 당시 총리는 사건 발생 당시 팬들을 비난하며 책임을 회피했던 영국 정부의 잘못을 국민 앞에 공식 사과하기도 했다.

이후 지리한 법적 공방을 거쳐 2016년 4월 26일 영국 워링턴 법원에서 열린 재판에서 배심원단은 '경찰 과실 때문에 무고한 관중들이 사망에 이르게 됐다'고 평결했다. 판결에 따르면 당시 발을 디딜 틈이 없었는데도 경찰은 출입구를 개방했고, 이로 인해 입석 팬들이 떠밀리면서 압사로 이어졌다. 여기에 경찰이 관중들의 움직임을 통제하는 저지선조차 제대로 갖추지 않았으며, 갑작스럽게 많은 관중이 닥치는 등 만일의 사태에 대비한 비상 계획도 세워놓지 않은 것으로 밝혀졌다. 이 참사 이후 영국 정부는 입석이던 축구장 관중석을 모두 좌석 형태로 바꾸고 보호철망을 철거하는 등 안전 시스템을 구축했다.

영국 경찰청장협의회(NPCC)와 경찰협회는 2023.1.31일 공동 입장문을 내고 총 97명이 목숨을 잃은 1989년 4월 힐스버러 축구장 참사 희생자와 가족들에게 사과하며 윤리규정 재검토 등을 약속했다.

앤디 마쉬 경찰협회 회장은 "경찰의 실패가 비극의 주요 요인이며, 이후로 가족들의 삶을 계속 황폐하게 했다" "고위 경찰 지도자로서 깊이 사과한다. 경찰이 매우 잘못했다"고 말했다. 마틴 휴잇 경찰청장협의회장은 "법적 절차 때문에 대응을 빨리할 수 없었다"면서도 시간이 지날수록 유족의 고통은 커졌다고 인정했다. 진실규명에 34년이 걸렸다. 진실을 밝히고 반성하기보다는 관중에게 떠넘기는 거짓말을 서슴치 않는 경찰 조직 문화에 중대한 변화가 필요하다는 점을 보여준다.

국회 이태원참사 국정조사특별위원회 결과 보고서

인파 밀집 예측은 했지만, 안전대책 없고, 무능한 현장대응이 참사원인

국회 이태원 참사 국정조사특별위원회가 채택한 결과 보고서 주요 내용이다.

"사회적 거리두기 완화로 2022년 이태원 핼러윈 축제에는 10만 이상의 인파가 몰릴 것이라 예상되었지만, 관련 기관들은 다중인파관리 등에 대한 안전관리대책을 수립하지 않은 것으로 확인됐다"고 결론내렸다.

국조특위 조사 결과 각 기관별 문제점

경찰청은 범죄와 교통대책에만 관심을 기울였고, 서울경찰청은 다중인파 관리 필요성은 알고 있었으나 관련 대책은 없이 마약 등 범죄 예방 중심으로 대책을 수립했다.

용산경찰서는 정보과 '이태원 핼러윈 축제 공공안녕 위험분석 보고서'를 통해 다중인파의 위험성과 관리의 필요성을 알았으나 정보관(23명)을 참사 당일 집회·시위현장에 모두 배치했고 이태원 핼러윈 축제 현장에는 배치하지 않았다.

서울시는 2020년, 2021년 코로나 상황으로 방역 관련 대책을 용산구와 논의했지만 2022년 핼러윈 축제와 관련해서 용산구와 안전대책을 협의한 적은 없었다.

용산구청은 사전 대책과 관련해 가장 큰 책임 있으나 적절한 대처를 못했다. 2022년에 핼러윈 축제 관련 두 차례에 걸친 사전 대책회의와 유관기관·단체 관련 회의가 있었지만 불법 주정차 대책, 청소대책, 시설물 안전점검 등 행정업무 대책만 수립하고 다중인파와 관련한 안전사고 관련해서는 아무런 사전대책을 수립하지 않았다.

결국 국조특위에선 "용산구청, 경찰, 소방, 이태원상인회 등이 참여한 핼러윈 관련 대책회의 자료, 용산경찰서의 위험분석보고서, 이태원 파출소와 용산경찰서의 기동대 요청 등을 고려할 때 핼러윈 축제에 대규모 인파가 밀집될 것이라는 예상은 가능했던 것으로 보인다. 이태원 참사는 예측의 실패라기보다는 예측은 했지만 다중인파관리에 대한 안전 대책을 세우지 않아 발생한 참사"라고 지적했다.

대통령실과 국가안보실에 대해선 대응뿐만 아니라 예방의 의무가 있다

보고서는 "국가위기평가회의를 통해서 각종 재난 위기를 사전에 검토하고, 그 대응방안을 평가하는 컨트롤타워 또한 국가안보실"이다

"그럼에도 불구하고, 국가안보실과 대통령실은 대통령훈령에 규정된 평가회의의 존재를 상황판단회의와 혼동했을 뿐만 아니라, 실질적으로 개최하지도 않아서 재난의 예방에 있어서도 종합적인 준비를 하지 못했다. 이에 대해 대응을 넘어서 사전 예방 조치를 하지 못한 안보실 및 대통령실의 과오를 지적하고, 향후 국가적 재난 예방 조치를 사전에 주문한다"고 밝혔다.

보고서 가장 핵심 시정처리요구 사항으로 행정안전부 장관 파면을 촉구했다.

△ 재난 안전 관리 주무부처 장임에도 불구하고 재난관리주관기관임에도 법령에 따라 중앙사고수습본부 설치 운영, 상황판단회의를 통한 중앙재난안전대책본부 설치 요청 및 건의 등을 이행하지 않은 점, △ 행정안전부가 유가족 명단을 이미 확보하고 있었고 유가족 명단이 공개 가능하다는 유권해석을 받아 놓고도 유가족 명단이 없다고 위증한 점, △ 재난 상황을 총괄 및 조정해야 하는 컨트롤타워임에도 불구하고 모든 책임을 일선의 소방서장에게 돌리는 등의 책임을 회피하는 태도로 일관한 점, △ 참사 직후부터 부적절한 언행을 통해 희생자 및 유가족에게 2차 피해를 입힌 점을 들어 대통령에게 행정안전부 장관을 즉각 파면할 것을 요구했다.

경찰청 특별수사본부 수사 결과(2023.1.13.)

경찰청 특별수사본부(특수본)는 '핼러윈 참사'는 2022년 10월 29일 오후 9시쯤부터 서울 용산구 이태원 일대에서는 밀려드는 인파로 인해 사람들이 자기 의지로 움직이기 힘든 '군중 유체화' 현상이 벌어졌다고 했다. 당시 행인들이 파도에 휩쓸리듯 인파 속에서 쓸려 다닐 수밖에 없었다는 뜻이다. 국립과학수사연구원(국과수)과 전문가 분석을 종합한 결과다.

"좁은 골목에 너무 많은 사람이 한꺼번에 몰려 스스로 통제할 수 없는 '군중 유체화' 현상으로 행인들이 파도에 휩쓸리듯 인파 속에서 쓸려다닐 수밖에 없었다. 그 결과 여러 사람이 순차적으로 넘어지면서 대형 참사로 이어졌다."

군중 유체화는 1㎡ 공간에 7명 됐을 때 시작되는데 사고 전후 시간에 사고 지점의 군중 밀집도는 1㎡당 11명까지 된 것이다. 당시 부상자는 "파도타기처럼 왔다갔다 했고 미는 힘 때문에 자꾸 공중으로 떠서 발이 땅에서 떨어진 상태였다"고 말했다.

사고 당일 오후 5시~10시 사이 이태원역 하차 인원은 5만2천여명으로 일주일 전보다 약 5배 가 많았다. 좁은 지역에 감당할 수 없는 인파가 몰려 피할 수 없는 사고가 일어난 것이다.

특수본은 "밀집도가 1㎡당 7명만 넘어도 군중이 유체 덩어리처럼 변해 사람들이 자기 의지와 무관하게 3m 이상 떠밀릴 수 있고, 압력으로 질식할 수 있다는 연구 결과가 있다"면서 "처음 사람들이 넘어진 곳으로부터 10m에 걸쳐 수백명이 겹겹이 쌓이고 끼이는 일이 벌어졌다"고 밝혔다.

참사 당일 오후 10시쯤 서울 용산구 이태원 해밀톤호텔 옆 골목 안에 인파가 대거 몰려는데, 이 상태에서 오후 10시 15분쯤 사람들이 15초 동안 4차례 잇따라 넘어지면서 큰 피해가 발생했다. 골목 안에서 이런 일이 벌어졌는데도, 몰랐던 사람들이 골목으로 계속 들어

오면서 골목 안쪽에서 사람들이 받는 압력은 더 커졌다.

경찰·구청·소방·서울교통공사 등 법령상 재난 안전 예방과 시민 안전 대응 의무가 있는 기관들이 코로나 방역 완화로 인파 폭증이 예상됐는데도 제대로 대비하지 않은 해당기관이 책임을 져야 한다. 서울경찰청은 예방 대책을 세우지 않았다. 관할 경찰서와 구청은 현장에서 인파 통제를 하지 않았고 현장 신고에 적극적으로 대응하지 않았다. 서울교통공사는 이태원역 무정차 통과 요청을 묵살했다. 각자의 의무를 제대로 이행하지 않은 태만이 겹치고 참사 후 사상자 구호 조치도 부실하게 한 것 등이 겹쳐 대형 참사가 벌어진 것이다. 경찰은 이를 "과실 중첩"이라고 했다.

이태원 핼러윈 압사 사건에 대한 경찰청 특별수사본부의 수사 결과는 예상한 대로 사고를 관리하고 예방할 의무를 저버리고 현장 대응을 제대로 못한 서울경찰청장과 용산경찰서장, 용산구청장 등 23명을 업무상 과실치사상 등 혐의로 사법 처리했다고 한다.

'토끼 머리띠'가 범인이다.

이번에도 어김없이 등장한 유언비어 그러나 사실이 아니었다.

참사 당시 이태원 골목길 현장에서 '토끼 머리띠'를 한 사람들이 앞에 있던 사람들을 밀었다. 각시탈을 쓴 사람들이 바닥에 오일을 뿌려 쓰러지게 했다는 등과 같은 각종 의혹이 제기됐지만, 특수본은 사실이 아닌 것으로 결론 내렸다.

재난 전문가인 무로사키 요시테루 일본 고베대 명예교수는 조언한다.

"사건이 발생하면 원인을 제공한 특정인을 찾으려 하는 게 우리의 습성이다. 일본 아카시 사고 때도 '왜 그렇게 사람 많은 곳에 놀러갔냐'며 피해자를 비난하는 사람들이 있었다. 이태원 참사나 아카시 사고는 사람들이 고밀도로 운집했기 때문에 발생한 것이지, 어느 한 사람이 일으킬 수 있는 게 아니다. 어느 한 사람에게 분노를 집중하려 하지 말고 그런 상태를 허용한 경비 시스템을 문제 삼아야 한다."

반드시 경비 계획을 짜고 모의 훈련을 해야

그는 "(정부가) 인파 통제를 하지 못한 것이 이태원 참사의 직접적 원인"이라며 "그런 인파에 휩쓸리면 개인이 스스로를 지키기 위해 할 수 있는 건 아무것도 없다"고 말했다

"결과론에 불과하지만, 밀집 상태가 되지 않게 인파를 통제했다면 참사를 피할 수 있었다. 참사를 막으려면 사전에 계획을 잘 짜야 한다. 불꽃놀이든, 올림픽, 군중이 모일 것으로 예상되면 (정부와 경찰이) 반드시 경비 계획을 짜고 모의 훈련을 해야 한다. 이번엔 그런 대비가 돼 있지 않았던 것으로 보인다."

사고를 정치적 호재로 이용하는 고질적인 형태는 이번에도 재연됐다.

"참사 원인은 청와대 용산 이전 탓"이라는 정략적 발언으로 논란을 일으켜 참사의 비극을 자신의 이해관계에 이용했다. 적나라한 시체 공개로 피해자들의 명예를 훼손했다. 자신의 의도를 유튜브 등을 통해 거짓을 진실처럼 호도하는 행위는 비난받아 마땅하다.

가짜뉴스는 사회 혼란만 키우고 사태 수습을 방해한다. 핼러윈 사태가 유가족의 아픔을 정치적으로 이용하고 거짓 음모론으로 사회 갈등을 부추겼던 세월호 참사처럼 흘러가선 절대로 안된다. 시민들은

상식에 기초한 합리적 이성의 눈으로 가짜뉴스를 걸러내야 한다. 정부는 철저한 진상조사로 진실을 규명하고 재발 방지 대책을 마련해야 한다.

세월호 침몰사고 이후 해난 사고가 더 늘어난 것은 사고에서 교훈 얻고 재발방지에 중점을 두기보다는 온갖 비난, 망신주기로 무용한 논쟁만 계속했다. 9차례 진상조사를 통해 정치적으로 이용하고 끝나기 때문이다. 참사를 정치적으로만 이용하고 상대방을 공격하는 정치 수단으로 생각한다면 참사는 반복된다.

참사현장 생존자 증언

"경찰, 소방관, 미군, 인근 술집 직원들이 나서서 통로를 확보했다"

"쓰러진 사람들 중에는 복부가 부풀고 구토한 사람이 많았다"

"쓰러진 사람들은 얼굴이 창백하고 코피를 흘리고, 피를 토하고, 입에 거품을 물고 있었다"

"클럽 직원들이 뛰쳐나와 CPR을 실시하고 의식을 차리도록 다리를 흔들었다"

"곳곳에서 구급대원들이 'CPR 할 수 있는 사람 나오라'고 소리쳤다"

"구급대원 진입도 힘들었다. 수많은 인파로, 길을 뚫는데 10분 걸렸다"

전문가 바라본 참사당일 경찰 보고체계, 지연 문제점

① 경찰조직 경직성

의사결정 권한이 상부에 집중 신속한 조치를 못했다

② 경찰, 구청, 소방 업무협조체제 미흡

각 기관마다 자기 업무에만 집중, 인파 밀집 대응에 업무협조가 없었다. 현장안전을 총괄해서 지휘할 컨트롤 타워가 없었다.

③ 주최자 없는 행사 무관심

참사가 예견되는 상황에도 재난관리법에 '다중인파 밀집' 없다고 지역재난안전관리본부 설치하지 않았다. 주최자 없는 행사 아무도 대비하지 않았다.

해외 군중관리 전문가들이 본 참사 원인(2022.11.1. 동아일보)

"고밀도 환경에서 양방 통행은 특히 위험했다" -키스 스틸 영국 서퍽대 교수

"군중의 이동 흐름을 바꿔주는 안전조치가 전혀 안 보였다" -폴 워테이머

"출구 지점만 여러 곳 확보했어도 위험이 줄었을 것이다" -트레이시 펄

"최악의 시나리오를 갖고 행사에 참여하는 게 최선의 전략"이라고 전문가들은 말했다.

군중이 모인 장소 대처법

이번 이태원 참사 당시와 같은 상황에 대비해 미국 질병통제예방센터(CDC)가 내놓은 조언집엔 이런 내용이 담겼다.

① 복서처럼 두 손을 당신의 가슴 앞에 두고 다리를 단단히 고정시켜라.

② 군중의 힘에 저항하지 말아라.

③ 군중의 움직임이 소강 상태가 됐을 때 군중 사이를 대각선으로

파고들어 가장자리로 향해 가라.

④ 일단 벽에 도달했다면 기둥 등을 잡고 버텨야 한다.

⑤ 두 다리로 버티려 노력하라.

⑥ 쓰러졌다면 몸을 공처럼 동그랗게 말아 스스로를 보호하되, 평정심을 잃지 말고 가급적 빨리 일어나라.

질병통제센터 홈페이지에 상황별 안전에 관한 안내를 제공하는데, 군중 집결 장소 여행에 할 때는. △ 비상구 위치를 미리 확인해둘 것 △ 주변 상황에 집중할 것 △ 응급 처치를 받을 장소를 미리 확인해 둘 것 △ 가족이나 일행과 원치 않게 헤어지는 상황에 대비해 만날 장소를 미리 지정해 둘 것 △ 화재시엔 몸의 자세를 최대한 낮춰 산소를 확보할 것 등을 조언하고 있다.

압사사고 예방 대처 요령

① 사람이 지나치게 밀집하는 곳에 가지 않기

② 인파가 몰리면 안전거리 확보, 경사진곳은 특히 주의

③ 인파에 휩쓸리는 느낌이 들면 즉시 빠져 나오기

④ 탈출에 실패했다면 가슴 앞에 팔장을 끼고 숨 쉴 공간 확보

⑤ 복부 압박시 무릎으로 장애물을 밀어내며 방어

⑥ 넘어졌을 땐 몸을 웅크리고 옆으로 누운 자세 취하기

⑦ 사고 피해자 구조시 즉시 심폐소생술 실시.

100명이 밀면 18t 압력, ㎡당 5명 되면 휩쓸리기 시작, 즉시 나와야 한다.

일본 도시방재 전문가들도 압사 사고를 '군중 눈사태(雪崩)'로 진단하면서 상황에 말려들었을 경우, 가슴 압박을 피하는 것이 중요하다

고 조언했다. "넘어지지 않기 위해 무언가 고정된 물건을 잡는 것에 더해, 가방이나 팔 등으로 가슴을 가려 흉부를 지킬 공간을 확보하는 것이 유효하다"고 말했다.

"이태원 참사는 징후 간과한 탓, 군중 압사는 선·후진국 안 가려"

군중 행동 및 군중 관리 분야의 세계 최고 전문가 중 한 사람인 영국 킬(Keele) 대학의 클리퍼드 스토트 교수의 언론과 인터뷰에서 이번 사고를 이렇게 분석했다(조선일보 2022.11.7.).

클리퍼드 스토트 영국 킬(Keele)대 교수는 이태원 참사의 원인을 '군중'에 대한 한국의 무관심에서 원인을 찾았다. "한국 정부와 지자체, 경찰이 군중 과학에 대한 관심을 갖고, 이를 정책에 반영하려는 노력을 하려 했는지 궁금하다"며 "한국의 민주화 과정에서, 경찰이 군중을 사회 질서를 위협하는 존재로만 보는 것이 아니라 보호해야 할 대상으로 보는 변화가 일어났어야 한다"고 지적했다.

문제는 이런 상황, 더 나아가 참사는 막을 수 없는 것인지, 우리 사회가 그동안 무엇을 놓치고 있었는지에 대한 정밀한 진단이 필요하다.

K팝과 영화 등에서 최근 글로벌 유행을 주도하는 '문화 선진국'에서 벌어진 비극이었기 때문에 이태원 핼러윈 참사는 국내뿐 아니라 전 세계에 큰 충격을 줬다.

군중 압사 사고는 선·후진국이 없다

"1989년 영국 힐즈버러(Hillsborough) 경기장에서 97명이 압사 사망한 때와 매우 비슷하다는 생각이 들었다. 하지만 한국에서 이런 사건이 벌어졌다는 것은 전혀 놀랍지 않다. 군중 압사(crowd crush)

사고는 선·후진국을 막론하고 언제 어디서든 벌어질 수 있다. 특정 공간에 너무 많은 사람이 몰려 밀집도가 어느 수준을 넘어가면 나타난다. 이 상황에서 군중은 물리적 압력과 에너지에 의해 움직이는, 마치 유체의 파동 같은 움직임을 보인다. 군중 속 개개인이 아무리 발버둥을 쳐도 벗어날 수 없다. 사람의 의지와 상관없이 군중 전체에 작용하는 '군중의 물리법칙(crowd physics)'이 상황을 지배하게 되기 때문이다."

주최자 없이 일상적 시간, 일상적 장소에서 발생한 사고라는 점에 주목해야 한다.

"이전에는 아슬아슬하게 피해 갔을 여러 악조건이 겹친 퍼펙트 스톰(perfect storm·초대형 복합 위기) 상황이었다고 본다. 신종 코로나가 끝나면서 예전보다 더 많은 사람이 몰렸다. 이벤트 산업의 발전, 소셜 미디어와 같은 대중 영향 매체의 발전으로 한꺼번에 더 많은 사람이 더 쉽게 모일 수 있게 됐다. 문제의 원인은 군중에 있지 않다. 극도로 제한된 크기와 용량의 공개적 공간에 대한 흐름 조절이 실패한 것이 주요 원인이다. 이런 위험과 함께 여러 다양한 다른 요인이 결합하면서 참사가 벌어진다."

결정적 원인은 군중 심리(crowd psychology)

"인종과 문화를 막론하고 인간은 자신이 이해와 정체성을 공유하는 집단에 속해 있다고 믿으면 붐비는 것을 전혀 개의치 않는다. 축구 경기나 록 콘서트의 관중, 거리 응원의 군중 등을 보라. 그날 이태원에도 (갖은 분장을 하고 핼러윈을 즐기려는) 같은 생각을 하는 사람이 모여 있었다. 인간은 또 북적거리는 공간과 장소에 모여 타인들과 일체감을 느끼는 것을 좋아한다. 이를 즐기기 위해 일부러 붐비는 곳을 찾는다. 이태원도 그런 장소였다. 이번 사고를 '문화의 실패'라고 봐서는 안 된다."

우리는 보통 군중 심리를 부정적으로 본다.

사람들이 모이면 군중 심리에 휩쓸려 폭력적 상황이 생기고, 죽고 다치는 사람이 생긴다고 인식한다. 하지만 군중 압사가 우려되는 상황에서는 오히려 군중 심리를 형성함으로써, 사람을 죽음으로 몰아넣는 군중의 물리법칙을 극복할 수 있다.

"현장 군중이 모두 볼 수 있는 대형 표지판이나 신호, 구호 등을 동원해 명확한 메시지를 전해야 한다. 대형 전광판을 동원해 '뒤로 돌아 전진하면서 물러나'라고 외치라고 지시하는 식이다. 이 과정에서 어떤 용어를 사용하는가도 중요하다. 예컨대 '고객'이나 '관중'이 아닌 '통행자·행인(passenger)'으로 사람들을 지칭해야 한다. 이는 현장의 군중이 머무는 사람이 아닌, 지나가는 사람이라는 공통된 인식을 만든다."

과거에도 비슷한 사고가 있었다.

클리퍼드 스토트 교수는 과거에 사고난 장소를 주의깊게 살펴봐야 한다고 강조했다. "본래 붐비지 않던 곳에서 갑자기 이런 사고가 나지 않는다. 이태원의 과거 사례를 잘 조사해 보라. 분명히 비슷한 사고가 날 뻔한 적이 있었지만, 운이 좋아 피했을 가능성이 있다. 당시 위험을 제때 발견하지 못함으로써 공간을 재설계하거나, 다른 대비책 마련의 기회를 놓친 것이다."

경찰과 지자체의 책임 다하지 못한 점을 지적했다.

“이태원처럼 전반적으로 사람이 붐비는 지역은 지자체와 경찰이 이미 지속적인 모니터링과 연구를 통해 체크했어야 하는 지역”이라며 “과거 한국 정부와 지자체는 그런 노력을 해오지 않은 것 같다”

한국에서는 과거에도 비슷한 상황이 여러 번 있었다. 과거의 수많은 사고에서 배우고 고쳐나가지 못했다. 이번에 누적돼서 또 찾아왔다고 봐야 한다.

과거의 재난을 분석하고 변화의 수단으로 활용해야 한다.

한국 사회가 군중에 대한 인식과 개념을 바꿔야 한다. 군중 과학을 연구하여 국가와 지자체, 경찰 정책에 반영해야 한다. 사람이 많이 모이는 곳을 CCTV 등을 이용해 계속 모니터링하고 연구해야 한다. 익명의 스마트폰 위치 정보를 이용해 군중의 밀도를 파악해 사전 위험 경고 지표로 활용 것도 필요하다. 사람이 더 모이는 것을 막기 위해 소셜미디어나 긴급 문자로 위험 지역을 알려야 한다. 가장 중요한 것은 이제부터라도 이러한 재난에 대해 배우고 성찰하고 발전해 나가는 것이다.

해외 압사 사고 주요 사례 후 대책 수립

1989년 영국 힐즈버러 축구장 압사사고로 ‘축구관중법’을 제정했다. 축구장 내 관중 입장을 허가·통제하는 구단에 면허 제도를 실시하고, 관중에 대한 안전 지도·기준을 강화하고 처벌 조항도 신설했다. 일본은 2001년 효고현 아카시 불꽃놀이 참사로 혼잡 경비를 강화했다. 경찰과 소방, 지자체가 협업해 자체 안전 계획을 마련했다.

미국

2021년 텍사스주 압사사고로 사유지 압사대책 마련

500명이상 야외 음악 행사에 대해 안전계획 제출, 허가제 조례안 추진

영국

1989년 영국 힐스보로 참사로 축구관중법 제정

축구장 내 관중의 입장허가·통제하는 구단에 면허제도 실시

관중에 대한 안전 지도·기준 강화, 처벌 조항 포함

일본

2001년 효고현 아카시 불꽃놀이 참사로 혼잡 경비 강화

경찰, 소방, 지방자치단체 협업해 자체 안전계획

중국

2014년 상하이 천이광장 참사로 공공장소 안전관리법 조례 제정

관광지·공원 등 공공장소 군집 시 현장 관측 강화

관계기관 유기적으로 정보 공유 체계 마련

사우디아라비아

메카 성지순례 기간마다 압사사고 반복

성지 순례 허용 시간 제한, GPS칩 내장 전자팔찌 착용

홍콩

1993년 란콰이퐁 새해 압사사고로 인파 안전 대책 마련

일방통행 등 경찰 현장관리 매뉴얼 운영

청년 문화에 대한 관심과 이해가 없는 것이 문제였다.

이미 수년 전 부터 젊은이들 사이에 크리스마스 이상의 축제가 된 핼러윈에 무관심 했다. 정부에서 파업 등 정치적 시위는 민감하게 반응하면서 상황 대처가 어려운 청년들에게는 방치하다시피 했다. 가장 큰 문제는 안전사고 예방·대비 같은 조치를 하지 않고 사고 후 수습에만 집중하는 우리 재난 관리 시스템이다. 사고 후 수습하는 것은 후진국도 한다.

우리나라 안전사고 사망률은 OECD 평균보다 높다.

핼러윈 압사 사고가 후진국형이 아니라 발생과 수습 과정이 후진국형이다. 우리나라는 예방에 30%, 사고 후 수습에 70%를 투자한다. 사고 우려 징후 감지 실패, 대비, 대응 조치 미숙 등 모든 과정이 그렇다. 미국·일본 같은 방재 선진국을 A급, 우리는 C급 정도다.

일본은 우리와 반대로 예방에 70%를 투자한다. 사후 수습은 과정도 굉장히 단기적이고 가시적이고 생색내기, 보여주기, 식이다. 재난을 정쟁화 수단으로 이용하는 경향도 점점 짙어지고 있다. 정치권에서 재발방지 근본 대책은 마련하지 않고 재난을 싸움의 도구로 이용만 하다가 시간이 지나면 언제 그랬냐는 듯 잊는 행태가 반복돼왔다.

평화를 원하거든 전쟁을 준비하라

"평화는 강자의 특권이다. 약자에게는 평화를 누릴 자격이 없다.

- 윈스턴 처칠

6·25 전쟁

1950년 6월 25일 일요일 새벽 4시 암호명 '폭풍 224'에 따라 치밀한 사전 계획에 따라 북위 38도선 전역에 걸쳐 대한민국을 선전포고 없이 기습 남침하여 발발한 전쟁으로 대한민국 국군과 유엔군, 중국 인민지원군 등이 참전한 국제전으로 격화되었다. 교전이 이어진 것은 1953년 7월 27일 정전 협정이 체결되기까지 사실상 3년 1개월(1129일)간이며, 현재까지 명목상으로는 72년간 끝나지 않은 전쟁이다.

1950년은 30년만에 최악의 봄 가뭄이 닥쳤다. 6월 19일부터 24일까지 계속 비가 내리다가 자정 무렵 멈췄다. 25일 새벽 3시, 김일성(당시 38세)은 비상 내각회의를 열고 '오늘 새벽 1시에 남조선 국방군이 38선을 넘어 공화국을 침공하였다. 인민군은 이를 반격한다'고 거짓말을 하면서 전선사령관 김책에게 "6월 25일 04시 국방군을 반격하라"고 명령한다.

공격 개시 암호명은 '폭풍 224'이었다. 북한군들에게 사전에 암호가 전달되면 남쪽을 향해 일제히 포격을 시작하기로 되어있었다. 포격 개시와 함께 38선 근처에 배치된 북한군의 공격이 남쪽을 향해 불을 뿜었다. 북한 공산군은 전차를 앞세우고 38선을 넘어 기습공격으로 붉은 물결은 단 3일 만에 대한민국 수도 서울을 점령해 버렸다. 북한정권은 25일 11시 평양방송을 통해 국군이 북침하여 인민군이 반격 중이라고 거짓 방송을 했다. 전쟁의 모든 책임을 남조선에 있다고 거짓 주장을 하였다.

25일 오후 1시 35분 방송에서 김일성은 "남한이 북한의 모든 평화통일 제의를 거절하고 이날 아침 옹진반도에서 해주로 북한을 공격했으며, 이는 북한의 반격이라는 중대한 결과를 가져왔다"라고 남침을 숨기고 조작 보도를 했다. 북한은 남침을 철저히 준비했고, 우리 국군은 전쟁이 불가능한 상태였다. 이런 남한의 군대가 군사력이 막강한 북한을 공격한다는 것은 있을수 없는일이다. 6.25전쟁은 김일성이 한반도 전체를 공산화 하려는 명백한 불법남침이었다.

전방 군인 1/3이 휴가, 외박, 외출로 부대를 떠난 상태였다.

채병덕 육군참모총장 등 군 지휘부는 육군회관 기공식 연회에 참석하여 밤새도록 술을 마신 상태에서 북한군의 남침을 당한 것이다. 전면전을 당하여 군지휘부는 물론 정부도 혼란에 빠진것은 마찬가지였다. 서울이 빼앗길 위기에 처했음에도 안심하라는 방송을하여 시민들의 피난 기회를 놓치게 만들었으며, 피난을 나설 때 이미 한강을 건너는 다리는 이미 폭파되었다. 서울 시민중 100만명이 피난가지 못했다. 아무런 준비없이 적군의 기습을 받은 것이다.

남한사회 사치와 방종

6.25전쟁 전 북한에서는 남침을 위해 전쟁을 열심히 준비하는 동안 남쪽에서는 사회가 타락하고 방종, 비리와 부정부패가 만연, 나라

가 위태한 데도 정부와 국민들은 깨닫지 못하고 있었다. 38선을 넘어 전방에서는 수 많은 군인들이 죽어가고 있을 때, 술집마다 흥청거리고 극장가에서는 인파가 가득찼으며, 국민들의 정신상태가 완전히 마비되어 있었다. 북한에서는 인민위원회, 인민유격대, 청년동맹 등을 조직 통해 남침준비를 하고있는데 남한에서는 평화의 허상에 사로잡혀 정신을 차리지 못하고 있는 것을 보면, 지금 현재 대한민국 정치 상황과 너무 비슷하여 깜짝 놀랄 지경이다.

결정적인 남침 징후 결정적 묵살 사례

1950년을 맞이하면서 2월 위기설, 3월 위기설, 4월 위기설까지 전쟁 징후가 계속되었다. “북한은 이미 전쟁준비가 끝났고 남침은 이제 시간 문제다”라는 정부 발표도 있었다. 이승만 대통령 “5월~6월 사이 무슨 일이 일어날지 모른다” 맥아더 장군도 3월 10일 워싱턴으로 보낸 기밀정보보고서에 “최근 정보에 의하면 북한이 6월에 남한을 침략할 것이다”정확한 지적을 하였다.

1950년 6월 10일 인민군 유격대 공작원들이 서해 해상을 통해 침투해 오는 것을 붙잡아 조사한 결과 인민군은 전쟁준비가 끝났음을 확인했다. 당시 채병덕 육군참모총장에게 전쟁을 준비하고 전투 태세에 임해야 함을 보고했으나 묵살 당했다.

6월 19일 북에서 귀순한 병사를 통해 함흥에 머물고 있는 인민군 2사단이 야간 행군으로 화천으로 이동 진을 친다는 육군본부에 보고했으나 채병덕 참모총장은 “인민군은 절대 도발하지 않는다”고 말하며 이를 또 묵살해 버린다.

1950년 6월 19일 강릉 해안을 통해 귀순한 병사는 결정적인 남침

정보를 알려준다. "수 많은 인민군이 후방에서 38선 근처에서 남침명령을 기다리고 있다. 일주일 후면 전면 남침이 시작될 것이다. 나는 이 사실을 알리려고 귀순했다"고 말했으나 채병덕 참모총장은 묵살해 버린다.

1950년 6월 20일 임영신 상공부 장관이 이승만 대통령을 찾아와 북한이 남침을 하다는 소식으로 세상이 시끄러우니 북한 실정을 잘 아는 사람에게 북한 군부대 상황을 알아보자고 건의 한다. 군부대 동태를 살피고 돌아와 "북한 전지역은 비상사태에 들어갔고, 계속해서 38선으로 남하하는 군용 열차와 군용 트럭이 줄을 이었고, 외금강에서는 석탄 등을 실고 기차가 밀려 끝이 보이지 않았다. 인민군 남침에 빨리 준비해야 한다" 이승만 대통령에게 보고하였다. 그러나 신성모 국방부장관이 허위 사실이라고 주장하면서 대통령을 믿지 못하게 만들어 버렸다.

1950년 6월 22일, 화천 6사단으로 귀순한 인민군 병사는 "나는 전차병이다. 화천지구에 1개 대대 전차가 집결하고 있다" 다급한 상황을 알리자 연대장은 즉시 정찰을 실시했고, 이때까지 보지 못한 인민군의 포진지와 포의 몸통이 남쪽을 향하고, 평소에 없던 차량이 빨리 움직이는 모습을 보고 남침이 곧 시작될 것이라고 판단했다. 연대장은 즉시 육군본부 정보국에 보고 비상대책을 건의했으나 채병덕 참모총장은 묵살해 버린다.

당시 육군본부 정보국장은 옹진, 동두천, 포천, 춘천 강릉 등 정보를 분석한 결과 인민군의 전면 남침이라 판단 6월 24일 오후 2시 참모총장에게 보고하면서 오늘 저녁이 위험하니 비상경계령만이라도 발령할 것을 간청했으나, 참모총장은 화를 내면서 거절한다. 이렇게 전쟁이 터지기 전에 북한의 남침 정보가 수없이 쏟아졌으나 국군을 비롯한 그 누구도 대비하지 않았다.

1950년 6월이 다가오자 확실한 남침 징후를 잘못 판단하고 진실을 변질시킴으로써 북한의 남침을 대비할수 있는 기회를 모두 날려버렸다. 그 결과 북한의 기습공격으로 상상할 수 없는 피해와 수백만명의 인명피해와 모든 땅이 황폐와 되었다.

북한은 1948년부터 남침준비를 철저히 한 반면 남한은 6.25 당일까지도 유흥을 즐기고 사치낭비로 나라의 안보에는 전혀 관심이 없었다. 나라를 지켜야할 군인들은 본분을 잃어버리고 교육,훈련을 제대로 하지 않았다. 나라 전체가 아무런 준비와 대책이 없었다.

6.25전쟁 피해 규모

북한의 일방적 기습에 아무런 대비가 없었던 남한의 피해는 상상할 수 없을 정도로 처참했다. 남북한 인구 3,000만 중 군인, 민간인 사상자가 약 500만명, 전쟁미망인 30만명, 전쟁고아 10만명, 이산가족 1000만명 등 엄청난 피해가 발생했다. 공공시설 거의 파괴되었으며, 절반 이상 가옥이 파괴되고, 공업·광업시설 피해도 컸다. 그 결과 국민 1인당 GDP 56달러 세계에서 가장 가난한 나라가 되었다.

1953년 7월 27일(3년 1개월 2일, 1129일)간 전쟁이 잠시 멈추고 휴전상태로 들어갔다.

"뼈아픈 과거를 기억할 줄 모르는 사람은 과거를 되풀이하게 된다. 슬기로운 사람은 경험 속에서 지혜를 배우고 지혜로운 민족은 역사 속에서 교훈을 얻는다"

북한의 도발은 멈추지 않고 있다.

지금 이 순간에도 북한은 대미 압박용 대륙간탄도미사일(ICBM),

대남 핵 타격용 미사일인 순항미사일, 근거리탄도미사일(CRBM), 단거리탄도미사일(SRBM) 개발을 끊임없이 하고 있다.

2023.3.19일 북한은 사거리 800km로 발사한 단거리탄도미사일 동해 상공 800m에서 터트리는 모의 핵탄두 폭파 시험에 성공했다고 밝혔다. 핵폭발 시뮬레이션 프로그램에 따르면, 북한의 미사일에 핵탄두를 탑재하고 같은 높이의 서울 상공에서 폭발할 경우 수 십 만명 사망·사상자가 발생하는 것으로 추정됐다.

이런 시기에 종전선언, 평화협정을 얘기하지만 결국 북한이 갖고있는 핵과 미사일은 남한 정복이라는 유일무이한 목표에 사용될 강력한 수단이다.

국민 모두 올바른 역사관을 가지고 적의 도발에 아무런 준비 없이 전쟁 시작 3일 만에 국군이 몰살당하고 수도 서울이 빼앗긴 사실과 3년의 전쟁으로 수많은 인명피해와 나라의 황폐함을 경험했던 사실을 절대로 잊어서는 안 될 것이다.

그러나 지금 대한민국은 431년 전 임진왜란 때도 적과 싸우기 전에 동인과 서인이 다투면서 나라 안위를 걱정하기보다는 오직 당리당략 개인의 영달을 위해 싸우는 모습이 과거와 현재가 너무 닮아있다.

자유 월남시절 사이공대학 학생이었다가 탈출했던 한 학생의 시(詩)

멀리서 공산주의를 바라보니
금강석처럼 반짝이기에
무엇인가 궁금하여 가까이 가서

바라보니 그것은 피로 범벅이 된 눈물이라네

베트남 공산화, 배고픈 군대가 배부른 군대를 이긴 이유

1973년 1월 27일 남베트남과 북베트남(월맹),베트콩(남베트남 내 친북조직인 베트남민족해방전선의 군사조직) 미국사이에 평화협정이 체결된다.

평화협정이 체결된 이후에 1975년 4월 30일 남베트남 대통령궁이 북 베트남(월맹)에 의해 정복당하는 사건이 일어난다. 2년 2개월 남짓한 시기 동안 남베트남에서 어떤 일이 있었을까?

우수한 군사력을 갖고 있었고 경제력에서 월맹보다 더 월등하게 우수한 남베트남이 패망한 이유는 무엇일까

평화협정체결이후에 남베트남의 상황은?

경제력과 군사력면에서 우월한 남베트남(월남)은 자신들이 통일의 주역이 될 것이다 확신하고 방심하였다. 당시 월맹은 거지와 다름없다는 표현이 무색하지 않을 정도로 경제상황이 어려웠다. 국민들이 쌀을 두 끼만 먹는데도 한 해 810만 톤에서 100만 톤이 모자랐다. 부식은 소금이 전부일 정도로 가난했다. 군인들은 부서진 타이어를 잘라 샌들을 만들어 신었다.

옷은 월남에서 뺏은 것을 걸치고 속옷은 누더기가 될 정도였다.

당시 월남의 티우 대통령조차도 "월맹은 극심한 경제난으로 10년 내 망할 것입니다" 호언장담했다. 또한 티우 대통령은 이렇게 말했다 "월남에게 지금 필요한 것은 경제발전입니다" 국민들은 파리협정이 제공하는 안전장치를 굳게 믿었다.

또한 미국이 제공할 80억 달러의 재건비용 때문에 평화의 신기루와 평화의 환상에 눈이 가리고 귀가 닫혔다.

누구도 월맹이 침략하리라고는 생각하지 않았다.

대통령부터 보통시민에 이르기까지 사람이란 희한한 존재라서 그렇게 믿고 싶다고 반복해서 생각하면 마치 믿는 것이 현실인 것처럼 보여지고 나머지 위험은 눈에 들어오지 않는다. 대통령부터 일반 국민에 이르기까지 드디어 평화의 시대가 왔다고 확신하고 방심했다.

착시에 빠진 나라는 남베트남 뿐이 아니었다. 미국도 마찬가지였다. 월남이 망하기 전 미국에서 50명의 조사단이 왔다. 그들도 조사 결과를 "월남에서 더 이상 전쟁은 없다."

평화협정의 주역이었던 키신저는 최소한 파리 평화협정이 10년은 유효할 것으로 내다봤다. 착각이었다. 공산당을 몰라도 너무 몰랐던 것이다. 사악과 기만 거짓 선동에 능통한 존재란 것을 잊은 것이다.

대공기능이 마비됐다.

파리협정체결이후 월남은 안에서부터 빠른 속도로 무너져 내리기 시작했다. 간첩을 잡는 기능, 월맹을 감시 감독하는 기능 마비 사회 곳곳에 공산당 프락치가 침투해서 활동하고 있었다. 공산프락치는 심지어 티우 대통령의 비서진에도 침투했다.

각계각층의 공산당원은 9천5백 명이었고 친 공산세력인 남 월남 인민혁명당원은 약 4만 명에 달했다. 좌익세력들은 이익단체와 연대해 티우 정권 타도를 외쳤다.

베트남 사례는 우리에게 무엇을 가르쳐 주는가?

다수가 어떻게 생각하는가는 중요하지 않다는 사실이다. 소수의 집단이 다수의 집단을 무력화시키고 혁명을 일으킬 수 있다는 사실과 동시에 나라를 멸망으로 몰 수 있다는 것이다. 당시 월남은 간첩을 감시하는 기관인 대공기관이 완전히 붕괴된 상황이었다. 월남에서 군사쿠데타가 일어날 때마다 정권이 바뀔 때마다 첩보 기능에 종사하는 대공 전문가들을 다 숙청했다. 따라서 대 월명 수집가, 월남 내부에 있는 공산 프락치를 검거하는 기능이 절대적으로 열세였다. 1975년도에 월명이 월남을 침공할 때도 눈치를 못 챌 정도로 대공기능이 취약했다.

한 나라를 쉽게 망하도록 만드는 지름길 가운데 하나가 그 나라의 정보기관을 무력화시키는 일이다. 베트남이 그랬다. 우리도 이런 교훈을 깊이 새겨야 한다. 가능한 한 정보기관에 손을 대지 않아야 한다. 월남의 고질적인 병폐인 4대 악인 뇌물, 도박, 마약, 매춘이 활발하게 일어났다. 지도층의 부정부패, 국민들의 황금만능이 판을 쳤고 국가에 대한 병역의무 이행은 심각하게 훼손되어 있었다. 지도층 자식들은 일단 입대한 후 뇌물을 써서 선진국에 유학을 가 버렸고 58만 정규군 가운데 10만명이 비공식 장기휴가를 받아서 대학에 가거나 취업한 상태였다. 이들을 불러서 "유령군인" "꽃 군인"이라고 칭한다.

월남은 망하기 직전까지 정치 분쟁을 계속했다.

1975년 3월10일 월맹이 대공세를 취하면서 남침을 개시한다. 당시 월남은 9월 대선을 앞두고 치열한 정쟁에 빠져있었다. 월남군 가운데 10만 명 정도는 월맹군을 보자마자 도망쳐 버렸다. 군대가 하루아침에 무너진 것이다. 티우는 위기를 절감하고 정쟁을 중지하자고 호소했지만 그러나 국민들은 미국과의 방위동맹과 안전장치를 믿고 내분을 멈추지 않았다.

티우 대통령의 대국민 호소가 발표되자마자 당시의 야당을 대표했던 구국평화회복 및 반부패 운동세력 지도자였던 짠후탄 신부는 이렇게 응수했다. "중부월남 고원지대에서 반민주, 반독재 부정부패를 일삼는 티우 정권에 항거하는 민중봉기가 일어났다. 그곳에 월맹군은 없다. 티우는 책임지고 사퇴하라." 월맹군이 내려왔음에도 불구하고 그것을 철두철미하게 정치적 공격 소재로 삼은 것이다. 다른 야당 지도자들도 마찬가지였다. 이런 와중에 웬까오끼 전 부통령은 티우 대통령을 제거하기 위한 쿠데타 계획도 일으켰을 정도였다. 종교지도자들까지도 자신이 미는 후보를 대선에 당선시키려고 티우 사퇴를 경쟁적으로 외쳤다.

월맹이 남침한 상황에서 티우가 호소했던 정쟁의 중지는 이뤄지지 않았다. 미국 방위동맹 이행도 이뤄지지 않았다. 티우는 4월21일 하야했고 사이공은 4월 29일 월맹군에 포위됐다.

월남군 2군단장, 4군단장, 특별부대장, 5사단장, 7사단장같은 조국을 사랑했던 사람들은 끝까지 싸우고 저항하다가 자결하게 된다.

나라가 망하는 데는 경제력, 군사력 격차는 결정적인 승패의 요인이 아니다.

자유주의체제와 전체주의체제가 맞붙었을 때는 잘 조직화된 정예화된 소수의 전체주의체제자들이 다수를 지배하거나 굴복시키는 일은 얼마든지 일어날 수 있다. 스스로를 지키려는 의지가 없는 사람들은 가혹한 운명을 만날 수밖에 없을 것이다. 과거는 우리에게 어떻게 해야 하는가에 교훈을 주고 있다.

베트남은 현재 활기가 넘치는 사회가 됐다. 많은 나라들 가운데서도 베트남은 특히 젊은 인구가 많다. 그래서 베트남의 과거를 들추는 일을 두고 이미 통일이 됐고 지금은 모두가 잘 살고 있는데 굳이 과거를 돌이킬 필요가 있는가 말하는 이들도 있다. 그러나 그들은 1975년에 공산주의 체제로 체제 전쟁이 끝났고 대한민국은 70년이 지난 지금까지도 체제 전쟁 중이다. 그리고 상대는 핵무기를 갖는 데 성공하였다.

월남 패망한 진짜 이유는?

육군 115만명, 해군력 세계3위, 공군력 세계 4위, 패망 직전 자유월남의 군사력이다.

전투복도 전투화도 없던 불과 40만 명의 공산 월맹군 힘없이 무너진다. 그 이유는 무엇인가? 이세호 전 월남한국군총사령관은 "월남이 망한 것은 내부적인 문제로 망한 것이지 군사력 때문에 망한 것이 아니다. 내부 침투돼있는 적, 월남 고위관리들의 부정부패와 민심이반행위 등 그것 때문에 망한 것이다."고 말했다. 당시 공산 월맹군이 사용한 전술은 '통일전선전술'이다. 6천명의 우수한 공산당원을 월남에 침투시키고 민족을 내세워 월남의 지식인, 언론인, 종교인 등을 배후 조종해 '반미, 반정부' 시위를 주도했다. 결국 국론은 분열되고 미군은 철수하고 월맹에 대한 경계심마저 무너졌다. 2년 후 월맹군이 공격하자 월남의 전투기 조종사는 자기가 지켜야 할 월남 대통령궁을 향해 기수를 돌리고 맹렬한 폭격을 가했다. 그렇게 자유월남은 1975년 지구상에서 영원히 사라지고 말았다. 그리고 월남 패망후 밝혀진 충격적인 진실은 시위를 주도한 종교지도자가 공산주의자, 제1야당지도자가 간첩, 대통령 정치고문이 간첩 심지어 정부기관 군대에까지 간첩들이 침투해 있었다. 그 대가는 참혹했다. 600만 명이 학살당하고 106만명은 보트피플(자유 월남 패망 후 공산정권을 피해 고국을 탈출한 월남인들)이 됐다.

한 번 변절한 사람은 다시 변절할 수 있다는 이유로, 공산 월맹에 협조했던 자들이 가장 먼저 처형을 당했다.

국가의 멸망은 외부가 아닌 내부의 분열로 시작된다

지금 대한민국은 어떤가?

월맹의 '통일전선전술'을 방식이나 수법을 좇아 그대로 행하고 있다. 고정 간첩 뿐만 아니라 간첩을 끊임없이 침투시켜 오고 있는 북한, 왕재산 간첩단 사건, 북한 지령대로 주한미군 철수, 국가보안법 철폐, 반정부 시위를 배후에서 지령했다. 첨단 무장으로 사이버 공간까지 침투 친북 사이트가 120여개, 북한 찬양 게시물이 무려 8만여건, 대기업 간부가 종북 카페를 운영하고, 병무청 공무원, 학교교사, 항공기 기장까지 북한 정권을 찬양하는 현실이다. 벌써 잊었는가. 1958년 31명을 태운 창랑호가 1969년 51명을 태운 KAL기가 북으로 피랍된 이유, 고정간첩 북한은 굶주림과 인권유린, 세계 인권탄압 1위 세계의 웃음거리가 된 3대 세습에 해마다 수십 만명이 탈북하는 인간생지옥 북한 실상이다. 이러한 북한의 독재와 인권실상은 철저히 침묵한 채 김정일을 맹목적으로 추종하고 그것도 모자라 어린 김정은을 주체사상으로 신봉하는 것은 내부의 적, 종북세력이다. 이들은 나라를 좀먹고 자유민주주의의 근본을 무너뜨리는 암적인 존재이다.

우리가 무관심과 방심하는 사이 대한민국을 병들게 하고 있다. 채명신 월남 한국군사령관은 "전쟁의 교훈을 똑똑히 배워야 한다. 내가 걱정하는 것은 월남이 패망할 때 상황이 지금 우리 돌아가는 상황과 똑 같다. 그래서 위험하다."고 말했다.

"국가의 멸망은 외부가 아닌 내부의 분열로 시작된다."

-영국역사가 아놀드 토인비

러시아의 우크라이나 침공이 우리에게 주는 교훈

국제 질서가 돕지 않는다면 약소국은 존재조차 할 수 없다는 점이다.

2022년 2월 24일 새벽, 러시아는 선전포고도 없이 일방적으로 우크라이나에 대한 무력 침공을 감행했다. 전쟁 없는 평화의 시대라는 안락에 젖어 있던 전 세계인을 충격에 빠뜨렸다. 수일 내 끝날 것 같던 전쟁이 길어지면서 수많은 무고한 민간인이 미사일 공격 등 폭탄에 맞아 죽고 어린아이와 여성들이 유린당하는 등 참혹한 행위들이 끊이지 않고 있다.

러시아와 우크라이나 전쟁은 지구 반대편 남의 얘기가 아니다. 우크라이나와 한국은 지정학적 유사성 있기 때문이다. 우크라이나는 자유민주주의를 대변하는 진영과 러시아를 앞세운 사회주의 진영 사이에 위치해 있다. 예전 소련의 영광을 되찾으려는 푸틴은 우크라이나가 자유민주주의 진영으로 가는 것을 두고 볼 수가 없었다. 푸틴은 서방에 대한 선제 대응하려는 핑계로 전쟁을 일으켰고 약소국 우크라이나는 러시아의 폭격에 국토 전역이 폐허로 변해버렸다.

러시아의 우크라이나 침공으로 전 세계가 들끓고 있다. 미국 외교 전문지에서는 “푸틴의 전쟁은 유럽판 9·11 테러다. 유럽 대륙은 강력한 힘의 필요성에 눈을 떴다.” 올라프 숄츠 독일 총리는 “유럽 역사의 전환점”이라며 국방비를 늘려 재무장의 시동을 걸었다고 말했다. 옛 소련을 꿈꾸는 푸틴 러시아 대통령의 욕망이 우크나이나 침공에서 끝나지 않을 것이라는 위기의식 때문에 중립국인 스웨덴과 핀란드는 국제분쟁에 무기를 제공하지 않는다는 원칙을 깨고 우크라이나에 무기를 제공했다. 전 인류 평화를 위협하는 푸틴이 제거돼야 전쟁이 끝날 것이라는우울한 전망이 나온다.

우크라이나 전쟁은 우리에게 큰 교훈을 주고 있다.

하늘은 스스로 돕는 자를 돕는다.

국토와 자유를 지키려는 우크라이나의 결사항전은 감동적이다. 2021년 아프가니스탄 아슈라프 가니 대통령은 탈레반이 카불에 아직 도착하지도 않은 시각에 현금을 차량 4대에 가득 싣고 조국을 떠났다. 텔레반과의 전쟁에서 무능한 대통령과 부패한 정부군이 탈레반과 싸우기도 전에 도망간 것과 뚜렷이 대비된다.

우크라이나 젤렌스키 대통령이 지하벙커에서 전쟁을 진두지휘하고, 여성·노인들도 총을 들고 거리로 나섰다. 맨몸으로 러시아 탱크를 막아서는 국민들의 애국정신에 전 세계가 군사적·인도적 지원이 쇄도하고 있다.

① 평화는 말이 아닌 힘으로 지켜야 한다

2014년 러시아는 우크라이나 영토였던 크림반도를 무력으로 병합한 데 이어 이번에도 돈바스 지역 폭격을 시작 특별 군사작전 선포했다. 우크라이나 사태는 힘이 없는 평화의 허구성과 동맹의 중요성을 일깨워준다.

정부는 확고한 국방력을 기반한 평화를 추구해야 한다. 한·미동맹을 굳건하고 국방력 강화에 힘써야 할 것이다. 고대 로마의 군사전략가 베게티우스는 "평화를 원한다면 전쟁을 준비하라." 명언을 했다. 자유는 공짜가 아니다.

② 안보협정은 상황에 따라 휴지조각이 될 수 있다

1991년 소련 해체 당시 우크라이나는 미국, 러시아 다음으로 세계 3위 핵보유국이었으며 세계 4위의 군사 대국이었다.

1994년 우크라이나는 러시아·미국·영국과 '부다페스트 안전보장 양해각서'를 체결하면서 비핵화하는 대신 안전보장과 경제원조를 약속받았다. 우크라이나는 각서에 따라 보유하고 있던 핵탄두 1,800개, 대륙간 탄도미사일 170여 발을 러시아에 모두 넘기고 만다. 하지만 2014년 러시아의 크림반도 강제로 합병하였고, 그 당시 서방 국가들은 연합군을 파병하지 않았다. 우크라이나가 양해 각서를 믿고 군사력 강화를 소홀히 한 건 치명적인 실수였다. 우리도 종전선언과 평화협정 추진이 한반도 평화를 보장해주지 않는다는 사실을 분명히 깨달아야 한다.

만약 우크라이나가 핵탄두, 탄도미사일을 그대로 보유하고 있었다면 어떻게 되었을까?

나라 전체가 러시아군에 위협받는 굴욕을 당하지 않았을 것이다.

③ 동맹이 없으면 전쟁을 억제하기 어렵다.

우크라이나 전쟁은 우리에게 수많은 교훈을 주고 있다. 우선 도와

줄 동맹이 없다면 전쟁을 억제하기 어렵다는 점이다. 우크라이나는 크림반도를 빼앗긴 후에도 도와줄 동맹을 확보하지 못했다. 친서방파·친러시아파로 나뉘어 안보 문제에서 국론 통일을 하지 못했다. 만일 우크라이나가 나토(NATO, 북대서양조약기구)에 가입했더라면 상황은 크게 달라졌을 것이다.

우크라이나는 NATO와 군사동맹을 맺지 못했고 미국과는 상호방위조약을 맺은 나라도 아니다. 따라서 미국과 나토가 우크라이나를 돕고자 하더라도 현 상황에 개입할 법적 근거나 의무가 없다. 적국이 핵으로 무장했다면 핵보유국인 동맹의 핵우산을 써야 한다.

1953년 정전협정 체결 이후 우리나라는 다행히 북한의 남침을 억제해온 한미 상호방위조약과 2만8500명의 주한미군 등 한미동맹 체제를 굳건히 유지해 우크라이나와는 상황이 다르다. 하지만 우크라이나 사태를 계기로 한미동맹의 소중함을 다시 한번 되새길 필요가 있다.

④ 국민과 지도자의 항전의지와 정신자세가 중요하다.

전쟁이 발발하자 우크라이나 국민들은 대통령을 중심으로 하나로 뭉치기 시작했다. 주요 징집소에는 전 연령층의 시민들로 넘쳐났다. 특별한 무기도 없이 우크라이나가 아직 함락되지 않고 있는 것은 나라를 지키겠다고 나선 평범한 우크라 시민들이 있었기 때문이다.

이번 전쟁에서 가장 주목을 받은 인물은 젤렌스키 우크라이나 대통령이 아닐까 한다. 코미디언 출신인 그는 최근까지 '무능력한 지도자'의 대명사처럼 돼있었는데 결연한 항전의지를 변함 없이 보여줘 재평가를 받고 있다. 미국 언론은 미군이 러시아군에 체포당하거나 살해 될 위협에 처한 젤렌스키 대통령의 해외 피신 방안을 준비하고 제안했지만 거절했다고 보도했다.

그는 자신의 페이스북에 "나는 아직 여기에 있다. 우리는 무기를 내려놓지 않을 것이며 조국을 지킬 것이다"라는 영상을 올려 큰 반향을 일으켰다.

러시아의 우크라이나 침공을 통해 국가 지도자와 국민의 결연한 의지, 정신자세, 안보동맹, 국방개혁과 군사혁신, 그리고 힘이 뒷받침되는 평화 등의 중요성을 새삼 깨닫게 된다.

한국에 주는 교훈

지도자는 올바른 판단을 해야 한다.

세계 여러나라는 젤렌스키 대통령의 지도력을 칭찬하고 있다. 그러나 전략적 판단 실수한 부분도 있다. 만약 젤렌스키가 현실 상황 판단을 좀더 냉정하게 했다면 어땠을까 하는 점이다.

우선 우크라이나를 중립지대로 만들어 놓고 나토 가입을 늦춘 뒤 EU 가입을 먼저 추진해 경제 부흥을 시켜 경제를 어느 수준까지 끌어올린 후 나토에 가입했다면 어땠을까 하는 점이다. 우크라이나의 나토 가입으로 인한 러시아의 군사적 위협을 덜 느끼도록 했다면 전쟁은 일어나지 않을수도 있었다. 나라의 지도자는 결정을 할 때는 신중하게 전략적 계산을 통해 판단을 잘못해 국민들에게 고통을 주어서는 안된다.

북한도 러시아와 우크라이나 전쟁을 주시하고 있을 것이다.

한반도에서 비핵화가 상식적으로 쉽지 않다고 보는 이유다. 왜냐하면 핵을 보유한 러시아가 핵이 없는 우크라이나가 침공당하는 것을 똑똑히 봤기 때문이다. 이는 한국의 핵무장에 대한 필요성, 미국의 확장 억제를 확고히 하기 위한 필요성을 남북한 모두에게 각인시켰다.

이러한 혼란 속에서 국제 정세를 잘 읽고 결단력을 발휘할 때다. 최우선으로 국방력과 안보를 강화해야 한다. 평화는 자기나라를 보호할 힘이 있을 때만 누릴 수 있는 특권이다. 자유민주주의 동맹 국가들과의 긴밀한 협력을 강화해야 한다. 러시아의 이번 침공도 결국 우크라이나가 북대서양조약기구(NATO·나토) 회원국이 아니기 때문에 일어났다. 그런 의미에서 이승만 전 대통령이 1953년 미국과의 팔을 비틀어 체결한 한미상호방위조약의 혜택을 다시 한번 느끼게 된다.

"이 조약으로 우리 후손들은 많은 혜택을 볼 것이다."

-이승만 대통령

역사학자 아널드 토인비는 "인류에게 가장 큰 비극은 지나간 역사에서 아무 교훈도 얻지 못하는 데 있다"고 했다. 이는 "과거를 잊은 국가에 미래는 없다"는 유럽의 오랜 격언과도 일맥상통한다. 과거 역사를 교훈 삼아 다시는 같은 불행이 반복되지 않도록 대비해야 한다는 뜻이다. 국가 간 관계에 있어 그런 역사의 교훈은 주로 미래의 도전과 재앙에 대비한 부국강병, 즉 부유한 나라와 강력한 군사력의 건설을 의미한다. 과거의 역사적 원한을 잊지 말고 길이 기억하라는 의미가 결코 아니다.

"지키지 못하면 죽음뿐이다(Stand or die)"

건물이 무너지는 이유

인류최초의 붕괴는 시날 평지의 바벨탑의 붕괴이다. 인간의 탐욕과 욕심 명예욕이 빚은 인류 최초의 참사인 것이다.

와우 시민아파트 붕괴사고(지반 침하 붕괴)

1970년 4월 8일, 서울특별시 마포구 창전동 와우산 기슭에 위치했던 와우 시민아파트 19개동 중 1개동(15동)이 붕괴된 사고이다. 이 사고로 70여 명이 매몰당해 와우아파트 입주민 33명과 잔해에 깔린 판자집 주민 1명 등 34명이 사망하고 40명이 부상당하는 큰 인명 피해가 발생했다.

당시 서울은 급격한 도시 팽창으로 전국 각지에서 일자리를 찾아 몰려든 사람들로 인구가 급증했지만, 그에 비해 주택은 부족했다. 그 때문에 많은 서울시민들은 소위 판자촌이라 불리는 무허가 건축물에서 지내게 되었고, 이는 빠른 속도로 증가하고 있었다.

이런 상황에서 정부에서는 무허가 판자촌을 철거하고 시민아파트를 건설하게 하였으며, 이 과정에서 건설된 시민아파트 중에 와우아파트도 있었다.

판자촌은 대부분 산 가장자리에 위치하고 있었다. 아파트 단지를 지을 만한 평지는 당연히 땅값이 비쌌기 때문에 한정된 예산 문제로 국유지인 산 가장자리에 지었으며, 와우아파트 위치는 현 홍대거리 뒷산인 와우산 자락에 있었다.

그러나 정해진 기간 안에 아파트를 뚝딱 지어내야 하는 데다가 원가도 턱없이 낮았고, 아파트 한 동을 제대로 짓기에는 금액이 부족했다. 그나마도 중간에서 업체들과 공무원들의 부정부패도 빈번했기 때문에, 와우아파트를 비롯한 각종 시민아파트는 당연하게도 날림 중의 날림 건축이었다.

와우아파트는 건설업체 몇 곳이 나누어 지었는데, 그중 13~16동은 (주)W건설이라는 업체에서 맡았다. W건설은 자신들이 지어야 할 부분을 다른 토건업자에게 하청으로 맡겼는데, 이 업체는 무면허 업자였다.

시민아파트의 기본설계도 부실하고 공사비도 부족한데다 무면허로 엄청난 날림공사가 진행되었다. 철근 70개를 써야 할 기둥에 고작 철근 5개를 쓰고 만들었으며 콘크리트 강도도 크게 떨어졌는데 시멘트 함량이 적어 자갈 섞인 모래 반죽이나 다름이 없었다. 건축 설계도대로 공사를 했다면 900kg까지는 버틸 콘크리트 구조물이었으나 부실 공사로 인해 초기 예상 하중인 200kg대를 간신히 버틸 콘크리트 기둥이 되었다.

거기다가 고작 6개월 만에 아파트를 완성하느라 건축물을 세우는 데 필수적인 지반공사를 전혀 하지 않았다. 이런 탓에 튼튼한 암반이 아닌 물렁한 부토 위에 아파트 기둥이 세워졌다. 그나마 겨울에는 땅이 얼어 있어서 간신히 버텼지만, 봄이 되고 땅이 녹자 결국 기둥이 하중을 이기지 못하고 무너졌다.

붕괴 직후 서독의 건축 전공 대학원생들이 사고 원인을 분석하려고 시도하다가 포기하고 귀국했는데 그 이유가 아파트는 커녕 헛간을 짓기조차도 턱없이 부족한 자재로 어떻게 아파트를 지었는지 도저히 이해할 수가 없어서였다고 한다. 즉, 건축공학적인 분석과 규명을 하러 왔더니 그냥 집을 짓는 재료가 완전히 두부 수준의 재료였다는 명쾌한 결론이 나와 황당함과 기막힘에 치를 떨고 돌아갔다는 소리다. 그 당시 국책사업의 수준이 이 정도로 처참했을 줄을 그 누구도 상상하지 못했다. 그야말로 나라 망신 제대로 당한 셈이었다.

이 사고로 서울시장이 물러나고, 문제의 하청업자는 징역 5년을 선고받았고, 이외에도 3명이 징역을 선고받았다.

성수대교 붕괴, 피로<fatigue, (금속 재료의) 피로누적에 의한 약화> -가랑비에 옷 젖는다

1994년 10월 21일 오전 7시 40분,

사고유형: 건물 붕괴 추락(성수대교의 제10·11번 교각 사이 상부 트러스 48m가 붕괴)

원인 : D 건설의 부실공사와 서울시 유지관리 미흡

한강에 위치한 성수대교의 중간 부분이 잘려 한강에 떨어지면서 달리던 승용차 3대가 같이 추락하고, 시내버스가 뒤집힌채 잇따라 추락한다. 등교길 무학여고 학생을 포함 32명이 사망하고 17명이 다쳤다. 어린 학생들이 많이 희생된 점과 서울 한복판에서 대형 다리가 잘려나간 모습에 국민들을 경악시켰다.

1990년대에 대형사고가 집중된 것은 빠른 경제개발 속도와 연관돼서 내부 숨겨진 것이 터진 것이다. 이 사고로 서울시장 경질되고 대통령이 사과까지 했으나 다음 해 터진 삼풍백화점 붕괴사고를 막지는 못했다.

와우 시민아파트 붕괴사고, 삼풍백화점 붕괴 사고와 함께 대한민국 3대 붕괴사고로 불린다.

막을 수 있었던 사고

사고 전날 상판의 틈이 벌어지고 있었음에도 서울시는 철판으로 덮어 감추려 했다.

1994년 10월 21일 금요일, 00시 20분경, 02시 30분 무렵 1.3 x 2m 크기 철판이 성수대교 상판 이음새에 깔려 있음을 당시 운행하던 운전자들이 목격하였다. 상판 이음새 부분에 심하게 벌어진 틈새를 덮으려는 서울시의 땜질식 응급조치였다. 하지만 균열은 시간이 갈수록 커졌다. 사고 당일 새벽 6시 무렵 성수대교를 통과하던 차량의 운전자는 이음매를 지날 때 충격이 너무 커서 서울시에 직접 신고하기도 했다. 그럼에도 불구하고 안일하게도 교량진입 통제 등 긴급조치를 취하지 않아 결국 비극적인 대형참사가 일어나고 말았다.

피로하중에 의해 볼트 접착부위에서 시작된 균열이 진행되면서 중앙부분이 붕괴되었다.

성수대교 붕괴는 다른 사고와 마찬가지로 수많은 원인이 복합적 작용에 의해 일어난 사고다.

설계자 구조계산이 쉬운 방식으로 설계했고, 건설사는 부실이 많은 시공을 했다. 설계, 시공보다 교량의 성능을 유지보수하지 못한 서울시의 책임이 가장 크다.

성수대교는 일반적인 대형트럭이 다닐 수 있을 정도인 18톤 하중으로 설계되었다. 하지만 성수대교 북단에 레미콘공장이 있었다. 최대 25톤에 중량 레미콘 믹서트럭들이 아무런 규제 없이 통행했고 지금도 마찬가지이다. 피로균열을 가속화시키는 규정 이상 중량차량 통행 규제를 소홀히 했다.

사고 직접적인 원인은 연결부 용접부위 파괴는 '피로하중'에 의한 것이고 이는 과적차량이 반복적으로 힘을 가해 생긴 것이다. 성수대교는 설계하중보다 더 많은 차량과 더 무거운 차량이 다니게 했음에도 다리 밑으로 가서 균열 육안검사 한번을 안했다고 한다.

피로 변형과 함께 미세한 균열이 눈으로 보임에도 이를 그대로 방치하면 균열이 발전해 파괴에 도달한다. 이때까지 일어난 모든 사고에는 징후가 사실처럼 드러남에도 그것을 무시하는 습성은 지금도 반복되고 있다.

삼풍백화점 붕괴사고

1995년 6월 29일 17시 57분

서울 서초구 서초동, 지상 5층/지하 4층

사망 502명(남 106명, 여 396명), 부상 937명, 실종 6명

당시 매출액 기준 국내 1위 백화점이었고 준공 6년 차였다. 상가로 쓰일 건물을 갑자기 백화점으로 용도변경했다. 이 과정에서 서초구청 공무원들에게 뇌물을 주고 불법적으로 용도를 변경하였다. 엘리베이터 설치를 위해 두터운 기둥을 없애고. 옥상에 대형 냉각장치를 설치했다. 심각한 균열이 진행되는 것을 발견했지만 영업을 계속했다. 문

닫기 직전 백화점 건물이 무너져 502명이 사망했다. 우리 역사상 가장 많은 인명사고이자 세계 10번째 사고이다.

신축 5년 만에 골병든 내부

1987년 설계 당시 삼풍백화점은 아파트 단지내 쇼핑센터로 만든 건물이었다. 쇼핑센터에서 백화점으로 용도를 변경한다. 구조가 달라지기 시작한다. 엘리베이터 설치를 위해 잘라내고, 화장실 등 구조변경을 한다. 잘라낸 부분도 안전문제도, 모두 괜찮다, 괜찮다, 하면서 진행한다.

당시의 건물은 지하 4층에서 지상 4층이었다. 5층에 식당을 만든다. 하중이 많은 냉장고, 주방기구 등을 설치한다. 검찰 수사에서 국내 최초 컴퓨터 시뮬레이션을 했는데, 5층 식당가부터 무너지기 시작했다는 결론이 나왔다. 1층에 있던 냉각탑을 옥상에 옮기면서 천정,지붕에 동하중(움직이는 물체가 다른 물체에 주는 무게)이 걸리면서 지붕 균열과 함께 건물 전체 심각한 균열로 붕괴 조건을 모두 갖추게 된다.

- 엘리베이터 설치하기 위해 중앙부분의 기둥 4개를 제거, 각층에 구멍을 냈다.
- 기둥의 크기도 80cm에서 60cm로 줄이고, 그나마 철근 16개가 있어야 할 기둥엔 8개뿐이었다.
- 무량판 공법(Flat Slab System, 보 없이 슬래브에 기둥을 바로 연결하는 구조 시스템) 건물구조에 필수적인 바닥과 기둥을 연결하고, 기둥이 옥상을 뚫고 나오는 일이 없기 위해서는 절곡(L자형) 철근을 사용해야 했는데, 비용부담이 크다는 이유로 평철근(ㅡ자형) 철근을 사용한 것이다. 그 결과 바닥과 기둥을 연결할

수 없게 되었고, 이 때문에 기둥이 바닥을 뚫고 나오게 된 것이다. 건물이 붕괴될 때 아무런 제동장치 없이 순식간에 무너진 것도 이 때문이었다

- 1993년 8월에 옥상 에어컨을 옮기면서 비싼 크레인을 쓰는 대신 밀고 간 것은 가장 무식한 짓이었다. 이 때 생긴 진동과 이동적 재하중은 결정적으로 옥상 슬래브(slab)를 망가뜨렸다.

시간대별 붕괴 시나리오

1995년 6월 29일. 08:00-09:00

직원이 5층 춘원식당 바닥 돌출과 천장은 내려앉고 기둥이 천장을 뚫고 솟아오른 상태로 문짝이 심하게 뒤틀려 있는 상태 확인. 시설부장 옥상 바닥 돌출과 침하 현상 등을 확인.

09:-10:00

당직 근무자 설비과장에게 보고, 설비과장 침하 문짝 뒤틀림 확인 후 도면 작성 시설부 직원들은 균열 모습 사진 촬영, 춘원식당 휴업.

10:00-11:00

시설부 조회 시간에 시설부장에게 보고, 시설부장은 기자나 고객들에게 이 사실을 알려지지 않도록 철저한 보안유지, 현장 출입통제 지시.

4층 천장에서 "딱"소리가 들리면서 천장 3곳이 금이 가고 1cm씩 내려앉는 모습 목격.

11:00-12:00

백화점 직원 및 5층 식당의 종업원들이 4,5층에서 "꽝"소리를 들었다.

미전식당 주방 조리대가 넘어지면서 고객들이 황급히 대피한다.

현지식당의 천장에서 전선을 타고 물이 쏟아져 가스, 전기를 차단하고 직원 및 고객들을 대피시킨다.

시멘트 깨지는 소리가 들리자 설비과장 현장 확인 후 식당가 출입통제를 지시.

12:00-13:00

사장, 이사, 건축설계사와 함께 균열현장 방문 바닥 침하, 옥상 침하 확인.

건축설계사 사장에게 5층 식당가, 4층 귀금속 코너 영업 중단하고 대피 건의.

영업전무 4.5층 연결 에스컬레이터 칸막이 설치, 식당 주변 출입금지 표시하고 접근차단 지시

13:00-14:00

건설상무, 직원등은 5층 식당 기둥쪽 균열, 바닥 침하, 4층 천장과 기둥 슬래브사이 균열 확인. 춘원식당 앞 에스컬레이터 옆 기둥 천정 균열과 기둥을 감싸고 있는 대리석이 깨진 것을 목격했다.

14:00-15:00

이준 회장 등 임원들이 참석한 중역회의 개최.

5층이 무너질 것 같다는 김○철 경비조장을, 이○ 전무가 나무라면서 경비원 보안유지 교육을 지시한다. 약 1시간 동안 옥상 바닥의 물 퍼내기 작업을 했다.

15:00-17:00

이○수 구조기술사 도착 관계자들과 함께 5층 바닥 및 옥상 안전진단 실시.

구조기술사 무량판공법건물 기본구조 설명하고 하중의 증가가 없으면 더 이상 침하 확대되지 않을 것이며, 붕괴 위험 없다고 보고하면서 삼풍백화점 회장이 기둥 보강방법 질문하자 금일 폐점 후 응급조치하면 별문제가 없을 것이라고 답변했다.

이 시점이 502명의 생명을 앗아간 결정적인 판단 착오의 순간이었다.

17:00-붕괴

보수 공사내용 회의 중 5층에서 '텅'소리 들림.

4층 안경부 쪽 천정에서 오전보다 더 크게 '뚝' 소리 나면서 천장 움직였고, 5층 에스컬레이터 쪽 천정에서 시멘트가 떨어졌다. "텅, 뚜둑" 소리가 들려 사람들이 중앙으로 몰렸다가 비상구 등으로 대피했다. 이어 5층에서도 '쿵'소리와 함께 사람들 대피 시작. 붕괴 조짐을 느끼는 순간, 17:52분경 부터 붕괴가 시작됐고 이때 5층의 비상벨이 울렸다.

붕괴는 백화점 북쪽에서 시작되면서, 콘크리트 내력벽을 제외한 건물 전체가 지하까지 전부 무너져 내렸다. 이곳에 의류 판매점등이 집중돼었다보니 고객, 종사원 등 수백명이 미처 빠져나오지 못한 채 건물 안에 그대로 매몰됐다. 각 층의 슬래브가 포개져 누르면서 지하 깊숙이 차곡차곡 포개져 내려 앉았다. 사고현장은 시멘트와 분진가루로 뒤 덮여 앞이 보이지 않을 정보였다. 붕괴 현장 주변은 붕괴시 폭풍현상으로 인해 뒤집어진 차량과 백화점 안에서 튀어 나온 상품과 사상자들의 소지품들이 어지럽게 나뒹굴고 있었다.

국립과학수사연구소, 대검찰청 유전자 감식실, 각 대학 법의학교실로 구성된 변사체 처리반은 현장 상황을 전한다.

"건물이 무너지면서 시신이 훼손돼 팔 하나, 발목 한쪽만 발견되는 등 부분 시신이 아주 많았습니다. 심지어 옷이나 머리카락만 남아 있는 경우도 있었죠"

(1995년 서울, 삼풍 서울문화재단, 도서출판 동아시아 116-121)

함인선 한양대학교 특임교수는 자신의 저서(건물이 무너지는 21가지 이유, 글씨미디어)에서 붕괴 원인을 이렇게 분석한다.

붕괴는 5층의 기둥 2개가 부러지고 옥상 슬래브가 내려앉으며 순식간에 진행되었다. 9.11 테러로 무너진 세계무역센터 붕괴과정과 일치한다. 기둥이 없어져 자유낙하하기 시작한 옥상 슬래브 동하중(움직이는 물체가 다른 물체에 주는 무게)이 되어 5층 바닥을 때린다. 그리고 다시 4층 바닥, 3층…지하층까지, 단 몇 초만에 건물은 지상에서 자취를 감춘다.…구조물에서 붕괴 전까지의 진행은 느리다. '변형의 시간'이기 때문이다. 뼈대를 이루는 데 중요한 재료들은 자기 자신의 변형, 균열 등으로 끝까지 버텨보려 한다. 이때가 사고에 대처할 마지막 기회다. 그러다가 임계점에 도달하면 붕괴 자체는 폭발적으로 순간에 벌어진다.

인간과 달리 자연은 철저하게 약속을 지킨다. 콘크리트 구조 또한 약속한 하중 범위 안에서는 신뢰를 지키지만 약속을 어기는 순간 어김없이 붕괴로 대응하는 것을 알아야 한다.

전 국민의 공분에 대한 처벌

삼풍백화점 회장 업무상과실치사상죄 및 특정범죄가중 : 대법원 판결 징역 7년 6월

전 서초구청장 1,2차 가사용 승인 뇌물 : 징역 10월, 추징금 300만원

광주광역시 아파트 붕괴

2022년 1월 11일 화요일 오후 3시 46분경,

광주광역시 서구 화정동, HDC현대산업개발이 공사 중이던

광주 화정 아이파크 2단지 201동의 23~38층이 붕괴 6명이 사망한 사고이다.

붕괴 원인 <자료:국토교통부 건설사고조사위원회>

① 설계 임의 변경(시공방식 무단 변경에 따른 과도한 하중 증가)

39층(최상층) 바닥 시공방법을 애초 설계와 다르게 임의로 변경

설비층(PIT층 38층과 39층 사이)에 콘크리트 가벽 무단시공

→ 작용 하중 설계보다 2.24배 증가, 하중이 설비(PIT) 층 중앙부로 집중

② 가설지지대(동바리) 조기 철거

최소 3개층 (36-38층)에 설치했어야 할 가설 지지대를 조기 철거

→ 바닥 슬래브가 하중을 단독지지, 견디지 못한 설비층 1차 붕괴 후 아래쪽으로 연속 붕괴

③ 콘크리트 강도 부족

17개 층 중 15개층 콘크리트 강도가 설계기준 강도의 85%에도 미달

→ 철근과 부착 저하 유발로 건축물 안전성 위험.

국토교통부 건설사고조사위원회 발표 사고 원인을 요약해보면 이렇다.

① 공사방법을 멋대로 바꿔 하중이 늘었는데

② 아래층 지지대를 철거했다.

③ 불량 콘크리트는 제대로 굳지도 않았다. 그런 가운데 눈발이 날리는 날 콘크리트 타설작업을 했으며, 붕괴의 마지막 수순이었다.

붕괴후 수사기관은 원청과 하청, 감리를 이어지는 총체적 부실을 확인했다.

설계와 다른 시공

처음 붕괴가 시작된 39층 바닥의 시공 방법이 설계도와 달랐다. 재래식 거푸집을 활용한 일반 슬래브(콘크리트를 부어 만든 판 형태의 구조물) 방식을 구조기술사나 감리단 검토없이 임의로 거푸집을 활용 데크 슬래브 방식으로 바꿨다. 데크 플레이트는 바닥이 넓으면 동바리(지지대)를 설치해야 한다. 붕괴가 일어난 39층 바닥과 38층 천정 사이에는 동바리 대신 콘크리트 가벽만 설치됐다. 공사기간 단축과 공사 편의를 위해 39층 바닥의 시공·지지 방식을 당초 설계와 다르게 임의 변경함에 따라 늘어난 하중을 이기지 못하고 결국 무너져 내렸다. 공사기간을 단축해서 비용을 절감하려는 현장의 안전불감증 부른 예고된 참사였다.

지지대 일찍 철거

공사 과정 여러 곳에서 불법과 부실이 발견됐다. 상부층 무게를 버티기 위해 하부층에 설치돼 있어야 할 지지대를 너무 일찍 철거했다. 공법을 변경하면서 임의로 설치한 가벽이 오히려 하중을 증가시켰다. 일반적으로 고층 건물 옥상부를 시공할 때는 무게를 견딜 수 있도록 강관 지지대를 촘촘하게 설치해야 한다. 하지만 사고 당시 36~39층 사이에 동바리가 설치돼 있지 않았다.

콘크리트 강도도 설계 기준에 미달되었고 구조물이 충분히 굳을 때까지 있어야 할 지지대도 일찍 철거해버렸다. 그 결과 위층 바닥이 무너지면서 건물에 가해지는 무게를 이기지 못해 열여섯 층이 연쇄 붕괴하는 어이없는 사고로 이어졌다.

콘크리트 품질 문제

공사 현장에 콘크리트를 들여올 때는 강도 시험을 거쳐야 한다. 강도 시험 결과와 사고 뒤 현장에서 수거한 콘크리트 강도 시험 결과가 큰 차이가 있었다.

건설사고조사위원회 붕괴 된 17개 층의 콘크리트를 수거해 강도를 시험해본 결과 설계 기준 강도 대비 60% 정도였다. "원재료가 불량이거나 현장에서 콘크리트에 물을 더 섞는 등의 품질 관리가 제대로 되지 않은 것으로 보인다"고 조사위원회는 설명했다.

콘크리트 공사는 현장에서 품질관리가 절대적이다. 날씨와 공사 여건을 고려해서 최적의 시공을 해야 한다. 현장에서 겨울철 콘크리트가 충분히 양생(콘크리트가 굳을 때까지)하려면 최소 10~14일의 공사 기간이 필요한데 불법 재하도급하면서 1개 층을 시공하는 데 겨우 6~10일 정도였다. 현장 공사일지에도 6~7일 만에 1개 층을 시공한 것으로 드러났다. 이러한 불법이 아무런 단속 없이 진행되면 결과적으로 부실시공의 위험이 있다고 전문가들은 지적한다.

공사 관리도 총체적으로 부실한 것으로 조사됐다.

감리단과 시공사는 설계변경, 동바리 설치, 콘크리트 타설 등 세부

공정을 제대로 검측하지 않았다. 콘크리트 품질확인을 위한 시험평가도 형식적으로 진행했다. 사고 조사위는 제도이행 강화, 감리 제도 개선, 자재·품질관리 개선, 하도급 제도 개선 등의 재발 방지방안을 제시했다.

공사 감리도 제대로 하지 않았다.

현장의 감리 기능만 제대로 작동해도 부실 공사는 거의 막을 수 있다. 감리자는 문제가 발견되면 즉각 공사를 중단시킬 수 있기 때문이다. 감리자는 현장의 불법 시공을 감시해서 설계자와 관할 지자체에 알리지 않았다. 감리자는 아무런 역할을 하지 않았다. 현재 제도는 감리자가 시행사에서 보수를 받기 때문에 눈치를 보지 않을 수 없는 구조다. 시행사가 아닌 지자체가 감리비를 위탁받아 감리자에게 지급하는 등 감리의 독립성을 강화하는 방안을 도입해야 한다.

건설 현장 소통 부재

건설 뿐만 아니라 산업계 전반에 외국인 노동자가 증가하고 있다. 위험한 상황이 닥쳤을 때 언어소통이 쉽지 않고 미숙련 노동자가 대부분으로 산업재해 사상자 수 증가와 관련이 있을 수 있다고 본다. 하인리히 법칙에서도 지적했듯이 큰 사고는 항상 작은 것이 누적 되어 일어난다. 작은 재해부터 분석하고 고쳐나가 안전관리에 철저히 해야 한다.

건설현장의 불법 재하도급 근절해야

붕괴사고 현장에서도 편법 재하도급 정황이 나왔다. 전문건설업체인 A사는 본래 아파트 공사의 콘크리트 타설 업무를 맡기로 원도급사와 계약을 맺었다. 그런데 사고 당시 타설 작업 중이던 작업자 8명은 모두 A사 소속이 아니라 A사에 펌프카 장비를 빌려주는 임대계약을 맺은 B사 소속이었다. 겉으로는 재하도급이 아닌 것처럼 보이지만 실제로는 건설 현장에 여전히 관행으로 남아 있는 불법 하도급 형태의 대리 시공이 이뤄졌다는 의혹을 받는 부분이다.

이런 상황인데도 건설 현장에서 불법과 편법을 오가는 재하도급 관행은 여전하다고 건설업계종사자들은 말한다. 재하도급은 이윤을 남기려는 하도급사와 영업과 수주 비용을 줄이려는 재하도급사의 경제적 이해관계로 발생하기 때문에 현재 산업구조에선 현실적으로 뿌리뽑기 힘들다는 말도 나온다. 하도급사는 재하도급을 통해 원도급사 못지 않은 중간 수수료를 확보할 수 있으며, 실제로 시공일을 하는 재하도급사도 입찰을 위한 영업활동이나 입찰 경쟁 없이 공사를 받아 할 수 있다. 이런 복잡한 사업구조 속에 부실시공이 이뤄져 참사 원인이 됐다면 엄중한 법적 책임과 함께 사고방지를 위한 제도 정비를 서둘러야 한다.

광주 아파트 붕괴 징후를 알았다

“수급업체 안전감시단 직원 Y씨는 붕괴의 징후를 감지하고 있었다. 그는 사고 당일 오전 38층 외벽 거푸집 근처에서 15cm 정도의 균열을 확인했다. 볼펜으로 그은 것보다 약간 굵은 폭이었다. 건설 현장에서 균열이란 아무리 작아도 유의해야 한다는 점을 알고 있었다. 단체 메신저에 이 내용을 알렸으나 상급자들은 별다른 코멘트가 없었다. 당연히 현장 작업자들에게 이 내용이 전해지지 않았다. 만약 이때라도 위험 상황을 알렸다면 어떻게 됐을까. 사망자의 대부분은 이런 사실을 모른 채 28~34층에서 소방배관과 창호 작업을 하고 있었다. 그들에게는 어떤 위험 시그널조차 주어지지 않았다"

고용노동부가 2023.11.7일 발간한 '중대재해 사고백서'는 광주 아파트 붕괴 사고를 기록한 부분 중 일부다. 최초의 붕괴는 콘크리트 타설 작업 중이던 39층이 아니라 피트층 바닥에서 일어났다. 백서에서 사고를 담당했던 고용부 산업안전보건감독관은 "연쇄 붕괘가 일어난 층들의 콘크리트 압축강도가 충격적인 수준이었다"고 회상했다.

건설업 사고는 허술한 안전 체계와 근로자의 안전불감증, 현장관리 인력 부재가 복합적으로 작용한 결과로 분석된다. "현장에서 일하면 처음에는 위험하다고 생각하다가 점점 위험을 인지하지 못하게 된다"며 '내가 방금 엄청나게 위험했구나'라고 경고하고 제지하는 역할을 관리감독자가 해야 한다. 〈출처:세계일보, 2023.11.7.〉

아직 위험은 끝나지 않았다

2023년 11월, 고용노동부와 한국산업안전보건공단이 펴낸 '중대재해 사고백서 2023, 35쪽에는 2022년 1월 11일 무너진 광주 서구 화정동 아이파크 아파트의 사고를 분석한 기록에 이런 내용이 나온다.

'한중(가장 추운 계절)콘크리트(cold weather concrete) 시공 조건, 즉 양생(養生)이 어려운 5도 미만의 기온에서 골조 공사를 할 때는 콘크리트 품질관리가 필수다.'

'겨울철에는 콘크리트가 굳으면서 강도를 확보하는 양생 속도가 상대적으로 느려지므로 충분한 양생 기간을 확보하며 공사를 진행해야 한다. 더불어 영하의 낮은 온도에 노출되면 콘크리트가 양생 중 얼어

버리는 치명적인 결함이 발생할 수도 있다.'

사고 백서는 이렇게 적었다. '사람은 자신에게 위협이 되는 상황이라면 최대한 그 위험을 피하고자 한다. 하지만 반복적으로 위험을 감수할 것을 요구하는 분위기가 형성되면 자신도 모르게 가해지는 위험을 모르고 불나방처럼 위험 속으로 들어간다. 특히 건설 현장에서 공사기간 단축 압박이 그러하다.'

사건 현장 근로자들은 참사 이후 익명으로 언론에 말했다. "눈이 오는 날에는 타설하면 안 되는데 했다." "빨리 좀 해야 할 것 같다는 지시가 있었다."

추운 날씨 탓에 아직 굳지도 않은 콘크리트가 얼어버린 뒤, 기온이 올라가 녹는 현상이 반복된다. 콘크리트 속에 함유된 수분이 얼면 그 부피가 9%가량 팽창한다. 이 얼음이 녹으면 콘크리트는 구멍 숭숭한 골다공증 환자의 뼈처럼 약해진다.

간단 하지만 틀림없는 자연의 물리 법칙을 무시해서 현장 노동자 6명이 숨졌다.

콘크리트가 물리의 법칙을 따른다면, 기업은 이윤 추구의 법칙을 따른다. 건설 현장 근로자들은 오늘도 두 법칙 사이에 끼여 위태롭다. 정부가 국민의 생명을 보호하고 싶다면 마땅히 물리 법칙이 이윤 추구 법칙보다 먼저 적용되도록 해야 한다. 그렇게 하라고 국민은 정부에 법과 강제력을 부여했다. 그런데 물리 법칙을 어긴 사람과 그 결과로 숨진 사람은 동일인이 아니다. 이윤을 더 남기고 손해를 줄이기 위해 공사기간을 앞당기고 영하 날씨에도 콘크리트를 부어야 한다고 결정, 결재, 재촉한 사람은 사망자가 아니다.

정부, 지자체는 자신의 잘못을 함께 기록해야 했다.

그런데 사고 백서에 정부의 관리감독 책임이 왜 작동하지 않았는지, 현장 진행과정을 왜 몰랐고 알았다면 왜 방치했는지, 왜 막지 못했는지. 이런 내용은 빠져 있었다. 붕괴사고가 일어나기 전에 관리감독기관 시스템이 제대로 작동해야 한다. 시스템 붕괴는 건설 현장과 근로자의 안전을 관리하는 중앙정부와 관련 부처(고용노동부, 국토교통부 등)와 관련 법과 제도, 감독공무원, 사법행정 인력이 운용되고 있는 국가 테두리 안에서 벌어졌다. 정부와 지자체의 역할과 책임이 건축관계자보다 더 크다고 할 수 있다.

한파가 찾아오고, 날이 풀리고, 다시 영하권으로 변할 것이다. 틀림없는 물리 법칙에 따라 전국 건설 현장 곳곳에 숨은 수분들이 팽창하며 얼고 녹기를 반복할 것이다. 지금도 어딘가에서 또 콘크리트가 얼고 있다.

불법 재하도급 드러났던 주요 참사<자료: 국토부, 대한전문건설협회>

- 광주 화정동 아이파크 건물 붕괴(2022.1,11)
  피해: 6명 사망, 특징: 17억 규모 재하도급을 '노무 계약'으로 위장
- 광주 학동 철거 건물 붕괴(2021. 6.9)
  9명 사망, 8명 중상. 특징 : 56억원 공사가 재하도급을 거쳐 12억원으로 축소
- 서울 동작구 상도 유치원 건물 붕괴(2018. 9.6)
  지반 침하 토사 붕괴, 다행히 밤 11시에 일어나 사상자 없었다(당일 낮 유치원생 177명 등원)
  특징: 불법 재하도급으로 공사비 28%가 축소.

자기 무게에 주저앉은 세계무역센터(WTC)

건물에 가해지는 힘을 하중(loads)이라고 표현한다. 바람이나 지진 같은 건물 옆에서 가해지는 하중을 수평하중이라 한다. 중력에 의해 발생하는 하중은 직하 방향으로 작용하므로 수직하중이라고도 한다.

2001년 9월 11일 뉴욕 맨해튼 세계무역센터 비행기 두 대가 충돌하면서 화재가 났을 때 누구도 그 초대형 건물이 무너지리라는 생각은 못했을 것이다. 불이 난지 56분 후 남측타워가 순식간에 큰 먼지를 일으키고 무너지더니 바로 옆 북쪽 건물도 무너져내렸다. 건물이 무너지는 이유는 중력의 힘에 의해 무너진 사고들이다.

붕괴 과정

연료를 가득 실은 비행기→빌딩으로 돌진→화재→기둥손실→자유낙하→붕괴

세계무역센터는 튜브시스템(Tubular System)으로 건물 전체가 사각형 튜브 같은 역할을 하면서 바람, 지진 같은 횡력에 저항하는 초고층 구조방식이다.

기둥이 다른 건물에 비해 가늘고 촘촘한 외부구조(새장구조)다. 가는 기둥은 비행기 속도에 아주 쉽게 잘리면서 항공유를 가득 싣고 비행기 전체가 건물 안으로 들어갈 수 있었다.

쌍둥이 빌딩(Twin Towers)

위치 : 미국 뉴욕 주 뉴욕시 맨해튼 남부

착공 : 1966년 8월 5일-개장 1973년 4월 4일

소유주(운영권자) : 뉴욕 뉴저지 항만청(1974-2001)

제1세계무역센터 417m 110층, 완공 1970년 12월 23일 개장 1973년 4월 4일

제2세계무역센터 415m 110층, 완공 1970년 7월 19일 개장 1973년 4월 4일

뉴욕 맨해튼 다운타운 중심에 있었던 대형 비즈니스 센터 마천루. 그 중 특히 1WTC와 2WTC가 커다란, 일명 '쌍둥이 빌딩(Twin Towers)'으로 유명했다.

미국식 자본주의의 상징이자 심장부, 뉴욕에서 가장 높다는 사실로 인해 테러리스트들에게는 아주 좋은 타킷이었다. 그래서 여러 가지 수난에 시달리는데, 1993년에 테러가 한 차례 있었고, 2001년에는 쌍둥이 빌딩을 초대형 테러로 박살 내버린다.

지금은 대한민국에도 이만큼 높은 해운대 엘시티 랜드마크 타워(주상복합, 101층, 411.6m)는 물론이고, 이보다 훨씬 더 높은 롯데월드타워(123층, 554.5m)가 있어서 별거 아닌 높이로 보이지만, 대한민국에서 가장 높은 건물이 63빌딩이었던 2000년까지만 해도 뉴욕에 여행을 가본 사람들은 이 쌍둥이 빌딩의 독보적인 높이에 입이 벌어졌던 경우가 많았다.

일본계 미국인 건축가 야마자키 미노루(1912~1986)가 설계한 대표적인 모더니즘 성향의 마천루 건축물이었다. 야마자키는 80층 높이로 계획하고 이에 맞추어 설계하려고 했으나 항만공사가 오피스 공간으로 930,000m² 을 만족해야 한다는 요구를 하여 110층 높이가 되었다.

화재로 엄청나게 크고 튼튼해 보인 마천루가 무너졌을까?

오 사마 빈라덴과 테러리스트들은 과연 건물의 약점을 알고 공격한 것일까?

두 가지 시나리오를 생각해볼 수 있다.

① 비행기 자살 공격과 상징적 건물의 대형화재로 가급적 많은 피해를 입히는 것이 목표였으나 어쩌다 보니 무너지게 된 경우.

② 건물의 붕괴가 최종목표이고 나머지는 수단이었을 경우이다. 만일 두 번째가 사실이라면 이들은 매우 고도의 구조공학 지식을 가지고 있었다는 얘기가 된다.

쌍둥이 빌딩이 무너지게 한 결정적인 요인은 자중(自重, 물건자체의 무게)이다.

화재는 자중이 붕괴의 힘이 되게 한 유발 요인에 지나지 않는다. 같은 무게라도 속도나 가속도가 수반되면 매우 큰 힘으로 작용한다. 어느 건물이나 마찬가지로 쌍둥이빌딩 건물도 자기 평소의 무게인 정하중(구조물이 받는 하중 가운데 시간적으로 변화하지 않는 하중)에 맞추어 설계되었고 28년 동안 문제가 없었다. 그러나 갑자기 무게가 강펀치가 된 것이다. 무너지는 순간의 영상과 사진을 보면 상부 20개 층은 제 모습 그대로인 채 내려온다. 비행기 충돌 부위의 기둥이 없어지고 그 이상의 층이 수직 낙하하면서 아래층을 가격한 것이다.

기둥이 못 견딘 이유

기둥들은 비행기가 가격하면서 일부 절단도 되었고, 화재로 인한 열 손상도 입었지만 결정적인 것은 아니다. 바닥판이 불에 의해 녹아 내려 앉아면서 기둥을 안으로 끌어당기며 휘게 만든 것이 기둥 손상의 주원인이다.

바닥 슬래브를 없앤 것은 화재다. 비행기에 실린 기름에 의해 시작된 불이 1시간 정도 계속되었으니 바닥을 구성하던 철골은 모두 녹았을 것이다. 테러범들은 항공유가 가득 실린 뉴욕 근처 출발 장거리 노선 비행기를 선택하는 치밀함을 보였다. 2번 시나리로가 유력해지는 대목이다. 왜 하필이면 쌍둥이 빌딩을 목적지로 선택하였는가를 살펴보면 이들이 건물 붕괴를 목표로 했음이 결정적으로 드러난다. 물론 미국의 심장부 뉴욕에 있고 쌍둥이인데다가 강가에 높이도 있어 비행기 충돌에 유리한 측면도 있었겠지만 붕괴까지 목표했다면 WTC이어야만했다(건물이 무너지는 21가지 이유, 함인선, 글씨미디어 P55-59).

1945년 엠파이어 스테이트 빌딩 B-25 폭격기 충돌 사고

1945년 7월 28일, 미국 육군 항공대 소속 중형 폭격기 B-25가 빌딩에 충돌한 사고가 있었다. 조종사가 짙은 안개 속에서 방향 감각을 잃으면서 빌딩 78층과 80층 사이로 돌진한다. 이로 인해 건물에는 5.5m×6.1m의 구멍이 생겼으며, 이 사고로 승무원 3명을 포함 14명이 사망하였지만 빌딩의 구조적 안정성에 큰 문제를 일으키진 않았다. 충돌하면서 비행기가 산산조각 났기 때문이다. 이 빌딩의 구조시스템은 전형적인 철골 프레임 구조였다. 기둥 간격이 넓으면서 하나하나가 굵다. 반면에 WTC의 구조는 기둥이 가늘고 촘촘히 외곽을 둘러싼 구조였으므로 비행기 속도에 가는 기둥은 종이벽을 뚫듯 비행기를 통째로 집어 넣을 수 있었다.

"튜브시스템-대형화재-기둥파괴-자유낙하-건물붕괴" 과정을 살펴보면 9.11테러는 단순한 비행기 자살테러가 아닌 더 크고 의도적으로 기획된 사건임을 알 수가 있다. 인간의 첨단기술 발전 상징인 마천루, 높이 쌓아 올린 무게가 스스로를 무너뜨리는 무기가 되는 역설은 '문명은 자기 파괴적'이라는 사례를 역설적으로 보여준다.

안전한 세상은 비싸다

"모든 것을 해줄 수 있는 나라는 모든 것을 빼앗을 수도 있다" 미국의 정치가 골드워터는 경찰국가의 위험성을 경고했다. 국가는 확고한 법체계를 만들고 정당하게 집행을 해야 한다. 그렇다고 국가가 모든 문제를 해결해 준다 해도 많은 비용이 들고 결국은 이것을 국민이 부담해야 한다.

함인선 한양대학교 특임교수는 자신의 저서(건물이 무너지는 21가지 이유, 글씨미디어)에서 국가에만 의존하기에는 현재 건물이 너무 많고 복잡해졌으므로 이제는 건물의 소비자 이자 목숨을 맡겨야 하는 시민들이 나서야 한다고 강조했다.

우리도 바뀌어야 한다. 자신의 안전을 국가에게만 의존하지 말고 자신이 지킨다는 시민의식을 가져야 한다. 끝없이 반복되는 인재, 안전불감증 등 공직자의 책임을 묻고 처벌하는 관행은 그쳐야 한다. 이제는 시민과 사회가 주체가 되는 '재난방지시스템'을 만들어야 한다.

내가 사는 지역의 건물이나 공공시설, 지하철, 지하도, 도로 등 관리감독자가 되어야 하고 지역 주민들이 소방대원이 되어야 한다. 이렇게 하기 위해서는 시민들이 교육이나 훈련을 통한 기본적인 지식을 갖추어야 한다. 안전한 세상은 비싸다, 공짜로 주어지지 않는다.

자연의 경고를 무시하면…

포항 아파트 지하주차장 침수사고

2022년 9월 6일 오전 6~7시경

원인 : 태풍 힌남노로 인한 폭우와 인근 하천(냉천) 범람 지하 주차장이 물에 잠김

2022년 제11호 태풍 '힌남노'의 영향으로 폭우가 쏟아진 경상북도 포항시 남구 인덕동 W아파트 지하주차장에 주민들이 완전 침수 전에 차를 빼기 위해 내려갔다가 하천물이 급속 유입 2명은 구조되고 7명은 사망했다.

사고 당일(6일) 오전 6시경 W 아파트 관리실에서는 "102동과 106동 지상 주차장에 주차한 차량은 이동해야 한다. 지하는 현재 침수가 안 돼서 안 빼도 된다"는 안내 방송을 2번에 걸쳐 방송했다가 6시 30분의 3번째 방송에서는 "지하주차장에 물이 차고 있으니 차를 이동시켜야 한다"고 방송하였다.

주민들은 차를 빼기 위해 지하주차장으로 빠르게 이동했다. 6시 37분, 첫번째 차량이 주차장을 빠져나왔으며 두 번째로 빠져나온 차량이 주차장 입구 앞에서 정차하였고, 뒤에 있던 차량등 총 9대의 차량이 빠져나왔다. 이 때가 6시 45분이었다. 그 때 인근 하천인 '냉천'이 범람해 지하주차장에 흘러들었고 불과 수 분만에 손 쓸 새도 없이 지

하에 물이 급하게 차올랐다. 결국 주차장 안에서 미처 대피하지 못한 10여 명의 주민이 실종되었다.

블랙박스 조사 결과 물이 범람했을 때부터 지하 주차장 통로 끝까지 물에 완전히 잠기는 데는 6시 37분에서 45분까지 단 8분 밖에 걸리지 않았던 것으로 밝혀졌다.

신고를 받고 출동한 기관은 소방관, 경찰, 해병대 장병 등 실종자 구조 수색에 투입되어 2명을 구조하고 7명의 사망자를 수습하였다.

첫번째 생존자 지하 주차장 오수관 붙잡고 있는 채 발견

오후 8시 15분, 30cm의 천정과 배관 사이 공간에 공기층이 만들어져 숨쉴수 있었다. 주차장 천장에서 파이프와 부유물을 잡고 버티던 실종자 A(남·39)가 구조대의 전등 빛을 보고 헤엄쳐 나와 구조되었다. 구조된 남성은 병원 이송 중 아내에게 "아이들 생각으로 버틸 수 있었다"고 말한 것으로 전해졌다.

두 번째 생존자 지하 주차장 상부 배관 위에 엎드린 채 발견

오후 9시 41분경, 지하주차장 상부배관과 천정사이 공간 약 30cm 공기층으로 호흡하며 배관에 올라타 엎드려 있던 B(여·52)가 보트를 타고 주차장에 진입한 구조대에 의해 기적적으로 구조되었다.

이 아파트 지하주차장 길이 150m, 높이는 약 3.5~4m, 너비 35m로 오수, 스프링클러, 냉난방 등 상부 배관과 천장 사이 공간이 숨쉴 수 있는 유일한 공간이었다. 물이 더 들어올수 어려운 물리적인 빈 공간이 살수 있는 유일한 공간이었던 것이다.

새벽 시간당 100㎜가 넘는 폭우에다 만조까지 일부 겹쳤다. 인덕동 W아파트를 지나는 하천 물이 갑자기 불어나면서 낮은 하천 둑을 넘어 천변주위 저지대 아파트단지로 밀려들었다. 안내방송을 듣고 차를

이동 주차하기 위해 주민들은 정전 상태 계단을 통해 어두운 지하주차장으로 내려갔다. 차를 빼는 도중에 폭포수 같은 빗물이 순식간에 들이닥치면서 사고가 발생한 것이다.

포항시 남구 인덕동 W 아파트 지하주차장 비극은 물난리 대책을 전면 재점검할 필요성을 일깨워준다. 기후 변화 위기 시대에 기존 폭우에서 벗어난 최악의 강우에 지역별 특성에 맞게 대비해야 한다. 태풍이 지나는 동해안 도시들은 서고동저(西高東低) 지형 때문에 짧고 경사가 급한 하천을 끼고 있어 집중호우 시 빠른 유속으로 인한 피해를 입을 수 있는 조건을 갖추고 있다.

현장상황 판단능력은 생사를 가른다.

사고 당시 상황을 종합해 보면 관리사무소 측은 매뉴얼대로 안내방송을 했으나 결과는 비극으로 이어졌다. 수십 년간 거주해온 주민들이 한 번도 경험하지 못한 폭우 상황에 맞지 않는 대응이었던 것이다. 앞으로 기록적인 폭우가 내릴 수 있다. 거기에 맞는 대비 수준을 대폭 끌어올려야 한다는 의미다.

사망자 7명 가운데 5명이 방화문을 열지 못해 문 앞에서 채 발견되었다.

물살이 몰려오자 황급히 주차장에서 아파트 안으로 들어가는 방화문 앞, 화재시 상층 연소방지를 위해 설치된 방화문을 열기 위해 희생자들은 필사적으로 노력했지만 상대적으로 높은 외부 수압 때문에 실패한 것으로 보인다. 아파트로 올라가는 방화문에 물이 차면 높아진 수압 탓에 지하주차장을 탈출하지 못했기 때문이다. 안에서 밖으로 밀어야 열리도록 한 방화문 지침을 침수에 대비해 손봐야 하는 것 아니냐는 지적이 나왔다.

문제는 국토교통부 건축물방화구조규칙에 따라 방화문이 안에서 밖으로 밀어야 열리는 구조로 설계돼 있다 보니 화재시에 장점은 있으나, 침수에는 취약하다는 점이다. 방화문 외부가 일부만 물에 잠겨도 웬만한 성인은 힘으로 열기 어렵다. 국토교통부 방화문 지침과 침수를 관리하는 침수 방지 매뉴얼이 맞지않다. 국토부 건축물방화구조규칙은 안에서 밖으로 밀도록 규정한다. 안에서 밖으로 미는 방식이 화재 상황에서 대피하는 데 더 유리하기 때문이다. 행정안전부가 정한 침수 방지 매뉴얼은 안에서 당기도록 규정돼 있다.

전문가들은 "이론적으로는 안과 밖으로 모두 열 수 있는 방향으로 지침을 바꾸는 게 맞겠지만 이는 기술적으로 구현하기 어렵다"고 말한다. 폭우로 침수가 예상되는 지역이나 상황이라면 "방화문을 미리 열어두는 것"이 최선의 방법이다.

누구 책임인가

태풍이 다가오고 도로를 사이에 둔 하천이 범람할 조짐이 보이는데 단지 전체 차량 이동 안내방송을 한 것은 신중하지 못했다는 지적도 있다. 실제로 일부 주민들은 안내 방송을 듣고 지하주차장에 차를 빼러 가려다가 이미 인근 하천이 범람한 것을 보고 차를 포기하는 판단을 내리면서 목숨을 건질 수 있었다. 상황을 돌이켜보면, 관리소 측의 대응에 아쉬움이 남는다.

하천 범람으로 물이 유입될 상황을 예상했다면 차량 침수를 걱정하여 차를 빼라는 방송이 아니라 적극적으로 지하주차장 출입을 통제했어야 했다. 관리소장도 인터뷰에서 '정말 침수가 될 줄 알았으면 자신은 방송하지 않았을 것'이라고 말했다. 어느 분야나 현장 근무자의 상황 판단 능력이 얼마나 중요한지를 일깨워 준다.

관리소장 단순한 비전문가가 아닌 공동주택의 기능 유지와 안전성 확보로 입주자 등을 재해 및 재난 등으로부터 보호할 책임이 있다. 실제로 아파트 관리소장의 경우 소방 시설 안전 관리부터 시작해서 수많은 종류의 안전 교육을 매년 기본적으로 이수해야만 한다. 모든 안전책임자와 마찬가지로 관리소장도 계절별로 일어났던 각종 재난사고등을 분석해보면서 최악의 상황을 가정한 훈련과 교육이 필요하다.

포항시 책임

"인근 하천(냉천) 범람 위험이 있어 불안하다"며 아파트 주민들이 수차례 시청 등에 민원을 제기했으나 제대로 조치가 이루어지지 않았다.

아파트 주민 A씨는 "냉천은 상류 폭이 150m가량 되는데 하류로 내려오면서 100m로 확 줄어드는 항아리형"이라며 "주차장을 만들면서 하류 폭이 좁아진 것인데, 폭우 시 범람 우려가 있다고 2018부터 여러 차례 문제 제기를 했었다"고 밝혔다.

아파트 주민 B씨도 "'고향의 강 살리기' 사업을 할 때 하류에 산책로와 조경시설 조성을 하면 범람 시에 위험하다고 시청에 문제 제기를 했다"면서 "'만약 범람하면 책임질 수 있느냐'고 물었는데, 안전하다고 해서 공사를 시작했다"고 말했다.

하천 주변에 사는 주민들도 아파트와 20m 거리에 있는 냉천이 범람할 수 있다는 점을 꾸준히 지적했다. 2018년 경상북도는 냉천 하천정비 공사 현장을 조사하고 "재해에 취약한 하천 경사면을 보강해 유수 흐름에 지장이 없도록 하라"는 조치를 내렸다. 그러나 포항시는 산책로 14.3km 구간을 조성하는 등 홍수 예방보다는 경관 조성에 심혈을 기울여 냉천 정비 공사를 마무리했다. 하천 둑 자리에 옹벽 설치를 요구하는 민원도 있었지만 무시하고 둘레길과 체육 시설을 조성하는 데만 힘썼다

소방당국 책임

사고 당일 오전 6대의 펌프만으로 주차장의 물을 빼내고 있었다. 많은 사람들의 생명이 달려있는 사안임에도 6대의 펌프로 물을 빼내는 것이 소방당국에서 할 수 있는 최선을 다했느냐는 의문과 함께 처음부터 생존자의 존재 가능성을 포기하고 구조에 임한 것이 아니냐는 의구심을 불러 일으켰다는 의견이 있다. 오후에도 6대의 펌프만을 동원하던 소방당국이 생존자가 나온 밤 시간이 돼서야 16대의 펌프를 동원하기 시작했다는 것이다. 소방당국의 급격한 행동 변화를 두고 처음부터 생존가능성 보다는 가득찬 물속에 생존할수 없다는 판단을 했는지는 알 수가 없다.

에어포켓에 존재하는 공기의 양이 제한적이고 저체온증의 우려가 있기 때문에 더 빠른 배수와 구조가 필요했다는 의견과 당시 상황과 조건에서 소방당국은 최선을 다했고 대응에 부족함이 없었다는 의견이 있다. 성인이 보통 하루에 약 1만 리터의 공기를 호흡하고 있으며, 공기를 계속 마시면 산소 농도는 낮아지고 이산화탄소 농도는 증가할 수 밖에 없다. 에어포켓 생존자 구조에 요구되는 가장 중요한 조건은 빠른 배수를 통한 구조이다. 포항 아파트 지하주차장 침수사

고는 아무리 어려운 구조현장에서도 처음부터 끝까지 최선을 다해야 한다는 교훈을 주고 있다.

포항 아파트 지하주차장에서 사고와 관련 아파트 1·2차 소장 2명, 농어촌공사 포항울릉지사 직원 2명에 대한 구속영장이 기각됐다.

지하주차장은 거대한 동굴…위험하다.

지하 주차장은 낮고 깊은 거대한 동굴 같다. 비가 많이 오면 빗물이 흘러 들어올 수밖에 없다. 공사 시작할 때부터 지하 주차장 배수 펌프 등 용량을 늘릴 수 있는 설계 방안을 강구해야 하고, 이미 완공된 건물의 경우 의무적으로 차수판, 차수막을 설치해야 한다.

좁은 공간을 효율적으로 활용하기 위해 거의 모든 건물에 설치된 지하공간이 화재나 집중호우에 취약하고 한번 사고가 나면 대형사고로 이어질 수밖에 없는 많은 위험과 문제점을 안고 있다. 대책을 서둘러야 한다.

2020년 부산 초량지하차도 침수 사고

2020년 7월 23일 오후 10시 18분 부산광역시에 중앙대로와 충장대로를 연결하는 길이 175m, 폭 12m 왕복 2차로, 시간당 최대 80㎜ 기록적 폭우로 초량동의 초량제1지하차도가 갑작스런 호우에 침수되어 차량 7대가 순식간에 불어난 물에 잠겨 3명이 숨진 사고이다.

사고 원인

2020년 7월 23일 오후 9시 25~30분경 부산광역시 동구 초량동에 위치한 초량 제1지하차도에 물이 들어차게 되었다. 하지만 별다른 통제 조치가 이루어지지 않아 차들은 계속 진입했고 5분 뒤에는 일부 차량들이 스스로 유턴해 돌아갈 정도로 물이 차올랐다. 그러나 그때까지는 바퀴 높이 정도에만 물이 있었기에 몇몇 차량들은 그대로 진입했다.

이날 오후 8시 호우경보가 발효되었음에도 통제하지 않았고, 지하차도 양 진출입로에 폐쇄회로TV와 재해문자 전광판이 설치돼 있었으나 출입통제 시스템은 3년여 동안 고장났던 것으로 확인됐다. 이 때문에 진입 차량이 심각성을 인지하지 못한채 지하차도로 진입했고, 순식간에 불어난 물로 차량이 침수되자 시동이 꺼졌다.

9시 40분경 침수 수위가 급격히 높아지며 2m까지 올라가게 되었고 그때 지하차도 안에 있었던 차량 7대는 그대로 침수되었다. 구청, 119소방대, 경찰의 미흡한 대처와 안전불감증, 그리고 제대로 이루어지지 않은 관리가 원인이었다.

그날 부산 전역이 폭우 침수로 신고가 폭주했고 결국 최초 신고후 30여분이나 지나서 119는 도착했다. 기다리던 피해자들이 112에도 신고했으나 당시 접수 직원은 "그런 건 우리 관할이 아니다. 119에 신고하라" 했다고 한다.

관할 구청은 구조적, 관리적 문제도 있었는데 침수 상황을 살피고 현장 확인을 소홀히 했다고 한다. 당시 배수구는 도로보다 60cm가량 높게 설치되어 있었다.

이들 공무원은 지하차도 침수 대비 매뉴얼이 있음에도 이를 제대로 숙지하지 못한 채 집중호우가 있던 당일 CCTV 상시 모니터링을 하지 않았고, 교통 통제, 현장 담당자 배치, 출입 금지 문구 표출 등의 안전조치를 하지 않은 것으로 조사됐다.

재난 담당 공무원들은 당일 호우특보 발령된 후 상황판단회의를 하지 않았음에도 회의를 실제로 한 것처럼 허위 공문서를 작성하기도 했다. 수사기관은 허위로 작성한 혐의가 있는 공무원에 대해 "증거인멸 우려가 있다"며 구속 기소하기도 했다.

당시 구청장은 휴가 중이었고, A부구청장이 동구청 재난안전대책본부의 본부장 직무대행을 맡고 있었다. 구청장이 복귀할 때까지 본부장 임무를 맡아 안전관리 조치 등을 지시해야 하는 의무가 있었다.

검찰도 재판에서 책임 공무원들을 크게 꾸짖었다.

"지하차도에 직원을 보내 차량 통제 등을 해야 했지만 하나도 제대로 이뤄진 게 없었다"며 "이 사고가 명백한 '인재'임에도 피고인들은 '다른 부서에서 잘했어야 했다' '본인은 할 만큼 했다'고 말하는 등 과연 국민들이 국가를 믿고 재난으로부터 보호받을 수 있을지 의문이 든다"고 질타했다.

공무원 모두 '유죄' 자연재해도 책임을 묻고 있다.

재판부는 "오래전부터 초량지하차도에 출입통제시스템이 설치돼 있었지만, 재난 조치가 제대로 이뤄지지 않아 사고가 발생했다"며 "대비책을 제대로 작동하게 하는 것은 담당 공무원의 책임이 분명하다. 피고인들은 주의 의무 위반으로 그 책임을 다하지 못해 이러한 결과가 발생했기에 피고인들은 사고의 발생 결과에 대해 책임을 져야한다"고 양형 이유를 밝혔다.

또한 “반복되는 피해를 막기 위해 각종 행동 주체와 피해 예방 수단들이 부산시와 동구에 마련돼 있고, 초량 제1지하차도에는 오래전부터 방재시스템이 설치돼 있었지만 조치가 제대로 이뤄지지 않아 안타까운 사고가 발생했다”고 말했다.

1심 재판에서 “반복되는 재난에 대비한 대응 매뉴얼이 있었지만, 피고인들은 평소 시설물에 대한 관리를 소홀히 하고 사고 당시 매뉴얼을 제대로 따르지 않았다”며 “대응 매뉴얼을 갖춰 놓아도 지키지 않으면 물거품이 된다는 사실이 이 사건에 드러났다. 이에 상응하는 책임을 져야 한다”고 판시했다. 현재 2심이 진행 중이지만 자연재해 대응하는 공무원 과실 책임을 1심 법원이 엄하게 물었단 점에서 공직자들에게 충격을 주었다.

법원이 바라본 책임

재판부는 A부구청장이 재난안전대책본부장 직무대행으로서 구체적인 보고 및 지시를 하지 않았고, 출입통제시스템 등에 대한 지휘·감독 의무가 있음에도 이를 어겼다고 판단했다.

또 A부구청장 외 담당 공무원들에 대해서도 전광판 원격입력시스템 고장에도 별다른 후속 조치를 하지 않거나 안전 요원 배치 및 관리·감독을 하지 않았다고 봤다.

다만, A씨는 재판에서 비상근무 대상자가 아니라고 주장했으나, 재판부는 구청장이 빈 상황에서 A씨는 재난 총괄 책임자로 보고 직무대행 역할을 제대로 이행하지 않은 것으로 판단했다.

재판부는 당시 지하차도 안전책임자였던 A부구청장에게 금고 1년 2개월을 동구 도시안전과장과 안전총괄계장에게 각각 징역 1년에 집행유예 2년이 선고됐고, 재해 문자 전광판 등을 관리하던 공무원에게는 금고 1년을 선고했다. 부산시 재난대응업무를 총괄하는 재난대응과장은 벌금 1500만원이 선고됐고, 허위공문서 작성 등 비교적 가벼운 혐의를 받은 나머지 이들은 벌금 200만원(1명)에서 벌금 1000만원(3명)이 각각 선고됐다. A부구청장 등 일부 피고인들은 양형부당 등을 이유로 항소했고, 현재 항소심 재판이 진행 중이다.

초량지하차도침수 재판에서 집중 호우라는 자연재해가 발생한 원인을 시설물 관리를 소홀히 한 관할 자치단체 공무원들에게 죄를 물을 수 있는지 여부와 형량이 관심이었다는 점에서 이번 선고는 의미있는 선고 결과라고 볼 수 있다.

형사전문 B 변호사는 "초량사건과 유사한 점이 많은 오송 궁평2지하차도 침수 사고도 수사로 이어질 경우, 도로통제 책임과 제방이 무너져 사고가 커진 문제에 대한 책임 등에 대해서 수사가 집중될 것으로 보인다"며 "담당 공무원들이 업무상 책임을 다했음에도 벌어진 재해인지 아니면 업무상 과실로 볼 수 있을 정도의 문제가 있었느냐가 핵심이고 초량사건처럼 매뉴얼대로 하지않고 마땅한 업무를 하지 않은 점이 밝혀진다면 처벌을 피하기 어려울 수도 있다"고 전망했다.

초량지하차도침수 사고 직후 행정안전부는 비슷한 사고방지를 위해 집중호우 시 △ 상황전파시스템 구축 △ 집중호우 관련 자동차단시설 구축 △ 원격 차단 △ 내비게이션 회사와 지하차도 통제 상황 등 실시간 공유 대책을 마련하겠다고 발표했다. 그러나 오송지하차도의 경우 자동차단시설이나 원격 차단 시스템이 설치되어 있지 않았다.

오송지하차도 침수사고

참사 개요

충북 청주시 오송 궁평2 지하차도에서 발생한 침수로 14명이 희생된 사고이다.

2023.7.15. 오전 8시 40분에 발생했다. 미호천교 인근 제방 일부가 무너지면서 하천물이 지하차도로 쏟아져 들어왔다. 임시 제방과 지하차도 간 거리는 300m정도다.

지하차도 길이는 430m, 높이 4.5m, 편도 2차로로 평소 30초에서 1분이면 빠져나갈 수 있는 곳이다. 하지만 갑자기 쏟아져 내린 물로 2~3분 만에 가득 찼고, 이곳을 지나던 차량은 빠져나오지 못했다. 제방 부실 관리가 근본 원인이나 5개 기관이 사전 경고를 외면 수많은 기회가 있었지만 그 기회를 살린 기관이 없었다. 인재에다 관재까지 겹친 공무원들의 현장을 무시한 근무자세, 책임의식 사라지고 반성이 아니라 변명하는 자세는 개탄할 일이다.

시간대별 상황

15일 오전 4:10

금강홍수통제소, 미호천교 주변 홍수경보로 격상 →홍수경보 통보문을 유관기관 76곳 담당자에게 전달.

6:34 수위 올라가 긴급상황 →금강홍수통제소, 유선으로 흥덕구청에 "주민 대피, 통제해야…"

구청, 교통통제 안했다.

7:51 궁평1리 전(前)이장 부실 제방 목격→119에 신고

8:40 미호천교 인근 제방 유실. 지하차도 하천 물 유입→지하차도

터널 2~3분만에 수만톤의 물로 침수.

참사 당일-경찰, 소방 신고

<청주흥덕경찰서>

7시 4분 "미호천교가 넘치려 한다"

7시 58분 궁평지하차도 통제가 필요하다

8시 37분 지하차도에 물이 차 차들이 후진중이다.

8시 39분 "버스 안으로 물이 차고 있다.…종아리까지 물이 찼다. 문이 안 열려서 못 나간다"

8시 42분 "지하차도 부근 차량들이 역주행하고 있다"

9시 "지하차도 안에 사람이 갇혀있고 차도 잠겨 있다"

<충북소방본부>

7시 51분 "미호천 뚝방 제방이 터져 물이 넘친다"

8시 36분 "오송 오창터널 입구…차가 침수됐다."

8시 37분 "궁평지하차도 침수로 차 3대, 승객 4명이 고립됐다"

8시 40분 "궁평지하차도 전체가 침수됐다"

8시 42분 "궁평지하차도 버스안(747번)으로 빗물이 유입된다"

8시 43분 "물이 가득차 탈출이 불가하다"

9시 5분 "지하차도 잠겨 보트가 와야 돼요"

참사 전날 "제방 무너질 것 같다"... '아무조치 안했다' '구청에 전화해보라'

119종합상황실 <녹음 일시 2023년 7월 14일 17:21, 참사 전날>

119종합상황실 : 119입니다.

신고자(남성) : 예, 재해예방 신고도 좀 가능한가요?

119종합상황실 : 재해예방이요?

신고자(남성) : 예, 예.

119종합상황실 : 어떤 내용이죠?

신고자(남성) : 아, 저기 미호천 교량 공사를 지금 하고 있는데요.

119종합상황실 : 네.

신고자(남성) : 거기에 기존 뚝방을 허물고 교각 공사를 했어요.

119종합상황실 : 예.

신고자(남성) : 근데 그 교각 공사 밑에 지금 임시로 흙을 성토를 해놨는데, 어떤 차수막이나 이런 거를 안 대 놨어요. 그래서 제가 지금 건너오다 보니까 지금 강물이 불어서 그 성토 안 밑단을 지나고 있더라고요. 그래서 거기가 허물어지면 여기 조치원에서 청주 가는 교통이 마비되고, 오송 일대가 다 물난리 날 거 같은데. 그 상류에서 지금 비가 안 오면 괜찮아도 비가 오면 그럴 거 같은데.

119종합상황실 : 선생님 지금 내용 들어보니까, 그렇게 되면은 조금 위험해 보이긴 할 거 같은데.. 아쉽게 지금 청주가 아니라 전국에 지금 우기가 좀 심하게 왔잖아요?

신고자(남성) : 예, 예.

119종합상황실 : 안 그래도 지금 출동 인력들이 다 지금 거기에 대처하고 있어가지고, 지금 거기 예방 차원으로 갈만한 인력이 없어요.

신고자(남성) : 아니, 저는 어디다가 신고할지를 몰라서 '관련 기관에 협조 요청을 할 수 있나.' 해서요.

119종합상황실 : 뭐 구청이나 이런데 한 번 전화해 보시겠어요?

신고자(남성) : 아, 제가 할 일은 아닌 거 같고요. 그냥 물 들어오면 물 맞죠, 뭐. 수고하시고요.

충북도 관계자는 "행안부의 지침은 있지만 구체적인 기준은 지자체별로 판단하게 돼 있다"며 "통상 지하 차도 중심부에 물이 50㎝ 이상 들어차야 사전에 교통 통제를 한다"고 했다.

행복청(행정중심복합도시건설청)

오송참사 숨은 중요한 원인은 미호천 제방이 무너진 근본 원인을 제공한 것은 행복청이었다.

충북 청주 오송 궁평2지하차도 침수로 14명이 숨진 사고 조사 결과는 관재(官災)라고 나왔다. 국무조정실 감찰 결과에 따르면 사고당일(15일) 궁평 차도 인근 미호천교 아래 임시로 쌓은 제방이 폭우로 붕괴된 것이 이번 사고의 결정적 원인이다. 행복청은 궁평2지하차도 인근 미호강에서 도로 확장공사를 하면서 미호천교 아래 제방을 무단 철거하고 임시 제방을 부실하게 쌓아 사고의 원인을 제공했다.

'궁평2지하차도'는 행정중심복합도시건설청이 약 70억원의 예산을 투입해 만든 곳이다.

오송지역 관할인 행정청은 시공회사와 감리회사가 설치된 미호천교 제방을 무단 철거하고 규격 미달의 임시제방을 설치했는데도 감독하지 못했다. 제방 붕괴 이후에도 적절한 조치를 취하지 않았다. 집중호우로 인해 원래 제방보다 낮은 임시 제방 범람이 우려되자 모래를 쌓아 보강했지만 범람을 막지 못했다. 임시제방만 제대로 쌓았다면 사고를 막을 수도 있었다는 점에서 가슴 아픈 사고다.

단 한 기관만 제 역할을 했어도 참사는 없었다.

국무조정실이 7.28일 청주시 오송 궁평2지하차도 침수 사고 관련 기관들에 대한 감찰 결과를 발표했다. 충청북도, 청주시, 행정중심복합도시건설청(행복청), 충북경찰청, 충북소방본부 등 5개 기관 공무원들은 똑같이 모두 책임을 외면했다. 사고 당일 5개 기관들이 모두 위험 경고를 무시해 참사로 이어졌다는 결론이다. 담당 공무원들이 맡은바 역할을 했다면 피할 수 있었다는 점에서 오송 참사는 관재(官災)라고 할 수밖에 없다.

감찰 결과를 보면 안타까움을 금할 수 없다.

참사 당일 지하차도 부근 미호강 수위는 이틀 전부터 내린 집중호우로 높아져 오전 6시 40분 지하차도 통제 요건이 됐다. 그러나 임시 제방이 무너지고 지하차도에 강물이 밀려와 완전히 침수된 2시간 사이 해당 기관들은 하나같이 손을 놓고 있었다. 지하차도 관리 주체인 충청북도는 행복청에서 3회, 경찰은 2회, 소방은 1회, 청주시는 미호강 임시 제방 공사 감리단장과 행복청 및 경찰청 등에서 10회, 행복청은 감리단장으로부터 7회 신고를 접수했다. 23차례에 걸쳐 참사를 막을 기회를 놓쳐버린 것이다. 국무조정실은 관련 공무원 36명을 수사 의뢰하고 63명을 징계하라고 소속 기관에 통보했다. 진상을 밝혀 응분의 책임을 묻기로 했다. 국무조정실은 미호강의 임시 제방 관리 소홀하고 사고 전날과 당일 위험 신고를 무시한 탓에 24명의 사상자를 냈다고 결론 냈다.

수 많은 기회가 있었지만 그 기회를 살린 기관이 없었다

국무조정실이 발표한 충북 청주시 오송읍 궁평2지하차도 참사에 대한 감찰 결과는 정부 관계자의 이 한마디로 요약된다. 하천 제방 관리·감독은 부실했고, 다수의 생사가 걸린 경보·신고에 대한 대처는 안일했다. 주민 안전을 최우선에 둬야 할 충청북도·청주시·행정중심복합도시건설청·충북경찰청·충북소방본부 5개 기관 중 어느 한 곳도 제 역할을 하지 못했다. 14명의 소중한 생명을 앗아간 참사는 총체적·복합적 관재임이 드러났다.

책임을 다한 기관이 없다

행복청은 시공,감리회사가 제방을 무단 철거하고 부실한 임시 제방을 쌓는 걸 방치했다. 충북도는 홍수경보로 미호천교 수위가 급격히 높아져 지하차도 통제 기준이 됐는데도 교통 통제를 하지 않았다.

충북도와 청주시는 사고 전날 청주 지역에 호우경보가 발령되고, 미호천교 일대는 홍수경보가 내렸지만 지하차도를 확인하거나 교통통제를 실시하지 않았다. 청주시 역시 범람 위기 상황을 통보받고도 필요한 조치를 하지 않았다.

경찰은 사고 당일 "미호천이 넘칠 것 같다. 궁평지하차도 차량 통제가 필요하다"는 112신고가 들어온 것은 지하차도가 본격 침수되기 7시 4분과 40분쯤 전인 오전 7시 58분이었다. 충북경찰청 상황실 근무자는 미호천교와 가까운 궁평2지하차도로 출동 지령을 내렸다. 경찰이 현장에 빨리 도착해 차량을 통제했다면 참사를 막을 수도 있었을 것이다.

충북소방본부는 지하차도 현장에 출동했으나 현장요원의 상황 보고에도 119종합상황실은 필요한 조치를 하지 않았고, 사고 전날 임시제방 범람 우려 관련 신고를 접수했지만 유관 기관에 알리지 않았다. 현장에 인력과 장비를 제때 투입하는 데 소홀했다.

침수 당일 금강홍수통제소가 흥덕구청에 지하 차도 교통 통제가 필요하다고 알렸다. 사고 발생 2시간 전이다. 그러나 충북도와 청주시, 흥덕구청은 지하 차도를 통제하지 않았다. 흥덕구청은 "시청에 알렸다"고, 청주시청은 "도청 관할"이라고 하고, 충북도청은 "부실한 제방이 문제"라며 책임 떠넘기에 분주하다. 각 기관은 서로에 책임을 떠넘기는 무책임한 변명이 국민들을 더 화나게 만든다.

국조실은 "호우경보와 홍수경보가 발령된 비상 상황에서 수많은 신고와 경고가 있었음에도 여러 기관이 상황의 심각성을 제대로 인식하고 적극적으로 대처하지 못했다"고 지적했다.

행복청·충청북도·청주시·충북경찰청·충북소방본부 등 관계 기관 중 어느 한 기관만이라도 현장에 방문 자기 책임을 다 했다면 사고를 막았고 희생자를 줄일 수 있었을 것이다. 공무원들의 잘못된 판단, 안이한 대처, 책임 망각, 비상 상황 지휘력 부재 등 기관의 총체적인 기강해이가 빚은 인재(人災)이자 관재(官災)였음이 확인됐다.

공무원들의 근무 태만이 심각한 수준이다.

국부조정실은 감찰 결과 관련 공무원 36명을 수사 의뢰하고 63명에 대해 징계를 요구했다. 집중호우로 인한 조치로는 이례적으로 규모가 크다. 그만큼 공무원들의 근무 자세가 심각했다는 뜻이다. 현장에 출동하지도 않은 경찰에서는 자신들에 대한 조사에 반발하는 움직임까지 있었다. 2022년 핼러윈 압사사고 때도 112 신고 4시간 전부터 사고 위험을 알리는 신고가 들어왔는데 사실상 제대로 대응하지 못했었다.

재난 발생시 경찰의 역할에 대한 근본적인 의문이 제기되고 있다. 가장 빠르게 현장 대응이 가능하고, 어떤 유형의 참사에도 경찰의 역할이 중요하다. 재난 시 역할이 소극적으로 규정돼 있다는 점이다. 계명대 경찰행정학과 E교수는 "재난 상황에서 제일 먼저 현장에 나가는 건 경찰이다. 24시간 순찰을 돌기 때문"이라며 "경찰의 본질적 관할 사무는 수사가 아닌 위험 방지다. 재난 상황일지라도 예를 들어 테러를 통한 연쇄 폭발, 사이비 종교집단의 집단 자살, 대규모 압사 사건 등에선 경찰의 우선적 개입이나 경찰·소방의 동시적 개입이 요구된다"고 지적했다.

5개 기관 중에 어느 한 곳만이라도 현장 확인 후 적절한 조치를 했다면 14명이 숨지고 10명이 부상하는 참사는 피할 수 있었을 것이다. 가장 기본적이고 기초적인 대응조차 하지 않고는 참사 후에 책임 떠넘기기에 급급했다. 재난 대응 매뉴얼과 시스템이 아무리 잘 갖춘다 해도 담당 공무원들이 지키지 않으면 소용이 없음을 이번 참사는 여실히 보여줬다.

장마 앞두고 재난부서 대규모 인사로 부실 대응

당시 상황 문제점을 지적한 내용이다(KBS 뉴스, 2023.8.15)

…청주시 재난종합상황실에는 미호강 범람을 경고하는 관계 기관의 연락이 쏟아져 들어왔습니다… 청주시 직원 4백여 명은 비상 출근을 하고도 사무실에서 대기만 하고 있었습니다.

[청주시 관계자: "직원 대부분이 (비상) 출근은 했는데 사무실에서 대기하고 있었습니다. 어디에 배치가 돼야 하는지 어떤 일을 해야 되는지 안내받은 바는 없습니다."]

…장마철을 앞두고 단행한 대규모 인사도 재난 대응의 부실을 키운

것으로 지목되고 있습니다. 실제, 기획행정실장과 안전정책과장 등 재난 업무 관련 부서장 모두 지난달, 교체됐습니다. 관련 부서 직원도 4분의 1이상 자리를 옮겼습니다.

소 잃고 외양간 고치기식 탁상행정이 반복되는 사이 재난 안전 부서는 공무원들의 기피 1순위로 전락했고, 피해는 고스란히 주민 몫으로 남았습니다…

전임자와 후임자가 바뀌면 업무 공백 기간이 생긴다. 문서상 인수인계는 받았지만, 현장은 도지 않은 것이다.

실제로 재난 현장은 비상 상황시 사무실에 모여 앉아 있는 게 비상근무로 된 것은 오래된 관행이 되었다. 무엇을 어떻게 해야 할지 구체적인 계획은 없다. 보여주기식 비상근무라고 할 수밖에 없다.

일벌백계도 필요하지만 정부는 구조적인 문제점도 함께 살펴봐야 한다

검찰 수사 의뢰 대상자 36명 가운데 22명이 하위직 공무원이다. 현장 실무자들에게 법적 책임을 떠넘긴 것이다. 공무원 사회에서는 '하위직에게만 책임을 전가한다'며 재난·안전관리 업무 기피 현상이 일어나고 있다. 재난을 예방하고 피해를 최소화하려면 신속, 정확하게 상황을 파악해 인력과 장비를 적기에 투입하고 주민이나 차량 통제 결정을 내려야 한다. 하위직 공무원이 쉽게 내릴 수 있는 결정이 아니다.

재난 담당 공무원의 부실 대응이 만성적인 인력 부족과 취약한 전문성, 선제적이고 적극적인 대응을 망설이게 하는 조직 문화와 연관돼 있다는 사실도 살펴 개선책을 강구해야 할 것이다.

최근 자연재해는 지구 열대화, 이상기후 등으로 더욱 예측하기 어려운 규모로 더욱 커지고 있다. 하루에도 수백㎜ 폭우를 퍼붓는 일이 일상화되고 있다. 갈수록 커지는 재난 대응 결과에 대한 책임을 현장

공무원에게만 지운다면 총체적 인재는 되풀이될 수밖에 없을 것이다. 방관자 효과로 공직사회가 서로 업무를 떠넘기다가 참사로 이어진 사고가 점점 증가하고 있다.

매뉴얼, 시스템을 완벽하게 구축한다 해도 공직자들이 직업에 대한 소명의식이 없다면 아무 소용이 없을 것이다. 공직사회는 대한민국의 중심을 지탱하는 필수조직이다. 공직사회가 병들어서는 대한민국 안전이 유지될 수가 없다. 공직자들이 자발적으로 책임감과 긴장감을 갖고 근무할 수 있고, 서로 경쟁할 수 있는 제도와 확실한 통제 시스템을 만들어야 한다.

주민 신고가 결정적인 사건(1996년 북한 잠수함 침투사건)

※ 1996년, 강릉앞바다 북한 잠수함 침투사건 일지

9월 15일 북한 잠수함, 강릉 앞바다 공작원 상륙

9월 16일 공작원 복귀 위해 배를 멈추게 시도하다 실패

9월 17일 기관 고장으로 좌초, 북한군 26명 내륙 침투

9월 18일 새벽 1시 30분, 해안도로 운행중이던 택시기사가 거동 수상자와 해안가 섬광 발견 신고, 68사단 레이더병도 섬광 관측해 보고.

새벽 3시 40분 군 최고경계태세인 진돗개 하나 발령.

새벽 5시 북한군 11명 사살 시신 발견(동료에 의한 사살로 판명)경찰, 잠수함 승조원 이광수 생포.

1996년 9월 18일 새벽 강원도 강릉시 안인진리 지역에는 어둠이 짙게 깔렸고, 달빛조차 비치지 않았으며, 파도가 심해 경계근무도 평

소보다 느슨했다.

9월 18일 새벽 1시 30분, 해안도로 운행 중이던 택시기사가 거동 수상자와 해안가 섬광 발견 경찰에 신고하고, 68사단 레이더병도 섬광 관측해 보고한다.

"따르릉, 따르릉, 따르릉." "강릉 안인진리 해안가에서 불빛이 번쩍하였다"

새벽 3시 40분 군 최고 경계 태세인 진돗개 하나 발령했다.

49일간의 쫓고 쫓기는 추격전이 시작된다. 하루 평균 4만3000명, 동원된 인원 200만 명이 작전에 투입됐다

우리 군은 보름 만에 공비 11명을 사살했고 1명은 생포, 1명은 실종됐다. 11월5일 인제군에서 끝까지 살아 있던 정찰조원 2명이 사살되면서 49일 만에 대간첩 작전은 종료됐다.

우리 측 피해가 컸다. 군인 10명, 예비군 1명이 전사했다. 민간인도 4명 숨졌다(3명은 공비의 총에, 나머지 1명은 아군의 오인 사격) 부상자는 민간인을 포함해 23명이다.

강릉을 앞바다에 좌초된 잠수함은 북한 첩보·정보기관인 정찰총국에서 보낸 것으로 확인됐다. 침투 목적은 김영삼 당시 대통령을 암살이었다. 정찰조원, 안내조원, 승조원 등 모두 26명이 잠수함 좌초로 육로로 침투했다.

49일간의 이 작전은 많은 깨우침을 준다. 당시 군 수뇌부도 초기 대응의 실패를 인정했다. 어떤 이유가 있더라도 북한 잠수함 침투 현장에서 바로 작전을 끝내지 못하고 49일 동안 국민을 불안에 떨게 했다. 지금 젊은 세대들은 이 사건 자체를 모르고 있다. 가르치고 기

억해서 다시는 이런 일이 일어나지 않도록 교훈을 찾아야 한다.

최초 택시기사가 경찰에 신고한 것과, 작전 종결에 결정적으로 기여한 것도 주민 신고였다.

주민 신고로 간첩 이광수를 생포했기 때문이다. 민·관·군경·소방의 협력 방위 작전이 얼마나 중요한지 보여준 사례다. 국가안보와 재난에는 여야와 너와 내가 따로 없다. 모두 힘을 합쳐야 대한민국을 지킬 수 있다. 재난도 마찬가지다. 민관이 협력해야 국민의 생명과 재산을 지킬 수 있다. 이 땅의 자유를 지키기 위해 목숨 걸고 싸운 장병들과 경찰, 예비군 그리고 작전에 협조한 주민들이 있었기에 가능한 일이다.

어떤 훈련을 받았기에 죽어가면서까지……

9월 18일 오후 4시 30분경 북한군을 추격하던 장병들이 안인진리에서 서남방 7km 떨어진 청학산(338m) 중턱 무덤가에 북한군 11명이 쓰러져 있는 것을 발견했다. 일부에선 "잠수함의 승조원이 10~12명이니 전원 자살한 것이다"라며 작전 종료를 예상하는 성급한 소리도 나왔다.

무덤가 맨 앞에 1명이 쓰러져 있고 그 뒤에 10명이 총상을 입은 채 나란히 누워 있었다. 정보분석팀은 처음에는 자살한 것으로 판단했다가 주변에 흩어진 수십발의 탄피를 보고 타살임을 알아냈다. 이때 주민 신고를 받은 경찰이 승조원인 이광수를 생포했다. 만약 생포하지 못했다면 어떻게 되었을까? 주민 신고가 얼마나 중요한지 입증한 사건이다. 이광수는 "잠수함을 개조하여 26명이 탑승했다. 공작원들이 도주하는데 거추장스러운 승조원을 죽였다"고 진술했다. 동료까지 죽이는 북한군의 잔인하고 포학한 상황이 벌어진 것이다.

당시 현장을 목격했던 한 장교는 "한참 동안 횡대로 나란히 쓰러진 북한군 11명의 주검을 바라보았다. 죽어가면서도 오와 열을 맞춘 북한군을 보고 섬뜩했다. 어떤 훈련을 받았기에 죽어가면서까지……. 도주하는데 거추장스러운 동료를 죽여 버리는 잔혹함을 생각하니 모골이 송연했다. 25년이 흐르는 동안 북한군의 무도한 만행의 그 현장을 잊을 수가 없었다. 북한군 11명의 주검에서 풍기던 비린내가 아직 필자의 몸에 배어 있는 듯하다".

해마다 동해안을 지키는 부대는 '리멤버 1996년' 이라는 적 도발 대비 훈련을 한다.

북한의 대남 군사도발 위협은 여전히 진행형이고 수위도 높아지고 있다.

태영호 국회의원은 자서전 '3층 서기실의 암호(기파랑, 2018)' 101쪽에서 "강릉 잠수함 침투사건(1996년 강릉무장공비 침투사건)은 북한의 변하지 않은 대남 적화전략을 세계에 보여준 사례이지만 북한 군대의 강한 정신력을 보여준 측면도 있다고 본다"라고 말했다

'평화를 원하거든 전쟁을 준비하라' -베게티우스(고대 로마 병법가)

'천하가 편안해도 전쟁을 잊으면 반드시 위태로움이 온다' -사마양저(중국춘추시대 병법가)

경제 발전으로 풍요, 평화롭고 안정된 삶을 살아도 항상 전쟁(재난)을 생각하고 준비해야 한다는 가르침을 주고 있다.

서울을 태운 3대 화재

국내 대형화재 일지

1971.12.25. 서울 대연각 호텔화재(191명 사망, 68명 부상)

1972.12.2. 서울시민회관화재(53명 사망, 78명 부상)

1974.1.3. 대왕코너(88명 사망, 35명 부상)

1999.6.30. 화성씨랜드청수년수련원화재(23사망, 6명 부상)

1999.10.30. 인천호프집화재(사망 57명, 부상 80명)

2003.2.18. 대구지하철화재(사망 192명, 부상 151명)

2008.1.7. 경기이천냉동창고화재(40명 사망, 10명부상)

2017.12.21. 충북제천스포츠센터화재(29명 사망, 40명 부상)

2018.1.26. 밀양세종병원화재(47명 사망, 112명 부상)

1970년대 서울을 불태운 3대 화재

대연각호텔(1971년) 서울시민회관(1972년) 대왕코너(1974년) 70년대 서울시 3대 화재사건으로 불린다. 세 사건 모두 경제개발 고속 성장을 중요시되는 분위기 속에서 안전을 무시한 결과라 할 수 있다. 최근 발생한 화재도 50여년 전에 일어난 화재 원인과 대책은 반복되고 있다.

대연각호텔 화재

1971년 12월 25일에 서울특별시 중구 충무로 '대연각호텔'에서 발생한 대한민국 최악의 화재 사고이자 세계 호텔 화재사고에서 최대 사고 중 하나이다. 191명 사망(추락사 38명) 부상자 68명이었다.

성탄절 아침부터 온종일 TV 흑백화면으로 생중계되면서 시꺼먼 연기와 불길에 휩싸인 대형건물, 창문마다 '살려달라'고 외치는 사람들, 열기를 참다못해 매트리스를 부여잡고 뛰어내리는 사람들을 비롯해 …우리를 경악하게 한 대연각호텔 화재사건, 이 사건은 외신을 타고 전 세계로 퍼져나갔고, 한동안 가슴 아픈 사연들이 보도되었다.

대한뉴스 (제860호, 서울대연각호텔 200여명의 인명피해)

불조심 싸이렌~윙 윙

"서울 대연각호텔 화재현장입니다. 12월 25일 아침에 발화해서 18시간 만에 진화된 이 불은 2백명에 가까운 인명피해를 가져왔습니다. 이 참혹한 화재소식을 들은 시민들은 호텔주변에 몰려들어 인명구조를 애타게 바랐으나 불길은 너무도 거셌습니다. 헬리곱터까지 동원해서 구조작업을 벌였지만 솟아오르는 불길을 피하지 못해 그대로 뛰어내리다 숨진 투숙객도 있었습니다. 이처럼 끔찍스런 참사를 통해서 우리는 한 사람의 부주의가 얼마나 비참한 결과를 가져오는가 사실을 새삼 느낄 수 있습니다. 지상 21층이나 되는 높은 건물에 대해 방화시설이 제대로 갖추어지지 않았다는 점은 집을 짓는 사람들이 크게 반성해야 할 일입니다. 한 건물에 있어서 이 같은 불행한 화재가 일어나기 이전에 잘 대비하고 안전관리를 철저히 해야 한다는 것은 더 크게 보면 나라의 일에도 비교됩니다. 적의 침공을 받아 우리의 도시가 불타기 이전에 미리 대비하고 굳건한 국방태세를 갖춘다는 것 이것은 언제나 우리들 가슴에 새겨야할 교훈이 아닐 수 없습니다"

사건 당일은 성탄절로 호텔에 수많은 인파가 몰려 엄청난 사상자가 발생했다. 지금처럼 대한민국에 높은 건물이 없었기에 많은 사람들이 우리나라도 호텔이 생겼다며 좋아했었다. 여러 국가적인 행사에서 연회장이나 회의장으로 자주 사용됐으며, 결혼식장으로도 인기가 많았다.

사고 전날 저녁부터 새벽까지 모임과 크리스마스 파티에 함께했던 사람들이 늦게 잠들어 있었기에 인명피해가 컸다. 사고 관련 희생자에는 주한 자유중국(현 대만) 대사관 공사(구조된 뒤 투병 사망)와 주한 터키 대사관 군인 대령(사망)도 있었다.

화재 원인은 1층 커피숍 LPG가스 폭발이었다.

오전 9시 50분경 1층 커피 숍에서 예비 용기(20kg)에서 가스누출 상태에서 주방에 불이 옮겨 붙으면서 폭발에 의한 화재가 발생한 것으로 추정된다.

1층에서 시작된 불길은 계단을 타고 올라가면서 피난 통로를 막아버린 것이다. 순식간에 건물 전체가 불길에 휩싸였다. 불이 이렇게 빨리 번진 이유는 건물 내장재가 온통 가연성 물질로 가득했기 때문이다. 벽은 한지로 인테리어는 목재를 많이 사용했다. 객실 문도 재질이 목재였다. 비상구를 비롯한 안전대책은 거의 없어 많은 사망자를 냈다. 사실상 안전을 무시한 압축 성장이 부른 참사였다.

당시 호텔 주변에는 5층 정도 낮은 건물이 바짝 붙어 있어 낮은 층에 있던 사람들은 옆 건물 옥상으로 뛰어내리거나 커튼, 침대 시트 같은 걸 뜯어서 줄을 만들어 타고 내려오기도 했다.

70년대 대연각호텔은 21층이면 당시로서는 한국에 거의 없는 높은 건물이었다. 당시 호텔 안에 약 300여명이 있었는데 이들 중 110여명은 목숨을 건졌다.

생존자보다 사망자가 더 많았던 화재 사고였지만 그 가운데 생존자들도 있었다. 대표적으로 7층에 있던 한 종업원은 복도로 다가오는 연기를 보고 객실 사람들을 깨운 다음 옆 건물 옥상으로 대피시켜 손님과 종업원 50명을 모두 무사히 탈출시키는 헌신적인 행동을 보였다. 그리고 8층에서 침대 시트를 뒤집어쓰고 뛰어내려 다행히 발목 부상만 입고 기적적으로 살아난 여성도 있었다. 탈출하지 못하는 고층 사람들은 창가에서 애타게 구조를 기다리기도 했다. 그러나 사고의 결과가 워낙 비참했기에 이런 영웅적인 모습이나 행운 등을 크게 보도할 분위기가 아니었다.

수많은 투숙객이 유독가스와 열기를 이기지 못해 창밖으로 뛰어내리는가 하면 이 광경이 TV 생중계로 보도되어 커다란 충격을 주었다. 9.11 테러 당시 세계무역센터에서 불길을 피해 도저히 생존할 수 없는 90층에서 뛰어내린 사람들도 있었다. 대연각호텔 화재에서도 6층 이상에 화재로 고립된 사람들은 불길을 피해 살기 위해 맨몸으로 뛰어내려 살아남을 수 있는 높이가 아니었으나 뛰어내리다 추락사한 사람들이 많았다. 침대 매트리스를 안고 뛰어내린 사람들도 있었는데, 이들 중에서 생존자가 있기는 했지만 사망한 사람들이 더 많았다.

대피가 어려웠던 이유는 모든 통로가 다 막힌 상황이었다.

건물 내부 계단은 방화문이 없는 개방형으로 피난 계단 역할을 하지 못하고 오히려 불과 연기 통로 역할을 했다. 엘리베이터 역시 불이 나자 그대로 멈춰버렸다. 비상계단도 별도로 없었고 스프링클러 같은 소화설비도 없었다.

불이 난 대연각호텔과 옆쪽에 오피스빌딩도 같이 붙어 있는 구조였는데, 그쪽으로 통하는 비상구가 대부분 잠겨있었다. 옥상으로 통하는 문도 잠겨있었으며, 실제 화재진화 후 20여 구의 시체가 옥상 출입문 앞에서 발견되었다.

당시 소방대원들은 고층 건물 화재 진압에 대한 경험이 전혀 없었고, 소방 장비도 열악했다.

화재 현장과 소방서 거리가 700m밖에 되지 않아 출동은 빨랐다. 소방대원 600여명, 의용소방대원 113명, 경찰 750명, 구청 직원 400명, 군인 115명, 의료반원 30명이 동원되었고 헬리콥터 8대 등이 투입되었지만, 속수무책이었다. 주한미군까지 가세해서 미 8군 소방대도 출동했다. 고가사다리차는 7층 높이에 닿는 게 전부였기에, 21층짜리 대연각호텔 화재 진압에서는 그리 유용하지 못했다. 더구나 빌딩 밑에서 추락하는 사람들을 받아줄 에어매트도 없었던 시절이었다.

소방시설이 설치되지 않았고 안전에 대한 관심도 없었다.

당시 대한민국에 몇 대 없던 고가사다리차는 최대 7층까지 전개할 수 있었고 8층 이상은 구조할 수 없는 상황이었다. 지금처럼 로프총이 없었으므로 사직동 소재 국궁 양성소에서 궁사들을 불러서 화살에 로프를 묶어 쏘게 했지만 화살이 로프의 무게를 이기지 못하여 무용지물이었다. 발상과 시도 자체는 좋았으나, 그만큼 당시 상황이 절박했고 구조 수단이 미비했음을 알 수 있는 부분이다. 화재 규모가 컸기 때문에 완전 진압에는 7시간이나 소요되었다. 화재 자체는 이미 5

시경에 다 진압되었지만 남아 있는 열기 때문에 7층 이상의 접근이 불가능했으며, 시체 발굴 및 수습에도 18시간이 소요되었다.

옥상에는 헬리포트가 없어 헬기 구조가 어려웠고 옥상으로 통하는 문이 잠겨있어 많은 투숙객이 희생당하였다. 이 사고 후 모든 대형건물에 스프링클러 화재 진압 시스템 의무 설치, 고층 건물 옥상 헬리포트 확보가 법률로 의무화되어 시행되었다. 공군은 물론이고 육군항공대, 미8군의 헬기에 대통령 전용 헬기까지 동원되었는데 헬기들 자체는 화재 신고 후 1시간 이내 도착했지만 그것을 활용할 여건이 되지 못했다. 구조중에 2명이 추락사 하기도 했다. 이 사고로 사다리차 등 소방 장비의 물적, 양적 발전하는 계기가 되었다.

대연각호텔 화재사고가 발생할 무렵 서울 인구는 500만을 넘어섰고 고층빌딩은 90여개에 이를 정도로 빠르게 확장되는 중이었다. 급속한 도시 팽창에 맞추어 고층빌딩이 많이 들어섰지만 안전대책과 시설은 거의 없는 상황이었다. 대연각호텔도 1년 6개월 밖에 안되는 신축건물이었지만 화재 대비 소방시설 등이 극히 미비한 상황이었다. 이 사건은 아직까지도 세계 최대 호텔 화재사고로 기록되고 있다.

이 화재 사고를 모티브로 한 영화도 있다. 2013년 개봉된 영화 〈타워〉가 바로 그것이다. 영화의 시점은 크리스마스 화재 사고로 대연각호텔 화재와 같다. 그렇지만 실제 사고의 원인은 커피숍의 가스 폭발로 인한 것인 반면, 영화 〈타워〉에서는 크리스마스 파티를 열다가 사고가 일어나는 점이 다를 뿐이다.

대연각호텔의 화재는 예고된 '인재(人災)'였다.

1969년 건물이 완공되었지만, 허가된 20층을 초과해 한 층을 더

올린 탓에 준공허가를 받지 못하고 있었다. 이후 건축법이 완화되면서 1971년 11월 24일 준공검사를 받았고, 불과 한 달 만에 사고가 난 것이다. 차고를 제외한 모든 시설에 스프링클러 시설이 갖춰져 있지 않았고, 화재 방화구획, 옥외 비상구 등 피난할 수 있는 안전 대책을 비롯한 대형화재 대비가 없었다. 현재에도 호텔 화재로는 최악의 사건이라는 기록으로 국제적인 참사였음에도 처벌은 호텔 사장과 지배인에 그 책임을 묻는 것으로 그쳤다.

사고 책임자 처벌하고 보상 배상을 서두르고 사고 대비를 하지 않다 보니 대형 참사가 지금도 형태를 달리할 뿐 계속해서 발생하고 있다.

대연각 호텔 화재 사고는 1972년 서울시민회관화재(사망 51명, 부상 76명) 1974년 청량리 대왕코너 화재(사망 88명, 부상 35명) 사고와 함께 1970년대를 대표하는 대규모의 재난이었다.

서울시민회관 화재 사고(Seoul Citizen Hall fire)

1972년 12월 2일, 지금의 세종문화회관 자리에 있었던 서울 시민회관에 화재가 발생 사망 51명, 부상 76명으로 대형화재였다.

1972년 12월 2일 오후 8시 27분께 '펑'하는 소리와 함께 무대 위 조명장치가 터지면서 불이 시작됐다. 공연이 끝난 상황이어서 무대의 막이 내려오고 있었다. 막으로 옮겨 붙은 불길은 무대 천장 쪽으로 치솟으며 순식간에 불길에 휩싸였다. 그날 시민회관에서는 오후 6시부터 '문화방송(MBC) 개국 11주년 기념 10대 가수 시상식 겸 청백전'이 열렸다. 화재는 TV 중계가 끝난 직후에 발생했지만, 현장에 있던 방청객과 방송국 관계자·가수 등 4천여 명이 퇴장하기 전이었다.

연기는 점차 짙은 색으로 바뀌면서 질식 수준의 상황으로 발전하였고, 급기야 정전이 되면서 암흑천지 속에 유리창이 열기로 깨지는 등 복도 쪽 상황은 점차 급박한 상황으로 전개되고 있었다. 이 과정에서 질식으로 쓰러지는 사람, 많은 인파 속에서 압사하는 사람, 창문이 깨지면서 추락하는 사람들이 생겨나 대부분 사망하였다. 어린이와 여자들이 주로 깔리고, 수십 명이 2층에서 1층으로 뛰어내려 2, 3층 사상자가 대부분이었다. 무대 뒤쪽이나 옥탑 근처에서 근무 중이던 사람들 중에 희생자가 많았으며, 관객들 중 일부가 아래층을 포기하고, 옥탑으로 올라가 희생되었다. 급히 대피하던 사람들은 서로 밀치다가 계단에서 넘어져 깔렸고, 2~3층에 있던 사람들은 유리 창문을 깨고 뛰어내리는 등 혼란 속에 대규모 참사로 이어졌다.

소방시설이 설치되었으나 무용지물이었다.

충격적인 사실은 당시 서울시민회관의 소방시설 유지관리 상태는 상당히 미흡한 상태였다는 것이다. 이보다 더 큰 문제는 MBC와 시민회관 실무자들에게 안전의식이 전혀 없었다는 점이다. 소방차 72대, 소방관 400명, 군 병력 170명 등 1020명을 동원하고 군 헬기까지 동원해 진화 작업을 펼쳤다. 2시간 후 불길은 완전진화 되었다.

화재원인은 전기과열로 인한 합선

주요 전기화재 발생원인으로는 전선 허용 용량 초과, 과부하 사용 또는 부적절한 사용, 전기기기의 사용 미숙과 부주의, 규정을 무시한 전기공사 등 화재 원인이 되고 있다.

화재 당시 10대 가수 가요제 세트장 설치에 참여했던 MBC 미술부 소품실장 E씨는 전기기술자 면허가 없었고, 시민회관 조명실 담당자 F씨와 함께 5W짜리 조명전구 240개로 고속도로형 무대조명 장치를 만들었는데, 이 조명의 전기사용량이 시민회관 전체 전기사용량의 절반 이상이었다. 이처럼 정격전력 초과 사용한 탓에 오후 7시 15분 1차로 개폐기(두꺼비집) 퓨즈가 끊어졌으나, 당시 회관 조명실 담당자 F씨는 부품을 교체하지 않고 조명시설 전선을 전원에 연결해 2차 화재로 이어졌다.

이 화재로 사라진 서울시민회관은 1956년 6월 1일 착공되어, 1961년 10월 31일 완공되었다. 1960년대 시민회관에서는 공연과 음악회가 자주 열렸고, 주변 건물보다 상대적으로 높았던 10층 옥탑은 야경을 즐길 수 있는 훌륭한 전망대였다. 서울시민회관이 불에 타서 완전히 사라진 자리에 지금의 세종문화회관이 들어섰다. 세종문화회관은 1974년 1월 착공되어, 1978년 4월에 완공·개관했다.

대왕코너 화재

1972년, 1974년, 1975년 세 차례 이어진 화재 사고로 서울 동대문구 복합상가 대왕코너(롯데백화점)가 위치했던 자리는 화재 사고의 온상으로 불리게 되었다.

1972년 8월 5일 첫 화재가 발생했다.

화재는 대왕코너 1층 분식점의 LPG가스 폭발화재로 사망 6명, 부상 60명이었다. 화재의 원인이었던 가스통은 금지된 장소에 놓여 있었다. 당시 1, 2층의 370여개 의류점포를 비롯해 3, 4층의 극장, 6

층의 학원 등 건물 안에는 3,000여명이 있었는데 1,2층 점포 종업원들은 타오르는 불길 때문에 몸만 겨우 빠져나왔고 6층 대왕학원에 있었던 학생들과 5층 아파트 주민 등 350여명은 불길을 피해 옥상으로 몰려들었고 2대의 사다리차와 밑에서 던져 준 밧줄로 구조작업이 벌어졌다. 3, 4층의 대왕극장에서 영화를 관람하던 100여명은 안내방송을 듣고 무사히 탈출했다.

불이 나자 76대의 소방차와 미8군에서 지원된 소방차 4대가 진화작업을 펼쳤으나 소방용수공급이 원활하지 않아 어려움을 겪었다. 불길은 6시경 잡히는 듯 하다가 건물 서쪽으로 다시 치솟아 3층의 경마장과 4층 관리사무실, 5층 아파트 일부, 6층 호텔, 7층 캬바레를 태우고 7시 경에야 진화되었다.

이 건물의 문제점이 언론에 보도 되었는데, 5층짜리 건물로 허가받았음에도 무단으로 7층으로 증축한 것이 밝혀졌다. 사망자 대부분이 6층에 있던 학원 수강생이어서 안타까움을 더했다.

당시 대왕코너는 1972년까지 각 층마다 방화 셔터와 스프링클러 등의 안전장치를 설치하고, 가스 시설은 건물 밖에 설치하겠다고 발표했다. 그러나 1974년 화재 발생 때까지도 이 약속은 지켜지지 않았다.

대왕코너 화재 사고라고 하면 두 번째 화재를 주로 말한다

1974년 11월 3일 새벽 2시 47분경, 청량리역 옆에 있던 종합 상가 겸 호텔이던 '대왕코너'에서 화재가 발생했다. 당시 6층에 있던 브라운호텔 618호실 앞에 설치된 조명 등의 합선으로 화재가 발생하여 삽시간에 타임 나이트클럽(고고장) 등이 있던 6층을 모두 태우고 7층으로 옮아가 7층의 멕시코캬바레는 순식간에 정전이 되어 일대 혼란에 빠지게 되었다.

대왕코너 6층 브라운호텔에서 발생한 불은 3시쯤 팬티 차림의 여성이 "불이야!"라고 외치며 복도를 빠져나갔기 때문에 이미 화재 사실이 알려졌지만 종업원들은 조용히 하라고 소리쳤다.

"술값 내고 나가라".

새벽에 발생한 이 화재 피해를 키운 건 인명보다 돈을 우선시한 탐욕이었다. 화염에 뒤덮인 그 시각 6층의 타임 나이트클럽에서 신나게 춤을 추고 있던 200여 명의 젊은 남녀들은 전혀 알 수가 없었다. 불이 번지면서 전기가 나가자 키스 타임이라면 반기는 손님도 있었을 정도였다.

당시 6층 나이트클럽에서만 희생자 72명이 나왔다. 경찰 조사 결과 치솟는 불길 속에서도 클럽 종업원들이 "술값 내고 나가라"며 6층 타임관광 나이트클럽의 입구를 막아 희생을 키운 것으로 밝혀져 충격을 줬다. 희생자 가운데 대부분 시골에서 올라온 20대 초반이었다고 한다.

연기가 스며들자 화재 사실을 알게 된 손님들은 너도나도 문을 향해 달렸지만 그때는 이미 늦었다. 하나밖에 없는 회전식 출입문은 빠져나가려는 사람들이 몰려 양쪽에서 서로 빠져나가려다 밀고 돌리는 바람에 꼼짝달싹할 수 없었다. 일부는 창문으로 탈출하려다 한데 엉켜서 사망하기도 했다. 그 외에도 호텔 투숙객 중 유리창을 깨고 뛰어내리다 추락사한 사람도 있었다. 불과 3년 전 크리스마스 아침에 191명의 목숨을 앗아간 대연각호텔 화재 이후 최악의 인재였다.

6층 나이트클럽, 캬바레에서 큰 피해가 난 원인은 실내 장식이 가연성인 이유로 준공검사에서 승인도 받지 못한 상태로 무시하고 운영해 왔으며 다섯 차례에 걸친 소방시설 개수 명령 또한 무시하였기 때문이다. 특히 서울시 소방당국은 초반 4차례 걸쳐 인화성 내부장식을 없애라고 행정 지도를 했고 나머지 한 번은 스프링클러나 긴급 방송 시설을 갖추도록 했지만 이마저도 지키지 않았다. 화재가 난 나이트 클럽은 사고 1년 전부터 용도변경 신청을 냈으나 소방당국이 실내장식이 가연성 물질로 가득차 있는 등 소방시설이 안돼 있어 화재발생 시까지도 준공검사를 동의하지 않았는데도 영업을 계속해왔다. 이후 다섯 차례에 걸쳐 소방시설을 갖추도록 행정명령을 내렸으나 고쳐지지 않은 상태였다. 나이트클럽 측은 외국인에게만 새벽 2시까지 받아들인다는 규정을 어기고 한국인에게 불법 영업했다. 대연각 화재 이후 정부가 종업원들에게 월 1회씩 소방 훈련을 시켰음에도 소화기를 쓸 줄 아는 종업원들이 없었다.

1974년 11월 3일 새벽에 발생한 불은 대왕코너 6, 7층을 전부 태우고 나이트클럽과 호텔 손님 등 88명의 사망자를 낸 후 새벽 6시경 진화됐다. 3일은 일요일이었는데 대형 사고에도 불구하고 이날 낮 3층 예식장에서는 22쌍이 결혼식을 올리기도 했다.

이날 진화작업에는 소방대원 250여명과 고가사다리차 4대, 굴절식 사다리차 1대 등 모두 76대의 소방차가 동원되었고 특공대원들은 불과 연기에 휩싸인 6,7층에서 23명을 비상계단을 통해 구조했다. 당시 개선명령으로는 스프링클러 설치, 옥내 계단시설의 방화구역화, 피난계단 설치, 가연성 내장재의 제거, 화재시의 피난방송시설 설치 등이었다.

세번째 화재는 1975년 10월 12일 2층 입구에서 발생하였으며 3명이 사망하였다.

이번에도 전기로 인한 화재였으며, 인명피해는 적었으나 2~4층에 위치했던 상점들이 모두 타 버리면서 재산 피해가 상당히 컸다. 타 버린 면적도 이 화재가 가장 컸다.

결국 이 화재로 인하여 대왕코너는 서울특별시에 의해 폐쇄 조치를 받았고 경매에 넘어갔다.

서울시는 3차례의 대화재로 인해 붕괴위험이 있다는 이유로, 대왕코너 전면사용금지령을 내렸다. 이후 대왕코너 자리는 맘모스 쇼핑센터, 롯데백화점 맘모스점, 롯데백화점 청량리점을 거쳐 지금은 롯데건설이 이 지역 랜드마크타워를 짓고 있다.

인천 인현동 화재참사

1999년 10월 30일 토요일, 오후 6시55분 인천광역시 중구 인현동 상가 건물에서 화재가 발생하여 건물 안에 있던 중·고등학생을 비롯한 57명이 사망하고 79명이 부상 당한 참사이다.

인현동 호프집 화재사건은 대한민국 역사상 3번째로 큰 화재 참사 기록이다.

그날 분위기

화재 발생 당일 인천 시내 10여 곳의 고등학교에서 가을 축제가 한창이었고, 축제를 끝내고 뒤풀이 하려고 술을 마시러 온 학생들이 인현동에 위치한 160여㎡(50평) 남짓한 2층 호프집에 120여 명이 가득했다. 4층짜리 상가 건물, 지하 노래방, 1층 고기집, 2층 라이브II 생맥주집과 3층 그린당구장에 많은 청소년들이 모여 들었다. 그 당시 호프집은 신분증 검사하지 않고 술값이 싸서 중고생들의 활동무대였다.

화재는 출동한 소방차 15대와 구급차 19대, 소방관 180명과 경찰관 160명이 진화에 참여하여 35분만에 진화되었다. 학생 사망자수를 학교별로 보면, 인천여상 8명을 비롯한, 경인여상(현 인천보건고등학교) 4명, 인천광성고 4명, 계산여고 3명, 정석항공과학고 3명 등 모두 52명으로 최종 집계되었다.

화재발생 원인

지하1층 '히트' 노래방은 인테리어 공사를 하고 있었는데 사고 당일은 페인트 작업을 했던 날이었다. 임모(당시 14세)군과 김모(17세 사망)군은 내부수리를 하면서 각 방문에 페인트 하다 바닥에 떨어진 페인트를 시너로 지우는 작업을 하고 있었다. 김군이 "시너와 석유에 불을 붙이면 어느 것에 빨리 불이 붙을까"라고 물었다. 임군은 "시너", 김군은 "석유"라고 서로 의견이 달랐다. 그때 김군이 창고 옆에 있던 시너통을 11호실 출입문 쪽으로 가져와 소주잔 한잔 분량을 바닥에 붓고 1회용 라이터로 불을 붙였다. 불은 페인트를 지우려고 바닥 곳곳에 뿌려놓은 시너에 바로 옮겨 붙으면서, 불길은 걷잡을 수 없게 번졌다. 불길은 불과 10~20여초만에 노래방 실내를 한바퀴 돌았고, 굴뚝 역할을 한 복도, 계단을 따라 윗층으로 빠르게 번져갔다. 임군은 경찰에서 "시너에 불붙이는 실험을 끝내고, 다음에는 난로에 있는 석유를 꺼내 실험할 생각이었다"고 말했다.

지하 노래방에서 아르바이트를 하던 10대 두 명의 불장난에서 시작된 불로 17세 김군은 현장에서 숨졌고, 14세 임군은 경찰 조사를 받았다. 이 한순간의 불장난이 수많은 생명을 앗아갔다.

화재 진행 과정

불길은 순식간에 유독가스를 동반 지하에서 바닥, 벽, 천정, 계단을 타고 1층 고기집 → 2층 호프집 → 3층 당구장으로 순식간에 번졌다.

1층 식당에 있던 사람들은 불이 난후 곧 바로 대피해 인명 피해가 없었다.

2층 호프집, 모든 사망자는 2층 호프집에 집중되었다. 학생들은 합판으로 막아진 비상구, 통유리로된 창문에 판자를 붙여놓아 파괴를 통한 탈출을 못할 벽으로 판단, 시도조차 못한 것으로 상황 판단을 한 것으로 보인다.

호프집 주인은 화재로 학생들이 빠져나가려고 하자 돈 내고 나가라며 종업원에게 문을 닫으라고 지시를 했고 불길이 커지자 호프집 주인은 자기만 아는 출구로 도망가고 남은 학생들은 화염과 유독가스로 질식사 하거나 타죽고 말았다

3층 NBA당구장에 있던 사람들도 창문을 깨고 뛰어내리면서 부상자는 있었지만 사망자는 없었다.

높지 않은 2층, 유리창도 있었는데 탈출하지 못했을까?

160여㎡(50평) 2층 호프집에 120여명이 몰렸다. 생존자 인터뷰에서 좁아서 다닥다닥 테이블이 좁게 붙어있었고, 한 사람이 겨우 돌아다닐 만한 통로로 비좁았다 계단 역시 폭이 1~2m정도로 좁은 계단이였다. 호프집 내부는 120여명이 넘는 학생들이 앉아있었다.

처음에 시커먼 연기가 올라오자 학생들이 출입문쪽으로 달려갔으나, 지배인이 가로막는다. 돈 계산하고 나가라고 막아선 것이다. 1초가 급한 상황에…,

"빨리 나와." "지금 못 나가. 나가지 못하게 해." 화재 직전 사고 현장에서 다행히 밖으로 나간 오 모 군이 친구들과 술을 마시다 목숨을 잃은 최 모 군과 통화한 내용이었다. 최 군은 기자에게 "무슨 이유인지 모르지만 누군가 친구들을 붙잡고 있는 것 같았다"고 전했다. 이후 참사를 수사한 인천지검은 화재 당시 호프집 관계자가 술값을 받기 위해 출입문을 막은 사실을 밝혀졌다. 이런 실랑이 속에 불길이 거세져 출입문을 통해 탈출하는 것이 불가능하게 된 것이다.

어디로 가야 할까? 밖에서 보면 창문, 내부에서 보면 인테리어 장식을 위해 석고보드로 꽉 막혀있어 내부에서는 벽처럼 보였다고 한다. 이런 사실을 알았다면 탁자 등을 이용 유리창을 깨부수고 뛰어내렸다면 살수 있을 텐데…, 유독가스를 뿜는 연기에 질식 입구 쪽에 시체가 쌓였다고 한다. 손님들에게 돈 내고 가라고 입구를 막았던 지배인, 그는 평소알고 있던 주방 환풍기를 뜯어내고 혼자 탈출에 성공한다. 손님들도 지배인을 따라 탈출을 시도했으나 시컨먼 연기가 앞을 막는다.

잠시 후 전기도 끊기고 암흑 속에 희미하게 보이는 초록 유도등을 보며 마지막 희망을 품고 사력을 다해 희미한 유도등 비상문을 연다. 비상문은 열렸으나 그곳은 막다른 화장실이었다. 소방법상 외부로 나갈 수 있는 비상구를 설치해야 하는데 눈속임으로 했던 것이다.

화재는 30분 만에 진화되었지만 실내장식물은 주로 인화성 물질로 만들어져 치명적인 유독가스를 뿜어내 2층 호프집에 있던 120여명의 학생들은 비상구와 비상계단을 찾아 헤매다가 유독가스 질식사하거나 부상당하는 참혹한 일이 벌어졌다

이 호프집은 손님들이 중고생들인지 신분 확인을 한 적이 한 번도 없어서 중고생들의 단골집이 됐고, 그래서 중고생 희생자가 이번에

대부분이었다.

인천중부소방서 현장을 조사한 관계자의 말이다.

"2층에 주계단 말고 사람이 빠져나갈 수 있는 비상계단이 없었다는 것, 출입구 근방에는 거의 다 없었어요. 모두 주방 있는 쪽, 뒷편 쪽으로 다 몰려 있었어요"

침묵의 살인자 유독가스, 실내 마감재 가연성 무분별 허용이 문제다

화재가 급속하게 확대되는 이유는 지하 노래방 입구는 동굴 형상으로 만들어진 우레탄폼이 도배돼 있었다. 우레탄폼에 붙은 불은 유독가스가 나무 계단을 타고 2층 호프집 안으로 번졌다. 가연성 단열재, 내장재가 일상적으로 사용되는 상황에서 화재가 커지고 인명피해가 늘어날 수밖에 없다. 다중시설 등 많은 사람이 이용하는 공간에선 불에 탈 수 있는 물건을 최소화해야 한다. 실제로 유럽 등 국가에선 석유화학제품으로 만든 유기 단열재 등의 사용을 엄격히 제한하고 있다.

1999년 씨랜드 청소년 수련원 화재와 2003년 대구지하철화재, 2008년 이천 냉동 창고 화재, 이천물류창고화재, 2014년 장성요양병원화재에서도 현장 내부 벽면과 천장을 뒤덮은 스티로폼, 우레탄폼 재질의 가연성 실내 마감재가 빠른 화재 확산과 다량의 유독가스로 질식사 했다. 현행 건축법은 외국에 비해 인화성 보온 단열재 사용에 관대하다. 실내마감재는 불이 확산되는 속도를 늦추고, 화재 자체를 막을 수 있는 불연재를 써야 한다.

긴박한 상황, 한 고등학생 용기있는 행동이 15명을 살렸다.

2층과 달리 3층 당구장에는 단 한 명의 피해자도 없었다. 한 고등학생의 침착하고 용기있는 구조활동 덕분이었다.

불이 나기 직전 친구들과 인현상가를 찾았던 A(당시 인천정보산업고 2학년) 군은 아래층에서 불길이 치솟아 오르자 3층 당구장으로 급히 몸을 피했다. 하지만 곧 당구장도 유독가스와 함께 불길에 휩싸였다.

A군은 좁은 창문을 떼어내 5m 아래로 사람들을 뛰어내리도록 소리쳤다. 문제는 2명의 여자 손님. 불길이 바로 등 뒤까지 바짝 다가섰지만 무서움 때문에 뛰어내리지를 못하고 있었다. A 군은 자꾸만 무서워 뛰어내리지 못한 여자들을 밖으로 억지로 밀어냈다. 모든 사람이 뛰어 내린 후 A군은 맨 나중에 뛰어 내렸다. 조그만 부상은 있었으나 모두 생존한 순간이었다.

생존자 중 한 사람은 이렇게 말했다.

“죽느냐 사느냐인데 죽기 직전까지 갔거든요. 그러다 이 친구가 올려주어서 겨우 살았어요. 이제는 끝이다 그 생각하는데…”

고등학교 2학년생의 현명한 순간 판단이 15명을 살렸다.

“저도 살아야 되겠다는 생각 들었는데요. 우선 여자 먼저 뛰어내려야지 못 뛰어내린다고 제가 나오라고 그러고 제가 먼저 뛰어내리면 안 되잖요. 그래서 먼저…”

공직자 부페가 만든 참사

문제의 호프집은 경찰에 적발되어 문제업소 폐쇄 명령을 받은 상황에서 미성년자들에게 술을 파는 등 불법 영업을 계속 하다가 대형 참사를 빚었다. 뇌물을 받고 단속 정보를 알려준 비리 경찰관과 구청 직원들이 있었다. 무엇보다 업소 주인의 불법과 탈법을 관리감독해야 할 경찰,구청의 부페가 결합된 것이 주 원인이었다.

더 기가 막힌 내용은 이른바 '삐끼'를 이용해 안에서 문을 잠그고 학생들을 끌어들였다고 했다. 인근 주민들은 모두 다 아는 공공연한 '비밀'이었다. 그 곳에서 200미터 거리에 파출소가 있었으나 경찰은 몰랐다는 것이다. 정기 소방검사 결과는 '이상 없음'이었다. 소방 점검 역시 형식적이었다고 했다. 모두 어른들의 잘못임이 명백했다.

경찰과 구청 단속도 소방관서의 소방 점검도 모두 형식적이었다. 여기에 호프집의 실질 소유주가 공무원에 정기적으로 뇌물을 상납했다는 사실까지 드러났다. 호프집 소유주의 전 경리사원은 (소유주가) 영업을 계속하기 위해 경찰 구청 공무원 등에게 매달 2000만 원 정도씩 상납하고 있다는 내용을 폭로했다. 도망 다니던 소유주는 화재 나흘 뒤 자수했고 경찰과 구청 등의 직원에게 돈을 건넨 사실도 시인했다.

99년 10월 인천 중구 인현동에서 발생한 호프집 화재 참사와 관련해 당시 호프집 주인 등에게 20억원을 배상하라는 판결이 나왔다.

재판부는 "수사 결과 등을 종합해 볼 때 호프집 주인 정씨와 불장난으로 화재를 유발한 임씨, 화재 발생 직후 학생들이 대피하지 못하게 한 이씨 등 3명에게 참사의 책임이 있다"고 밝혔다. 재판부는 또 "정씨 등은 사망자 57명 가운데 학생 54명의 유족에게 인천 중구청이 지급한 돈에 대해 배상 책임이 있다"고 덧붙였다.

사고의 책임자 호프집 사장 정OO씨는 징역 5년, 혼자 도주한 지배인은 3년 6개월 형이 내려졌다. 놀랍게도 노래방 인테리어 시공업자, 사고 책임자 업소 주인으로부터 상납을 받은 비리 공무원과 경찰들은 아무도 실형을 선고받지 않았다.

문을 잠그고 학생들에게 술을 팔던 업주, 이를 눈감아준 공무원, 허술한 소방규정 등 모든 것이 어른들이 만들어 낸 참극이었다. 경찰과 공무원이 무려 40여 명이 연루된 이 사건에 유족들은 분노했다.

모든 책임을 가출 청소년에게 지웠다

"당시 중학교 1학년(14세, 임 아무개군)이었던 그 학생은 가출 청소년이었는데, 날씨가 추워지면서 그 건물 지하에서 지내다가 그렇게 된 것"이라면서 "모든 책임을 그 학생한테 지운 것"이다. 구조적으로 경찰, 구청의 행정 책임이 컸던 참사다.

희생자들이 술을 마시지 않았더라도 언제든지 발생 가능한 참사였다.

꿈 많은 10대 학생들이 52명이나 죽었으나, 언론은 미성년자들이 호프집에 갔다는 식으로 말도 안되는 프레임을 씌었다. 언론은 참사를 '인현동 호프집 화재 사고'로 불렀다. 언론은 이 이름을 쓰면서 참사의 본질적인 성격을 감추었고 잘못을 '몰래 술을 마신 비행 청소년'에게 돌렸다. 참사의 원인은 술을 마셨던 희생자들이 아니다. 화재는 희생자들이 술을 마셨기 때문에 난 것이 아니다. 문제는 청소년 여가·문화 공간의 부족, 화재예방, 피난대피 설비가 제대로 설치되어 있지 않았던 건물, 희생자들의 탈출을 막은 사장 등에 있었다.

자식 잃은 부모들과 친구들은 어디서도 슬퍼할수 없다는 점이 이 사건의 가장 슬픈 점이다. 어른들의 부정부패로 어린 학생들이 희생됐는데, 오히려 어린 학생들이 비난받는 황당한 일이 당시 대한민국에서 일어났다. 참사와 관련 있는 담당자들이 자기 책임을 다했다면 이런 안타까운 일은 발생하지 않았을 것이다.

불량 청소년 몰이로 공공기관 부정부페를 덮었고, 유가족들의 목소리는 철저히 외면당하고 무시당했다. 유족들은 사고이후 제대로 된

심리 치료를 받지못하고 아직까지 후유증에 시달리고 있다.

"저희를 무시하는 행정… 제2의 인현동 참사 일어날 것", 학생들의 성명서

"그들이 학생으로서 가지 말아야 할 장소에 출입한 것은 잘못이었습니다. 어른들의 말씀대로 아직 저희에게는 술에 대한 가치관이 제대로 확립되지 않았습니다. 하지만 학생들 앞에 말리는 사람 따로 파는 사람 따로인 상황이라면 학생들은 자신이 하고 싶은 쪽으로 손을 뻗칠 것은 불 보듯 한 일입니다. 청소년 보호법에는 만 18살 미만의 학생에게는 술과 담배 판매를 일절 금지한다는 조항이 있습니다. 그러나 단속을 해야 하는 공무원들은 아니나 다를까 뇌물수수 혐의로 구속되는 상황입니다… 언제까지나 저희 학생들과 청소년들을 무시하는 행정을 하신다면 제2의 인현동 참사는 일어나고 말 것입니다. 이제 더 이상 우리 학생들은 언제나 그랬듯이 기성세대가 저지른 잘못을 자신들의 상호 이익을 위해 대충 절충하고 덮어가는 식으로 해결하는 것을 바라보지는 않을 것입니다. 저희들에게 호프집에 출입하지 말라고 다그치시기 전에 저희 학생들이 모여 이야기할 수 있는 장소를 마련해 주십시오."

1999년 10월 30일 인천 중구 인현동 화재 참사. 건물 지하에서 시작된 화재로 2층 호프집에서 중·고등학생 52명 등 57명이 숨졌다. 2022년 10월 29일, 서울 이태원에서 비슷한 비극이 되풀이됐다. 숨진 159명 중 147명이 10~30대였다. 사회 안전망이 제대로 작동하지 않았다는 점에서, 피해자들을 비난하는 비뚤어진 시선이 여전히 존재한다는 점에서 두 참사는 23년의 시차를 두고 있지만 거울처럼 닮았다.

2장

공무원만으로는 힘들다

내 지역은 내가 지킨다

최근 일어난 오송지하차도 침수 사고(2023년 7월), 핼러윈 압사사고(2022년 10월) 등 인근 주민이 먼저 경찰, 구청, 119에 신고했는데도 대형 사고가 연이어 발생하고 있다. 침수,붕괴 압사등의 징후를 사전에 인근 주민이나 현장작업자가 위험 신호를 보냈는데도 적절한 조치를 취하지 않아 사고로 이어졌다. 다양한 재난사고가 시작-진행-결과를 사전에 차단하고 담당하는 국가 재난 시스템이 제대로 작동하지 않아 발생한 것이다. 정부도 재난 관리 시스템을 운영 중이지만 현장 공무원들의 사명감, 전문성 부족으로 재난 상황에 제대로 대응하지 못하는 실정이다. 각종 재난 사고를 예방, 대응하기 위해 현장 상황을 가장 가까이서 잘 아는 민간이 주도하는 '지역별 재난 예방 조직'을 운영할 필요가 있다. 민간 전문가를 적극 참여시켜 골든 타임을 놓치지 않고 대응할 수 있도록 현장 응급 대처 권한을 주는 것도 도움이 될 것이다.

전문적으로 소방업무를 담당하는 소방조직이 있더라도 지진, 홍수 등 자연재해, 화재, 붕괴 발생시 재난 초기 지역사회 내에서 신속한 대응으로 피해를 최소화하려는 연구가 이뤄지고 있다. 많은 인력을 필요하므로 정부, 지자체, 소방 등을 보조할 의용소방대에 활용방안에 대한 재난 선진국인 일본과 미국의 의용소방대 활동 운영체제를 비교해 보고 우리나라 의용소방대 효율적인 운영의 방안을 찾아야 할 것이다.

일본

대규모 재난시 의용소방대 활동

동일본대지진 2011년 3월 9일 11시 45분

인명피해 : 사망 15,901 실종 2528 부상 6242

재산피해 : 40만채 파손, 선박 28,612 파손 항구 319개소, 후쿠시마 원자력발전소 폭발,

지구촌에서 발생하는 재난의 형태가 다양화, 대형화, 복잡화되고 있다. 시간과 장소를 예측하기 힘든 특수한 재난 발생 시 효율적인 소방 활동은 지역사회에서의 자율적인 재난 예방과 재난 초기 지역사회 내에서 신속한 현장 대응이 이루어지는 것이 가장 바람직하다. 이런 상황에서 소방업무를 보조하기 위해 설치된 의용소방대 역할이 매우 중요하다. 전문적으로 소방업무를 담당하는 조직이 있어도 지진, 붕괴, 화재 발생 시에는 많은 인력이 필요하므로 소방조직을 보조할 의용소방대가 필요하다.

일본, 대규모 재난시 의용소방대원을 어떻게 활용하는가?

일본 소방조직 운영

총 1,014,145명(소방대원 163,814명, 소방단(의용소방대) 850,331명)

해외 의용소방대 운영

재난이 자주 발생하는 일본은 1995년 고베대지진, 2011년 동일본대지진을 통해 "중앙 및 지자체와의 상호 협력, 핵심업무의 배분, 공동체적 재난대응" 등을 개선하고 있는 것이 주요한 특징이다.

2020년 미국 직업소방관은 35%, 의용소방관은 65%로 구성됐다. 의용소방대원의 자격은 미국 NFPA(미국방화협회) 코드에 규정된 직

업소방관의 역할과 현장의 활동 거의 비슷하다. 미국 의용소방대원협회(NVFC)는 자립성을 가지고 의용소방관을 위한 실질적 역할을 하고 있고 각종 보조금 제도도 활성화되어 있다.

일본, 미국의 사례를 볼 때, 국내 의용소방대는 대규모 재난에 대응하기에는 전문성의 한계, 지역사회 특색에 맞는 지역사회 재난 대응능력 미흡, 의용소방대 활동 활성화를 위한 지원체계 미흡 등이 아직은 부족하며, 의용소방대 활동 지원강화, 활성화를 위해서는 지속가능한 활동을 위한 인재 모집, 역량 강화를 위한 교육훈련 시스템 정비, 의용소방대 전국조직의 자생력 강화, 중앙 차원의 표준화 및 지원 정책 개발 등이 필요하다.

일본의 소방단(이하 의용소방대) 유래

일본 소방제도가 조직화 된 시기는 에도시대(1603~1868)다. 일본 의용소방대(소방단)의 효시라고 할 수 있는 「정화소」가 이 시기에 탄생되었다. 막부는 1718년 10월, 마을의 화재는 마을사람 자신들이 진압할 수 있도록 하기 위하여 설치를 명하였으며, 같은 해 12월 4일에는 48개의 「정화소조합」이 창설되었다. 변천 과정을 통하여 오늘날의 의용소방대(소방단)이 되었다.

일본은 지진과 태풍 등의 자연재난을 극복해 오는 과정에서 소방정책이 체계적으로 확립되었으며, 의용소방대는 뿌리 깊은 '자주적 방재의식' 속에 관설소방 못지않게 발전되어 왔다. 이와 관련, 의용소방대 재난대응 체계를 보면, 근원적으로 '자주방재(自主防災)'의 사고방식이 깊이 담겨 있고 3단계 체계로 작동되고 있다. 재난이 발생하였을 경우 자신의 생명은 우선 자신이 지키고, 다음에 이웃과 손잡고 대처하며, 마지막으로 소방, 경찰 등 행정에 도움을 구하는 체계이다.

1995년 고베지진으로 소방을 포함한 재난 관련기관의 한계가 드러났다.

고베대지진에서 건물 붕괴로 인해 매장된 피해자 중 행정기관의 지원으로 구조된 사람은 약 22.8%에 불과했다. 재난기관을 통해 구조된 사람은 8,000여명이었으나, 구조된 사람의 약 4,000명은 구조 후 사망하였다. 민간에 의해 구출된 사람은 27,000여명이었다. 약 77.2%가 대규모 재난에서 가족 및 지인, 지역사회의 도움을 받아 생존한 것인데 만약 민간의 재난대응이 없었다면 더 많은 피해를 가져왔을 것이다.

고베대지진의 사례는 재난발생시 지역의 사정을 잘 알고 있는 주민들의 협력의 중요성을 보여주는 사례라고 할 수 있다. 의용소방대는 지역의 주민으로 구성되어 그 지역이 가진 특성을 잘 파악하고 있으며, 법적으로 일정 부분 잘 조직되어 현실적으로 지역방재의 핵심 인력이라 할 수 있다.

일본 의용소방대는 대규모 재난 발생 이후 지역사회의 공동체적 대응에 대한 중요성을 깨닫고, 그 핵심이라고 할 수 있는 의용소방대를 지속적으로 개선해나가고 있다. 빈번한 재난으로 일본 의용소방대는 재난 대응 경험과 교훈을 바탕으로 실증적으로 조직개선을 도모하고 있다는 점에서 우리나라 의용소방대와 일본의 의용소방대 조직이나 운영면에서 유사한 점이 많으므로 사례적용에 유용할 수 있다.

당시 대규모 재난으로 겪었던 실패의 모습이 현재 우리의 상황과 매우 유사하다.

고베대지진은 일본의 재난관리 및 건축 등 법체계적인 부실, 중앙정부 컨트롤 타워의 늑장대응, 지자체 위기관리실의 부재, 현장에 적용되지 않은 방재훈련체계, 재난시 역할분담과 정보전달체계의 미흡, 방화 인프라의 부족 등이 드러났다.

현재 우리나라 재난관리 대응 부족을 위해 꾸준히 지적받고 있는 내용들이다. 고베대지진의 사례는 우리나라가 대규모 재난에 대비한 법제도 정비, 방재 시스템, 인프라 설비 및 훈련 등을 통해 다가올 재난에 대비해야 할 것이다.

고베대지진으로 드러난 대규모 재난의 특징

첫째, 예상을 뛰어넘는 피해규모이다.

현대사회 재난은 도시 집중화로 사회적 취약성 증가로 피해가 더욱 확대될 우려가 있다. 1995년 당시 고베시 인구는 약 152만명이었으며 초고층건축물이나 한신 고속도로와 같은 사회 인프라가 집중되어 있었다. 고베대지진으로 인해 25만동의 주택과 건물이 파괴되었고, 고속도로도 붕괴되었으며 6,400여명이 사망하였다. 총 사망자수는 1961년 일본의 재해대응기본법이 제정된 이후 30여년간 재난으로 인해 사망한 사람의 총 합계보다 많았다. 해당 지역 사회인프라의 경제적 피해는 이전과 비교할 수 없을 정도로 컸다.

둘째, 재난대응 행정력의 한계다.

현대사회는 복잡하고 서로 연결되어 기존의 방재시스템으로는 한계가 있다. 고베대지진에서 건물 붕괴 이외에 정전 및 화재, 교통 인프라의 단절로 재난 대응을 즉시 할 수 없는 상황이 발생하여 많은 시간이 소비되었다. 다가올 대규모 재난에 대응하기 위해서는 재난관련 기관이 한계에 직면한 상황을 보완하기 위해서 무엇보다 지역사회 기반 재난관리가 충분히 갖추어져야 한다. 고베대지진에서 구조요청자 중 약 77.1%, 27,000여명이 가족과 주변이웃, 지역주민에 의해 구조되었으며, 지역사회가 중요하다는 것을 알수 있다. 또 다른 피해가 심했던 아와지섬의 호쿠단마을에서는 재난에 취약한 고령층의 위치를 사전에 파악하고 있던 의용소방대가 재난발생 당일 주거지로 일일이 찾아가 대피를 지원함으로써 단 한명도 사망자가 발생하지 않았다는 점에서도 이를 확인할 수 있다.

2011년 동일본 대지진 때 의용소방대원 피해가 컸다.

동일본 대지진은 2011년 3월 11일에 일본 도호쿠(동북부) 태평양 연안에서 발생한 거대지진이다. 이 지진은 또한 초대형 쓰나미를 불러와 도호쿠 연안 지역에서의 추가적인 대규모 인적, 물적 피해를 가져왔으며, 후쿠시마 원자력 발전소 사고를 불러왔다. 제2차 세계 대전에서 패전한 1945년 이후 가장 큰 사회적 충격을 받았고 현재도 수습을 하고 있다.

의용소방대 사망 및 행방불명자는 총 254명으로 198명이 공무수행 중에 피해를 입었다. 일반소방대원의 인적 피해가 27명인데 비해 약 10배가 더 많다.

의용소방대는 지역주민의 대피유도 등과 같은 임무를 헌신적으로 수행하면서 피해를 입었다. 쓰나미가 발생할 경우 의용소방대는 쓰나미 방어의 최전선이라 할 수 있는 지역 내의 하천 수문의 개폐나 확인작업을 하는 경우가 많았다.

일본 소방청의 조사에 따르면 의용소방대원 설문에 응한 471명 중 약 26%가 지역 내 수문개폐를 담당하는데 약 평균 4.5개소를 돌아다니며 작업을 하는 것으로 나타났다. 긴박한 상황 위험속에서 지역안전을 위한 역할을 성실히 수행했다. 의용소방대의 약 60%가 긴급한 상황에서 지역주민의 피난을 유도하고, 재난 약자의 주거지에 직접 찾아가 대피시키는 일을 한 것으로 나타났다. 대원들이 지역사회의 안전에 집중한 나머지 대피를 시작해야 되는 시점에 대해서 명확한 기준을 설정한 기초단체가 거의 없었으며, 이는 의소대원들의 피해 주요원인이 됐다.

의용소방대(소방단) 현장 활동내역(일본 소방청 통계, 2012. 4.)

화재출동은 소방직원이 49,289건, 의용소방대원이 34,991건으로 소방직원 대비 약 71%의 출동빈도를 보이고 있어 소방직원과 큰 차이 없이 동시 출동체계를 갖추고 있다. 반면에, 구조출동은 소방직원 86,637건, 의용소방대원 1,391건(약 1.6%), 구급출동은 소방직원 5,802,455건, 의용소방대원 566건(약 0.01%)을 보이고 있어 의용소방대는 주로 화재출동에 집중하고 있음을 알 수 있다. 이러한 이유는 예로부터 지리적 특성상 잦은 지진 등 자연재해가 빈번하게 발생하면서 더불어 화재가 많았기에 화재에 대한 '자주적 방재의식'이 강하게 작용되었을 것으로 추정된다. 소방청 통계에서 일본은 관설소방이 발달해 있음에도 불구하고 지진이나 풍수해 등의 자연재해가 계속 발생하고 있어 의용소방대가 많은 재난현장에서 관설소방과 함께 활동하면서 발전해 나가고 있다.

일본의 의용소방대(소방단)은 소방조직법에 의거하여 창설되었다.

지방공무원법에 보상과 처우는 별정직 지방공무원의 위상을 가지고 기초자치단체의 조례에 따라 대우받는다. 시정촌(시읍면)에 소방의 책임이 있으며(소방조직법 제6조) 시정촌장이 소방을 관리하며(동법 제7조) 그 비용을 부담한다(동법 제8조). 소방본부는 소방사무를 공동처리하기 위한 일부 사무조합(지방자치법 제 284조 제2호)과 광역적으로 처리하기 위한 광역연합(제284조 제3항)으로 두는 경우로 구분되지만 어떤 경우에도 소방에 관한 책임은 해당 시정촌에 있다. 따라서 대규모 재난이 발생할 경우, 시정촌이 소관하고 있는 의용소방대가 보다 지역 밀착형 대응을 할 수 있다. 사무분장도 사전에 명확히 구분되어 있어 구조·구급업무는 기본적으로 상비 소방행정이 담당하고 자연재해와 산림화재 등에서는 의용소방대가 주로 대응한다. 이러한 위상을 바탕으로 지역사정 파악에 밝고, 신속하게 대응하며, 소방서 다음으로 장비를 보유한 대응력으로 실질적인 활동을 한다. 상비 소방기관의 업무를 단순히 보조하는 조직이 아니라 소방행정의 한계를 보완하는 역할을 한다. 상비 소방직의 역할에 못지않게 지역 내 재난관리를 위한 의용소방대의 역할이 명확히 정해져 있다는 것이다. 동일본대지진에서 쓰나미 초동대응의 최전선에 있는 의용소방대 임무에 충실하여 지역내 하천수문의 개폐작업을 수행한 것이 대표적인 사례이다.

우리나라 의용소방대원은 소방과 관련된 여러 활동을 하고 있지만 교육훈련과 화재홍보 활동이 압도적으로 많으며 대부분이 상비 소방기관을 보조하는 수준이다. 일본의 의용소방대처럼 지역사회기반 재난관리를 위한 핵심적인 존재로써 위상을 강화하고, 대규모 재난대응을 위해 지역사정에 맞고 지역에 꼭 필요한 핵심임무를 세분화하여 의용소방대의 역할을 설정할 필요가 있다.

지자체가 1차적 책임

일본은 지리적, 기후적 특성으로 다른 나라보다 지진, 태풍이 많다. 이런 특성에 따라 재난에 대한 마을 공동체 의식이 강하다. 관설 소방이 설치되지 않은 작은 도시에는 의용소방대(소방단)에 의존하는 경향이 강하게 나타나고 있다.

중앙정부의 책임과 결단에만 의존하는 수동적인 대상으로만 다가올 재난을 예방하고 대처하기가 쉽지 않다. 일본 지진 및 쓰나미 피해가 큰 것은 초기대응이 부족했기 때문이다. 체계적인 매뉴얼도 중요하지만 실질적인 대응에 있어서는 지역정보에 밝은 주민이 주도해야된다는 것을 말하고 있다. 재난의 1차적인 대응은 각 지역 자주 방재조직인 '방재회'가 기반이 되고 중간에 민관협력체계인 비상설 의용소방대(소방단) 그리고 관설 소방서 체계로 재난 대비체계가 갖춰져 있다. 지진이나 태풍 등 대규모 재난이 발생시 관설 소방서만으로는 한계가 있다. 의소대를 발전시킬 필요가 있고 소방력의 중요한 부분을 차지하고 있다. 지역정보를 충분히 파악하고 있기 때문에 대규모 재난시 역할을 충실히 하고 있다.

내 지역은 내가 지킨다.

의용소방대는 관할 구역내에서 거주하거나 근무하고 있다. 동원력이 신속하고 소방서 직원들의 약 6배나 된다. 평상시에 교육훈련으로 재난대응을 갖추고 있다. 대규모 재난시 주민의 피난 유도나 재난 예방을 하는 조직으로 인식되고 있다. 화재, 태풍, 홍수 등에서 소방직원보다 더 많은 활동을 하는 것으로 알려져 있다.

자주방재조직은 지역 주민의 연대의식을 기초로 자발적인 주민 참여 효율성을 높이기 위해 정부에서는 방재사라는 자격증을 운영하기도 한다. 조직 운영비용은 세대당 매달 관리비에서 일정금액을 충당하고 있으며, 행정지원이 거의 없는 순수한 민간 자발적인 운영을 하고 있다.

방재회에서는 아파트 주민 중 특수한 기술을 가진 사람들의 정보를 등록해 필요시 활용하는 '챔피온 맵'과 가족, 연락처, 이용병원, 친척 연락처 등을 기록한 카드를 전 주민에게 배부한 '안심정보등록제'를 전주민에게 발급했다. 방재지도를 작성하여 도상훈련을 실시하는 등 활발한 자율방재활동을 하고 있다. 다른 방재민간봉사단체와 비교할 수 없는 우위를 가지는 것 또한 사실이다.

일본은 동일본 대지진 후 의용소방대(소방단) 역할을 중요시 한다.

실제 일본의 소방기관 상비 소방인력은 소방본부, 소방서만큼이나 의용소방대(소방단)을 핵심인력으로 구성되어 있다. 동일본대지진에서도 경험했듯이 지역의 사정을 잘 아는 의용소방대가 어느 기관보다 빠른 대응능력을 보였다. 앞으로 닥칠 대규모 재난에 대비하여 기초자치단체인 시정촌과 중앙정부 및 광역자치단체의 협력을 최우선의 과제로 삼고 있다. 의용소방대에 대한 협력 사업체는 세제 혜택을 주고 사업입찰에 대해 특례조치를 실시한다.

의용소방대 활동에 대한 지원체계가 미흡하면 의용소방대 구성에 문제가 발생하여, 언제 발생할지 모르는 대규모 재난을 대비하여 어려움이 발생할 수 있다. 일본의 의용소방대는 활동영역의 확대와 구조능력향상을 위해 필요한 장비와 활동 지역의 설비를 보완하는 종합정비사업을 실시하고 있다.

동일본대지진으로 인해 많은 대원이 희생된 것을 계기로 의소대는 '주민의 안전확보'라는 본연의 임무수행과 함께 '대원 자신의 안전확보'도 중요한 과제로 남게 되었다. 지역의 특성과 쓰나미 도달까지의 예상시간 등을 반영하여 소방단의 안전관리 매뉴얼을 보다 과학적으로 수정하고 기상청과 지자체의 재난리스크 정보 전달체계를 확충하여 지역사회가 공동체적 대응을 할 것을 강조하고 있다. 지역사회 전체가 총체적으로 선제적인 재난대응을 실시함으로써 소방단과 지역주민이 모두의 안전을 도모하자는 것이다. 안전을 위해 대피로의 정비, 대피 표지판 설치 등의 시설정비도 함께 추진되고 있다.

일본 의용소방대(소방단)의 출동 수당 지급

일본의 의용소방대원에게는 시정촌(시·읍·면) 조례에서 정하는 지급기준에 따라 의소대 활동에 대한 보상으로 연 2회 보수가 지급되며, 재난현장에 출동할 때마다 출동수당이 지급된다. 지급된 사례(2010년 기준)에, 단장은 연 82,500엔, 단원은 36,500엔의 보수와 출동 1회당 7,000엔의 수당이 지급되었다. 다만, 활동에 대한 보상은 각 시정촌의 조례에 따라 지급되므로 지역별로 액수가 균일하지는 않으며 계급과 경력에 따라 차등 지급된다. 일본소방협회는 전국 의소대원의 희생적인 사회봉사 활동에 보답하기 위해 특별히 여러가지 복리후생사업을 시행하고 있다. 종신연금 사업으로서 '소방상조 연금제도', 부과금에 의한 공제제도이며 전국 소방단원의 약 98퍼센트가 '복지공제사업'에 가입하고 있다. 의소대원의 동산 및 부동산이 재해를 받은 때의 공제제도로서 유리한 지불조건과 절차가 간단하기 때문에 좋은 평가를 받고 있는 '화재공제사업'이 있다. '복지대책사업'으로서 직무를 수행하다 사망한 경우의 '조위금',직무를 수행하다 장해를 입은 경우는 장해등급 정도에 따라 '장해위문금'이 증여된다. 이 복지대책사업은 보조금으로 지원되기 때문에 소방단원은 부담을 하지 않는다.

의소대의 활동에 필요한 소방차량, 무선기기 등 장비나 활동거점의 시설 정비에 해서는 방재기반 정비사업」및 「시설 정비사업」으로 추진하며 지방채와 지방교부세로 재정지원을 하고 있다. 보상과 처우는 지방 별정직공무원의 대우를 받도록 하고 있으며, 장비 구입은 지방교부세로, 활동경비는 보통 교부세에 예산을 편성하여 지원하고 있다.

일본 의용소방대(소방단) 교육 훈련

대규모 재난 대응능력 향상하는 시키는 것은 방재교육이다. 각 지역 소방본부와 소방대학교, 도도부현(광역자치단체)에 설치된 소방학교에서 교육을 담당하고 있다. 소방학교는 도도부현 42곳과 지정도시(요코하마, 나고야, 교토, 오사카, 고베, 후쿠오카) 중 3곳에서 운영된다. 동경소방청 소방학교는 중앙정부 소방청이 실제 화재훈련시설의 활용보다는 화재 상황을 가정한 소방조법(호스전개 및 회수, 사다리 활용, 공기호흡기 착용, 로프매듭 등))중심 훈련이 이루어진다. 모든 교육은 소방학교의 교육기준에 따르며 '초임교육과정', '일반교육과정', '전문교육과정'으로 구분하여 실시한다.

우리가 주목해야 할 것은 의소대원 구성원들이 자영업, 회사원 등 직업을 가진 대원 비율이 증가함에 따라 소방학교 강사를 지역으로 파견하여 소방방재교육을 충실히 이행하는 합리적인 방식이 점차 강화되고 있다는 것이다.

대규모 재난에 대응능력을 강화하기 위해서는 단순히 방재기술과 지식을 습득하고 전문성을 갖추는 것으로는 충분하지 않다. 대규모 재난은 불확실성(uncertainty)을 지니며 사회구성원 과 인프라에 대해 상호 연계작용(interaction)을 해야 하므로 일방적인 방재지식과 습득만으로 재난대비하기 어렵다. 재해를 막기 위해서는 지역사회에서 공유하여 공동체적 참여를 통한 대응이 무엇보다 필요하다. 동일본 대지진 이후 의소대의 영역확대와 지역주민과 협력을 위해 여성방화(防火)클럽과 청소년 소방클럽의 활동을 지원하고 지역 내 의소대 활동지역을 방재 커뮤니티 센터로 이용하도록 추진하고 있다. 지역주민이 의소대에 쉽게 접근할 수 있도록 유도하는 것이다.

미국 의용소방대의 유래, 현황

미국 최초의 민간 소방조직은 1679년 보스턴시의 대화재를 계기로 시작되었다. 미국 의용소방대의 기원은 1736년 필라델피아에서 대형 화재가 발생하고 난 후 벤자민 프랭클린(1706-1790) 이 조직한 것으로 알려져 있다. “The Union Fire Company”라 불리는 30명의 자원봉사자 조직되었다. 미국의 소방조직은 직업 전임소방관(career firefighter)으로 편성된 소방관서와 의용소방대원(volunteer firefighter)이 일부 또는 대부분으로 편성된 소방관서도 있고, 전임 소방관 없이 전부 의용소방대원만으로 편성된 소방관서 등 여러 가지 형태로 편성되어 있다.

NFPA(미국방화협회)의 조사에 의하면, 2020년 기준으로 미국에는 약 1,041,200명의 직업 및 의용소방관이 있다. 직업소방관은 시 단위의 소방관만을 집계하며, 민간 소방대나 주(州)나 연방기관에서 근무하는 소방관은 제외한다. 2020년 전체 소방관 수 중 직업소방관은 36만 4,300명(35%), 의용소방관은 67만 6,900명(65%)이었다. 직업 소방관의 71%는 25,000명 이상의 지역사회에서 근무하는 반면, 의용 소방관의 약 절반(48%)이 2,500명 미만의 사람들을 보호하는 소규모 시골 소방서에 소속되어 있다. 의용소방관은 파트타임 또는 자원봉사 형태의 소방관으로 정의된다.

미국의 의용소방대는 자치와 봉사정신으로 시민 모두가 참여하는 야간 경비원 제도로 시작하였다. 그 기원은 화재와 범죄 및 불법으로부터 도시를 보호할 책임이 시민에게 있다는 자구책의 방편이었다. 독자적으로 또는 직업소방관서와 연합하여 지역 내의 소방 활동과 긴급재난사고 대응 및 수습활동에 기여하고 있다.

미국의용소방대의 조직 운영

미국은 의용소방대원을 직업소방관과 구별하지 않는 '하나의 소방관'으로 인식하고 자율적인 면을 강조하고 있다. 미국의 의용소방대원의 자격은 미국 NFPA 코드에 규정된 직업소방관과 거의 유사하다.

직업소방관은 정규 근무시간에 배치되고, 보수가 지급되는 반면에 의용소방대원들은 회의, 훈련기간, 비상대응 등을 제외하고는 상시 근무를 정식으로 하지 않는다는 점이 다르다.

미국은 의용소방관만으로 구성된 소방서도 많다. 의용소방대원이 실제 현장에 투입되어 활동하기 위해서는 직업소방관과 동일한 교육을 받을 것이 요구될 정도로 의용소방관의 역량이나 전문성이 상향되어 있다.

의용소방대원은 근무 형태나 고용조건에서 차이만 있고 교육·훈련을 비롯하여 기본적으로 수행하는 임무는 직업소방관과 거의 유사한 면이 많다. 인구밀도 25,000명 이상 도심 지역공동체에서는 소방력의 71% 이상이 직업소방관으로 운영되고, 도심 외곽지역은 주로 의용소방대원 또는 유급상비대원으로 운영되고 있다.

이중에서도 농촌과 같이 작은 공동체 지역에서는 의용소방대가 소방력의 95%이상을 차지하고 있으며, 대원의 절반이상이 인구밀도 2,500명 미만의 작은 지역에서 근무하고 있다. 이와 같이 미국의 소도시 등 도심 외곽지역은 의용소방대가 주도적으로 각종 재난대응 활동을 하고 있다. 의용소방대는 실제 현장에서 정규 소방관과 똑같이 '실질적인 임무'를 주도적으로 수행하므로 신뢰와 위상이 높다.

의용소방대 운영은 지역여건과 소방 환경을 고려하고 있다.

의용소방대가 소방업무를 주도하는 지역과 이들이 지역사회 소방

활동을 원활히 할 수 있도록 행정, 운전 등 일부의 인원을 전문 소방 인력으로 배치하는 지역으로 구분하여 운영하고 있다.

소규모 자치형태로 운영되는 Village, Town의 경우는 지역별 의용소방대장이 선출되어 재난대응 업무를 총괄하고 있으며, 그 하부조직은 현장지휘대장, 팀장, 주임, 운전원, 화재진압요원으로 구성하여 운영된다. 사회에서 취업 등 각종 면접 시에 의용소방대 활동경험이 중요한 요소로 작용하며, 의용소방대가 미국사회의 원동력으로서 중요하게 여기는 풍조가 사회저변에 깔려 있는 것으로 판단된다.

미국도 의용소방대원 지원자가 줄어들고 있다.

조세감면 혜택을 비롯해 건강보험제도 등을 시행하고 있으나 여전히 신규 대원의 모집에 있어서 어려움에 직면해 있다. 대원 감소의 원인으로 출동 요청 건의 증가로 인해 의용소방대 활동시간이 늘어나고 이에 따른 훈련기준 충족을 위한 훈련시간 증가와 훈련의 내용이 어려워졌다는 것, 그리고 맞벌이 가정의 증가로 젊은이들이 지역을 떠나기 때문인 것으로 분석되고 있다.

의용소방대의 활동

미국은 의용소방대원들의 전국조직으로 NVFC(미국의용소방대원협회)가 설립되어 있다. NVFC는 화재진압, EMS(응급의료서비스) 및 구조 부문을 포괄하는 비영리 조직으로, 긴급 대응 요원들을 위하여 각종 자원과 교육, 홍보 프로그램 등을 제공하는 역할을 한다. NVFC는 2022년 말 기준 개인, 주, 회사 등을 포함한 회원 수는 28,078명에 이른다.

미국 전역의 지역 소방서(소방 및 EMS 부서)들이 의용소방대 등 자원봉사자들의 활동을 통해 역량을 강화하도록 도왔으며 지역사회 구성원들과의 연계를 통하여 주민들에게 의용소방대 등 자원봉사활동을 할 수 있는 기회를 제공하는 활동을 하였다.

의용소방대의 총 출동건수 대비 활동내역별 출동비율(2012년)을 보면, 화재출동은 4.6%인 반면 구급출동은 65.8%에 이르는 높은 비중을 차지하고 있음으로써 구급출동에 주력하고 있다는 것을 알 수 있다. 또한, 미국의 의용소방대원들은 문 잠김 개방 등 국민들의 불편사항 해소를 비롯해 소방시설 오작동 조치, 응원협정 지원, 위험물질 관련 사고의 출동과 같은, 우리의 소방서에서 서비스하고 있는 분야에서도 전체 출동건수 대비 29.6%의 활동을 하고 있다. 그리고 의용소방대원들은 회의, 훈련기간, 비상대응외에는 상시근무를 하지 않으며, 재난출동 경보 시는 최소한 4명으로 팀을 이루어 현장으로 직접 출동한다.

구체적인 활동은 소방서에 따라 다르지만 어린이들의 화재 안전 교육, 가정 안전 점검실시, 지역 주택의 연기·일산화탄소 경보기 및 소화기 설치, 소방서의 웹 사이트 및 소셜 미디어 관리, 지역사회 거주자를 위한 재난 대비 물품 배포, 재난의 장기화 시 비상 대응 요원에 대한 수분 및 음식 제공, 산불 예방, 모금 활동, 보조금 신청서 작성 등이 주요활동이다.

이 외에도 NVFC는 의용소방대를 포함한 일선 대응 요원들의 모집과 훈련 및 역량 강화, 지역의 화재안전 활동, 화재대응이나 구급 요원들의 건강을 위한 프로그램들을 운영 및 관리하고 있다.

NVFC는 NFPA(미국방화협회)의 표준설정위원회에 참여하는 등 우리나라의 전국의용소방대 연합회와는 달리 의용소방대의 역량 향상을 위한 실질적인 활동을 하고 있다. 또한 의용소방대의 권익과 소방 제도와 관련된 입법 및 정책 활동에도 참여하는 등 실질적인 활동을 수행한다. 미국의 경우에는 소방관 10명 중 7명 정도로 의용소방대원이 있고, 의용소방대를 위한 여러 캠페인이나 프로그램들이 활성화되어 있다.

미국 의용소방대의 출동 수당 지급

의용소방대 활성화를 위해서는 경비 지원이나 복지적 혜택 등 현재의 미흡한 지원을 바꿔야 한다. 직장이나 사업장의 여건 변화에 따른 거주지의 잦은 이동도 지역사회활동에 소극적인 태도를 취하는 요인으로 작용한다.

미국 의용소방대원은 재난 현장이나 화재현장에 출동을 해도 별도의 보수는 없으나, 각 주(州마)다 지급액은 다르지만 출동 횟수에 따른 활동비(출동수당)를 지급 받고 있다. 이외에도 조세감면 등 경제적 혜택과 건강보험제도 실시와 같은 특별한 처우를 하고 있다. 이와 관련하여 지급된 사례를 보면, Greene County의 의용소방대원 Knopp은 현장안전담당관으로 월 13달러와 출동 1건당 20달러만을 지급 받았으며, Brookville 소방서 소속 의용소방대원 Smith는 매년 모두 합해서 250달러를 받았다. 또한, 미국 뉴저지주 포트리시 팰팍 타운의 대원 70명으로 구성된 의용소방대의 경우는, 지방정부에서 제공하는 소방차 3대에 대한 운영비는 주민의 기부금으로 충당하고, 활동비는 출동요청 된 건수의 40% 이상 출동하면 3개월 마다 1인당 1,000$가 제공되었다. 한편, 의용소방대의 운영재정은 소방차량 등 장비 수리에 소요되는 경비는 지방자치단체에서 부담하고 필요시에는 주민들에게 의용소방대 운영을 위한 세금을 추가로 징수하기도 한다. 그리고 의용소방대 자체 운영경비는 주로 주민들의 기부금과 대원들의 회비에 의존하고 있다. 또한, 여러 주 정부가 방호법(protective legislation)을 법제화 하고, 주 전역에 훈련프로그램과 시설 등을 제공하며 의용소방대원이 조성하는 기부금을 인정하고 있다. 이러한 기부금은 대원들의 개인보호 장구와 업무에 필요한 장비 구입에 대부분 사용되고 있다(출처:한국화재학회 논문지, 제31권 제6호, 2017년 p.103).

미국 의용소방대 교육훈련

미국 의용소방대원은 직업소방관, 의용소방관 모두 실전에 투입되기 위해서는 필요한 교육을 철저히 받고 현장대응능력을 갖추어야 한다. 미국의 의용소방대는 각 주마다 매우 다양한 형태로 운영되고 있지만 공통적인 사항은 많은 분야에 있어 상근의 직업소방관과 동일하게 현장에 투입되기 때문에 지정된 역할을 하기 위해서는 직업 및 의용소방관 모두 특정한 교육과정을 이수해야 하고 이수하기 위해서는 동등한 교육을 주기적으로 받도록 되어 있는 것이다.

대도시와 카운티 소방관서의 경우, 보통 자체 훈련시설과 전문 훈련교관을 보유하고 있으며, 주정부의 관리프로그램에 따라 기초 화재진압 훈련을 전문적으로 반복 실시하고 있다. 또한, 신입 대원은 2~3개월의 전문교육과 지방소방학교에서 1주일에 2일씩 8주간의 교육을 이수해야 하며, 기존 대원들의 자격유지 보수교육도 필수과정으로 운영하고 있다. 한편, 의용소방대원 교육·훈련 프로그램은 각 소방서마다 다르지만 미국방화협회에서 인정한 과정을 110시간 이상 반드시 이수해야 한다. 캘리포니아 산타클라라 카운티 소방서의 교육·훈련 프로그램에서는 의용소방대원이 되면 40시간의 오리엔테이션과 주간 소집과 훈련에도 참석토록 하고 있다. 연초에 수립된 종합적인 교육·훈련계획에 따라 화재진압훈련, 위험물질 대응훈련, 응급의료서비스(EMS)훈련, 응급의료전문가(EMT)훈련, 구조훈련, 특수사고대비 훈련 등 소방관련 각 분야의 훈련을 받고 이에 대한 평가를 받음으로 의용소방대원으로서의 자격을 인정하고 교육·훈련으로 습득한 기술을 활용할 기회가 주어지게 된다. 미국 의용소방대의 특징은, 의용소방대장의 임명에 있어서 법적· 기술적 문제에 충분히 대처할 수 있는 자격과 경험, 행정능력과 위기대처능력 등이 반영되며, 무엇보다도 리더십의 중요성이 강조되고 있다. 그리고 대장은 지역공동체 화재방어요원 자격의 주요 지휘관으로서 각종 재난현장 대응과 대원들에 대한 안전관리 역량을 중요시 한다.

우리나라 의용소방대 효율적 운영활용 방안

세계적 기후 변화로 자연재난도 대비하기 힘든 상황에서 인재(人災), 관재(官災)까지 겹쳐 많은 인명, 재산피해로 국민들이 고통을 겪고 있다. 우리나라 재난 시스템은 일본과 미국의 체계를 받아들여 재난대응시스템에 적용하고 있다. 허리케인, 지진, 쓰나미 등을 극복하는 과정에서 '내 지역은 내가 지킨다'는 자주적 방재의식과 봉사 사명감의 중요성을 확인했다.

공동체적 재난대응, 중앙·지자체 상호 협력이 무엇보다 필요한 시점이다. 우리나라 문제점과 의용소방대 활용방안과 앞으로 개선 방향을 살펴본다.

※ 의용소방대 시·도별 현황(전국의용소방대연합회)

의용소방대수 3,902대(본대:2804. 지역대:632. 전문대:273. 전담대:193)

의용소방대원수 96,561명(본대: 71,839. 지역대: 13,942. 전문대: 5,860. 전담대: 4,920)

※ 화재, 최근 10년(2013~2022) 평균 화재건수는 41,257건(자료:소방청)

인명피해 2,287명(사망 317명, 부상 1,970명), 재산피해 652,882백만 원으로 나타났다.

사회·경제발전과 건축물의 고층화와 복합화 및 다양한 에너지원을 사용하는 시설의 증가에 따라 화재로 인한 재산피해는 급격히 증가하고 있는 추세이다.

※ 구조, 최근 10년간 평균 출동건수 752,012건

과거 10년 전 대비 2021년도 출동 건수는 2배 이상 크게 증가하였다.

※ 119구급대, 2022년 출동건수 3,564,720건

최근 10년(2012~2022) 평균 출동건수 2,183,470 보다 2022년도에 63.3%가 증가했다.

하루평균 9천766건 출동, 8.8초마다 출동해 15초마다 1명씩 이송하는 셈이다.

화재, 구조보다 구급출동이 폭발적으로 증가하는 추세다.

※ **벌집제거**

2017년 출동현황 8~9월 96,985건

2018년 출동현황 8~9월 83,900건 전년대비 13% 감소했다(폭염으로 감소 추정)

우리나라 의용소방대 변천과정 역사적 연구결과에 의하면

오늘날 의용소방대의 시작은 세종 19년(1437년) 지역에서 주민자위활동 필요성 건의로 국가에서 수용하고 공인됨으로써 자율적 방재활동을 시작하게 된 '지방의용금화조직'이다.

의용소방대라는 명칭이 사용된 것은 정부수립 이후 이지만 그 이전부터 소방조(1889), 경방단(1939), 소방대(1945), 방공단(1952)이라는 명칭으로 변천되어 왔으며 오랜 역사와 전통을 이어오고 있다.

1894년 갑오개혁 이후 개항지(부산, 인천, 군산)를 중심으로 활동하던 민간 소방조가 기원으로, 구한말 각 개항지에서 거류민들이 자신들의 재산을 보호하기 위하여 자발적으로 결성하여 1889년 2월 소방 펌프차 1대를 비치한 것이 소방조의 효시로 보고 있다. 1915년 「소방조 규칙」은 조선총독부령으로 제정 공포되었고, 1939년에는 의용소방대 해체 후 경찰서장이 지휘하는 경방단으로 설치·통합되었다. 1945년 광복 후에 경방단이 해체되고 시·도별로 소방자치회가 만들어지면서 각 시·도별 소방대 조직도 만들어졌다. 1953년 방공단 해체 후 1954년 1월 전국적 의용소방대가 발대되었다. 이후 1958년 「

소방법」제정 시 「의용소방대의설치 규정」이 마련되며 법제화되었다. 1991년에는 의용소방대가 광역체제로 개편되어 시·군 의용소방대 설치 조례가 시·도 의용소방대 설치 조례로 통일되었다. 2014년 1월 28일에는 「의용소방대 설치 및 운영에 관한 법률」이 단행법으로 제정되었다. 2021년 「의용소방대법」개정되면서 법정기념일로서 '의용소방대의 날'이 3월 19일로 지정되었다.

의용소방대의 주요 임무와 목적

「의용소방대 설치 및 운영에 관한 법률(약칭: 의용소방대법)」규정하고 있다.

제1조(목적)에서 의용소방대는 화재진압, 구조·구급 등의 소방업무를 체계적으로 보조하기 위한 목적을 가지는 것으로 되어 있으며, 제7조는 의용소방대의 임무로 "1. 화재의 경계와 진압업무의 보조, 2구조·구급 업무의 보조, 3. 화재 등 재난 발생 시 대피 및구호업무의 보조, 4. 화재예방업무의 보조, 5. 그 밖에 행정안전부령으로 정하는 사항"을 규정하고 있다.

'그 밖에 행정안전부령으로 정하는 사항'에 대해서는 시행규칙 제13조(임무)에서 "1. 집회, 공연 등 각종 행사장의 안전을 위한 지원활동, 2. 주민생활의 안전을 위한 지원활동, 3. 그 밖에 화재예방 홍보 등 소방서장이 필요하다고 인정하는 사항"으로 구체화하여 규정하고 있다.

의용소방대는 주로 직업소방관을 보조하는 역할을 수행하고 있고, 재난 현장 뿐 아니라 재난의 예방이나 기타 안전활동에 이르기까지 광범위한 역할을 수행하고 있다.

2022 소방청 통계연보에 따르면, 우리나라 의용소방대원의 숫자는 2021년 기준, 총 3,921개 대 95,645명으로 집계된다. 2012년부터 2021년까지 총원의 변동을 보면 94,216명(2012년)에서 96,561명(2020년) 사이로, 약 95,000여명 수준을 유지하고 있다. 전문의용소방대에는 대학생·전통 시장·다문화·수난·산악·문화재 등으로 294개 대가 있으며, 전담의용소방대는 도서 산간 지역에 초기 대응력강화를 위해 186개 대가 활동하고 있다.

최근 몇 년간 의용소방대의 활동은 증가하고 있지만, 그 규모나 법적 근거규정으로 볼 때 의용소방대가 가지는 잠재력에 비하여 재난현장에서 역량을 충분히 발휘되지 못하는 것으로 볼 수 있다(출처:한국방재학회논문집, 제23권 3호 2023년 6월호, p.62).

의용소방대의 활동 영역은

화재예방 진압 보조 업무 범위에서 태풍, 집중호우, 가뭄, 폭설과 같은 자연재해, 코로나 대응과 같은 주민 안전활동으로 확장되고 있다. 의용소방대는 소방력이 미치기 어려운 도서, 산간, 농・어촌 지역의 초기 진압활동과 예방홍보활동에 큰 역할을 하고 있다. 화재・구조・구급 등 기존의 현장 활동뿐만 아니라 생활안전 출동 등 소방의 업무범위가 점차 확대됨에 따라 기존 소방력이 미치지 못하는 부분까지 의용소방대의 활동영역이 늘어나고 있다.

도농복합지역에서의 예방 홍보, 고령화 지역에서 소방안전점검요원으로 활용하는 사례가 대표적이다. 의용소방대는 지역주민들에 위험요소 교육 홍보와 대응절차 등을 미리 알리고 대피유도를 통해 인명피해를 최소화할 수 있도록 교육하는 역할도 하고 있다. 최근에는 지원활동 뿐만 아니라 화재예방 순찰활동, 독거노인 생활안전지원, 소화기 배부, 벌집제거 등 활동 영역이 넓어지고 있다. 지역 내 행사 집회, 공연 등 각종 행사장의 안전을 위한 지원활동, 주민생활의 안전을 위한 지원활동 등 다양한 분야의 지원활동을 실시한다. 지역 행사 진행시 심폐소생술, 지진 체험 등 각종 안전교육의 도우미로 역할이 증가하고 있다.

빠르게 변하는 사회적 변화에 따라 의용소방대의 활동은 지속적으로 증가하고 있으며, 소방청의 통계에서도 2019년도 의용소방대 활동은 2015년도의 약 2배에 달하는 것을 확인할 수 있다.

의용소방대 활동 영역의 확장에 따라 소방청의 통계 방식도 2020년도에 변경되었다. 2019년도까지는 단순히 '화재 진압, 구조・구급, 경계 근무, 교육훈련, 화재 홍보'로 분류되었는데, 2020년도부터는 특히 예방 활동이 강화되며, 화재 예방 업무의 보조뿐만 아니라, 집회, 공연 등 각종 행사 지원활동, 주민생활의 안전을 위한 지원활동, 그 밖에 화재 예방 홍보까지 포함되었다. 통계 방식의 변경으로 인한 집계의 어려움 등을 감안하더라도, 의용소방대 활동은 점차 증가하고 있다고 볼 수 있다.

2020년부터 유행한 코로나 전염병이 확산되는 상황에서 의용소방대의 활동은 대단했다.

코로나 지원활동은 다수의 인력이 통일된 조직에서 진행해야 하는 속성을 지니고 있다. 96,000명 여명으로 구성된 전국조직을 갖춘 의용소방대는 예고 없이 다가오는 재난에 적합했던 것이다. 2020년도에는 총 46,351회에 275,206명이 참가하였는데 코로나19 초창기여서 2021년도와는 다르게 마스크공장 지원, 약국지원, 격리자 지원 등의 활동이 있었다. 2021년도 코로나19 지원활동은 총 71,050회에 488,014명이 참가하여 격리자 지원, 농촌 일손 돕기, 방역 지원, 감염 예방홍보, 예방접종센터 지원, 헌혈 등 활동을 하였다.

전담의용소방대 및 전문의용소방대 활동

의용소방대가 발전함에 따라 직업소방관의 단순 보조활동 뿐 아니라 기존의 의용소방대 업무보다 전문성이 요구되는 업무도 잘 수행하고 있다. 대표적인 것이 전담의용소방대와 전문의용소방대이다. 보통 의용소방대는 보조적 역할을 수행하지만, 긴급한 경우에는 전담의용소방대원은 소방본부장 또는 소방서장의 소집명령이 없어도 긴급하거나 통신두절 등 특별한 경우에는 자체적으로 화재진압을 수행할 수 있다(법제10조). 전담의용소방대는 총 186개소 4,464명(정원 5,640명 대비 79%)이 섬지역 18개 대, 산악 지역 1개 대, 기타(원거리지역) 167개 대가활동하고 있다. 근무형태는 비상근 순번제 출동으로 연중 운영하고 있다. 평시에는 생업에 종사하다가 재난 발생 확인 후 현장 출동하여 임무를 수행하게 된다. 지원 장비로는 펌프차, 공기호흡기, 방수복, 관창, 사다리 등이 있으며 소방서비스 사각지대 해소를 위해 농·어촌 초기 재난대응에 도움을 주고 있다.

전문의용소방대는 294개소 6,207명이 지역특수성에 따라 소방업무 관련 기술·자격자 등으로 구성되었으며 지역 특성에 맞는 맞춤형 안전지킴이 소방서비스 제공하고 있다. 2021년 전담의용소방대는 총 3,523회 18,007명이 화재 진압, 구조·구급, 급·배수 지원, 생활안전 등의 활동을 수행하였다. 시·도별 활동은 전통시장, 노인 안전돌봄,

문화재, 수난, 산악, CPR, 중장비, 의료, 사회복지, 화학, 기술, 다문화 등으로 다양하다.

생활안전 전문의용소방대는 정규 소방인력 투입의 한계를 극복하고자 구성되었으며 비교적 긴급하지 않고 덜 위험한 생활안전대는 벌집제거, 동물 포획 등 비응급 현장출동을 하였다. 전국 소방서별 상황에 맞게 연중 운영하되 하절기(8~9월)에 집중적으로 활동이 이루어졌다. 2021년도 기준 3,965명이 벌집제거, 동물구조, 산악구조, 실종자, 위치추적 등의 활동에 참가하여 총 8,206건을 처리하였다(출처:한국방재학회논문집, 제23권 3호, 22023년 6월, p.64).

119구급대 확대 운영이 필요하다

최근 10년(2012~2022) 평균 출동건수 2,183,470건 이었다. 2022년 출동 건수 3,564,720건으로 평균대비 1,381,250건 증가(63.3%) 증가했다.

구급출동이 폭발적으로 증가하는 추세다. 생활민원 출동도 증가하고 있고, 화재,구조는 특정한 시기에 따라 다르나 줄어드는 추세다. 이런 소방 활동여건을 고려할 때 우리나라 의용소방대의 전문 활동영역을 구급 분야로 확대 운영해야 할 필요성이 있다고 할 수 있다. 구급활동은 현재 소방관서에서 가장 출동건수가 많고 전문성이 필요한 분야이다. 일선 소방서에서는 유아휴직, 출산휴가 등으로 인력난이 갈수록 심화되고 있다. 응급구조학과 간호사 등 대체인력제를 시행하고 있으나 수요에 비해 인력 부족 현상은 여전하다. 구급업무에 대한 의용소방대의 활동지원 현실화하기 위해서는 우리나라 의용소방대 전문교육, 훈련시스템, 교육·훈련전담 직제 부서설치 등 정부에서 조금만

관심을 갖고 개선·보완하면 충분히 현장활동이 가능하다.

의용소방대원의 교육훈련으로 전문성을 강화해야 한다

의용소방대의 훈련 중심으로 담당하는 소방학교는 현재 어느 지자체에도 설치되어 있지 않다.

대원들의 역량 강화를 저해하는 요인으로 현재의 교육훈련 시스템과 교육 내용에 있다고 할 수 있다. 교육훈련은 이론 위주의 교육으로 이루어져 형식적인 훈련이 되고 있으며, 의용소방대와 무관한 교육, 수준에 맞지 않는 교육 등 불만족으로 현장 대응 역량 강화를 어렵게 만들고 있다. 현행 법령에는 2년 이내의 신규 의용소방대원은 의용소방대 제도, 화재진압장비 사용방법, 위험물 및 전기·가스 안전관리 등을 내용으로 기본교육 36시간을 이수해야 하며, 기본교육을 이수한 의용소방대원은 수난구조, 산악구조, 소방자동차의 구조 및 점검 등을 내용으로 하는 연 12시간의 전문교육을 이수하도록 되어 있다. 하지만, 구체적인 교육·훈련실시에 관한 명확한 제도적 규정이 없고, 실제 교육훈련이 제대로 이루어지지 않는 경우도 많고, 특히 농촌지역의 경우 고령화로 인한 수강 능력 부족과 참석률이 낮은 문제점이 있다. 의용소방대원의 전문교육기간은 1~2일이며, 교육시간은 7~14시간 정도로서, 일반적인 교육 내용만을 다루고 있어 전문성이 낮다.

현장 전문성은 특수 장비를 활용할 수 있는 역량에 있는데, 현재의 교육시스템은 이러한 현장의 수요를 충족시킬 수 있는 훈련 시스템이 제대로 갖추어지지 않고 있다.

현재 진행되는 매월 1회 반복되는 교육훈련과 여러 종류의 소방차

길터주기, 단합을 위한 체육대회, 소방기술경연대회 정도의 행사로는 대원으로서의 자부심과 의욕을 가지고 활동을 수행하기 어렵다.

의용소방대원 선발 시스템도 의용소방대의 전문성 강화를 저해할 수 있다. 선발 기준이 없어 소방서의 재량에 따라 신청자 위주로 모집하다보니 의용소방대 전체의 전문성과 활동성이 미약하다. 고령화 현상도 현장활동 어려움으로 작용한다.

의용소방대의 중요성은 인정하면서도 전담부서가 없다

일부 시·도를 제외 하고는 아직까지 우리나라 모든 소방서에 의용소방대 조직과 인원을 관리·운영지원 하는 전담부서가 설치되어 있지 않다.

각 소방서별 담당자 한 명이 의용소방대원의 전체 관리 업무를 전담하고 있는 실정으로 의용소방대의 교육 계획수립과 현장실무에 한계가 있다. 결국 의용소방대의 전문성 강화와는 멀어지고 있다. 의용소방대의 인적 구성은 매우 다양하다. 소방학교 등과 연계하여 연령·학력 등을 고려한 의용소방대 맞춤형 교육프로그램 계발이 필요하다. 교육훈련 시스템을 점검하고 시대적 요청과 지역의 수요에 맞는 의용소방대 역할 확대 및 역량 강화를 위해서는 일선 소방서 자체의 역량만으로는 한계가 있다. 일선 소방서에서 의용소방대 교육을 거의 전담하고 있는 제도적 한계를 탈피하여 의용소방대의 교육과정이나 교육수요 등 교육체계 전반에 대한 면밀한 검토분석이 있어야 한다.

소방청이나 소방본부 차원에서 전담부서를 신설하여 체계적 관리와 교육훈련을 효율적으로 운영하기 위해 현재의 의용소방대 제도 등을 점검하고 개선해나가는 작업이 필요하다.

최소한의 활동한 시간만큼 수당을 현실화해야 한다

의용소방대 지원강화 필요성은 모든 연구에서 공통적으로 지적하고 있다. 가장 중요한 것은 소방관 활동만큼 최소한의 수당이라도 현실화해야 할 것이다. 미국에서는 소방관의 출동 및 활동 수당이 현실화되어 의용소방대원만으로 구성된 소방서들도 스스로 경제적으로 독립하여 운영할 수 있을 정도로 제도가 갖추어져 있다. 해당 비용은 지역 주민들이 부담하는 형태로 운영되고 있지만, 지속 가능한 의용소방대의 활동이라는 시각에서 볼 때 위험을 감수하고 지역사회에 기여하는 최소한의 보상이라고 볼 수 있을 것이다. 외국의 의용소방대 활동에 대한 보상제도에는 조세감면 혜택, 무료 건강검진, 소속회사의 협력사업체 표시제, 특별자동차번호판 부여, 등을 시행하여 열심히 일할 수 있는 동기를 부여하고 있다.

우리의 경우에는 의용소방대원 1인당 지원 예산 현황에 있어 재정자립도가 높은 지역과 낮은 지역 간에는 큰 격차가 나는 것을 볼 수 있다. 이와 같은 문제는 의용소방대 활성화와 의용소방대원의 사기를 저해하는 큰 요인으로 판단된다.

우리나라의 경우에 의용소방대원에 대한 표창, 국내외 견학, 자녀 장학금 지급 등 보상제도가 있지만, 실제활동 실적에 따른 평가와 그에 대한 적정한 보상이 제대로 이루어지지 않고 활동실적이 아니라 순서에 따라 나눠주기식이라는 문제도 있다.

현재 의용소방대원들은 재난현장에 출동할 때마다 출동수당을 지급받는데 대원에서부터 대장에 이르기까지 모든 대원들에게 동일한 수당이 지급되고 있다. 의용소방대원으로 입대하면서부터 철저한 경력

관리를 바탕으로 신뢰성을 부여하고, 활동의 적극적 참여를 유도하기 위해 의용소방대 활동 점수인센티브제 도입도 필요하다. 화재·구조·구급현장 등 어려운 활동은 높은 점수를 부여하고 상대적으로 캠페인 등 난이도가 쉬운 활동에 낮은 점수를 부여하면 부족한 예산부분에서 어느 정도 형평성을 이룰 수 있고, 의용소방대원 개인별 활동실적을 구체화하여 기록하고 정기적으로 평가하여 반영할 경우 대원들의 활동 참여도와 만족도를 향상시킬 수 있을 것이다.

대형재난 현장 활동 보상제도 개선해야 한다

2017년 5월 강원도 동해안 산불이 동시다발적 발생한 때 활동사례를 보면, 의용소방대원들이 계속 4일 동안 산불 진화 활동에 참여하였는데도 출동 수당은 기본적인 활동시간 1일 4시간 밖에 보상 받지 못했다. 일상적 교육, 훈련 활동 기본수당과 위험부담이 따르는 산불 등 대형재난, 자연재난 현장에서 긴 시간 활동할 경우 일상적 활동과 구별되는 별도의 보상제도를 마련해야 한다. 대형 재난은 갑자기 발생한 경우가 많으므로 예산편성시 의용소방대원들이 자신의 생업을 뒤로하고 공동체 이익을 위해 참여할 수 있는 인센티브가 있어야 한다.

적극적 관심과 재정적 지원이 결국 지역사회를 살리고 함께 공존하는 원리임을 깊이 새김으로써 진정으로 안전한 나라의 기초가 확립될 것이다.

※ 지급수당(의용소방대법 시행규칙 제19조, 2022.12.1. 시행)

소집수당은 소방위에게 적용되는 시간외수당 단가로 지급한다.

소집수당은 1시간 단위로 계산하여 지급하되, 1일에 8시간을 초과할 수 없다. 다만, 전담의용소방대원과 특별재난구역으로 선포된 지역에서 임무를 수행하는 의용소방소방대원에게는 시, 도 조례로 정하는 바에 따라 1일 8시간을 초과하여 지급할 수 있다.

예) 소방위 시간외근무수당 단가(12,610) × 활동시간=지급액

교육여비 단가(4시간 미만 1만원) × 교육일수=지급액

의용소방대 효율적 운영을 위한 개선방안

일본은, 소방대원 16만 4천명(16%) 소방단(의용 소방대) 85만명(84%)이다.

미국은, 2020년 직업소방관은 36만 4,300명(35%), 의용 소방관은 67만 6,900명(65%)이다.

우리나라 소방관 66,000여명(41%), 의용 소방대원 96,561명(59%)이다.

미국, 일본의 의용소방대 조직이 처한 상황과 유사하다고 할 수 없으며 이 두 나라 조직이 완전하다고 볼 수는 없다. 하지만 미국, 일본은 실제 현장 대응 경험을 바탕으로 대규모 재난에 대응하기 위한 본질적인 사항을 실제 경험을 통해 개선하였다는 점에서 우리에게 많은 시사점을 주고 있다. 대규모 재난을 대비하는 우리에게 두 나라의 제도를 참고하여 준비해 나간다면 좀 더 나은 예방과 대응을 할 수 있을 것이다.

첫째, 의용 소방대의 역할은 대규모 재난 발생시 상비 소방행정의 한계를 보완한다는 의미를 담고 있다. 의용소방대는 소방행정의 단순 보조임무 수행자가 아니라 지역의 사정을 누구보다 잘 파악하고 있는

특성을 활용하여 지역사회 재난관리의 앞장서는 역할을 해야 한다. 의용소방대법에서 주민생활의 안전을 위한 지원활동을 의용소방대원 임무를 세분화 규정하고 있으므로 의용소방대 스스로 안전에도 충실해야 할 것이다.

둘째, 의용소방대의 대응능력은 단순한 방재기술과 지식의 습득으로 대응능력이 향상되는 것은 아니다. 대규모 재난에 대응하기 위해서는 습득한 지식을 지역 주민에게 전달하고 문제점을 서로 공유하여 상호협력하는 방안을 찾아야 할 것이다. 전문성을 지닌 소방학교 교원의 파견교육도 늘려야 한다. 지역에서 일어날 수 있는 재난 리스크를 서로 공유하고 대응책을 체계적으로 마련해야 한다.

셋째, 의용소방대를 지원하는 것은 대규모 재난에 대응하기 위한 사전준비와 연결되므로 필요자원을 신속하게 지원해야 한다. 의용소방대는 대규모 재난대응을 위한 재난관리 공동의 관심사에 대한 네트워크를 구축하는 이해관계자로서 지역사회의 공동체적 협력을 이끌수 있는 중심적인 노력을 기울여야 한다.

넷째, 조직운영 리더십 역량을 강화해야 한다.

지금까지 대부분 의용소방대장은 관행에 따라 입대경력 우선으로 추천해 리더십이 부족한 사람이 임명되는 경우가 많았다. 리더십 역량 부족에 따른 의용소방대 미숙한 운영으로 내부적 갈등의 요인이 되고 있다. 의용소방대장 등 관리계층 대원(대장, 부대장, 부장, 반장) 들을 기존 방식이 아닌 현대적 조직 운영 역량있는 자를 관리계층으로 임명해야 한다. 대원이 입대시부터 객관적 활동사항을 기록 관리를 제도화해야 하고 관리계층 임명시 경력과 활동실적을 반영해서 리더십을 갖춘 선출시스템을 만들어야 한다.

언제 발생할지 모를 대규모 재난에 대비하여 우리나라 의용소방대가 풀어야 하는 과제들이 많이 있다. 실제 경험을 바탕으로 선도적으로 개선방안을 마련한 일본, 미국의 사례는 우리가 그보다 더 나은 방안을 마련하는데 적지 않은 도움이 될 것이다.

우리나라 의용소방대는 초고령 사회 등 변화하는 환경에 잘 적응하지 못한다는 지적이 있다. 활동 영역 및 횟수가 증가하고 전담의용소방대 및 전문의용소방대 활동도 있지만, 여러 연구들에서 지적된 한계들을 정리하면 전문성의 한계, 지역사회 특색에 맞는 지역사회 재난안전 봉사 활동 미흡, 재난대응 협력네트워크 미흡, 의용소방대 활동 활성화를 위한 지원 미흡 등으로 정리된다.

일본, 미국의 의용소방대원의 자격은 규정된 직업소방관과 거의 유사하며 그에 상응하는 활동을 하고 있다. 일본, 미국의 사례를 바탕으로 국내의용 소방대 활성화를 위한 제도 개선 방안은 지속 가능한 의용소방대 활동을 위한 인재 모집, 의용소방대의 역량 강화를 위한 교육훈련 시스템 정비, 의용소방대 활동 활성화를 위한 지원 강화, 의용소방대 전국 조직의 자생력 강화, 중앙 차원의 표준화 및 지원 프로그램 등 정책 개발 등이 필요하다.

일본, 미국은 의용소방관제도가 발달되어 있는데, 이는 단순히 의용소방대 비율이 높은 데 기인한 결과가 아니라, 의용소방대 활성화를 위한 각종 노력의 결실로 보아야 할 것이다.

재난 전문가 되기 전에 떠난다

과중한 책임과 업무만 강요

재난을 담당하는 공무원들은 하나같이 인력 부족과 그로 인한 '번아웃'을 호소하고 있다. 비가 내리는 날이면 "이틀에 한 번꼴로 밤을 새우며 일해도 눈앞에 나타나는 성과가 없다"고 말한다. "매년 (침수를 막기 위한) 개선 공사를 해도 주민들은 늘 화가 나 있다" 재난의 강도가 커지고 반복되는 횟수가 증가하면서 지자체 역량이 따라가지 못하는 사고가 점점 증가하고 있다. 재난담당자들은 "삶이 더 망가지기 전에 하루빨리 탈출하고 싶다"는 체념으로 가득했다.

이런 환경 때문에 이직률이 높고 업무 대응능력을 갖추기 힘들다는 것이다.

재난 전문가를 양성될 수 없는 환경이다. 방재안전직 공무원이 생긴 게 생각보다 그렇게 오래되지 않았다.

행정안전부는 재난에 효과적으로 대응하기 위해 2013년 방재안전 직렬을 신설했다. 2014년부터 처음 임용됐다. 방재안전직 공무원은 △자연재해와 사회적 재난 대응 △안전관리 계획 수립 △안전교육 등의 업무를 담당한다. 다들 연차도 낮고 직급도 낮다. 10년 이상은 근무해야 전문가가 될 수 있는데, 그전에 다 떠난다. 전문가가 만들어질 수 없는 환경이다.

정부는 2013년 '방재안전직 공무원'을 신설하고 "재난 관리 핵심으로 양성하겠다"고 했다. 행정안전부 '2022년도 지자체 공무원 인사통계'를 보면 방재안전직 공무원은 총 791명(임기제 포함)이다. 30만여 명에 달하는 전체 공무원의 0.25% 수준이다. 정부는 2019년 '제4차 국가안전관리기본계획'을 발표하며 2024년까지 방재안전 공무원을 1640명까지 늘리겠다고 했으나 채용 대비 퇴직률이 매우 높아 아직 목표치의 절반에도 미치지 못한 상태다.

재난 공무원들은 권한은 없고 책임만 있는 구조가 가장 큰 문제이다.

한 자치구 재난안전대책본부에서 일반행정직 공무원으로 근무하는 A씨는 공무원들이 소극적으로 행동할 수밖에 없는 이유를 이렇게 설명했다. "재난 상황에 선제적으로 대처하려면 주관적 판단이 필요한 경우가 많아요. 재난을 막으려고 어떤 조치를 했는데, 생각보다 재난 피해가 없으면 어떨까요. 다른 불편이 발생한다면 어떨까요. 주민들도, 기관도 '왜 멋대로 했어'라고 책임을 묻는 거예요."

"앞으로도 재난은 더 강해지고, 더 자주 찾아올 겁니다. 이대로 있으면 내 삶이 무너지는 것도 시간문제예요. 제 인생을 망가뜨리면서까지 이 일을 할 필요가 있을까요?

재난 대응에 실패한 공무원을 제대로 처벌하고 징계하라는 목소리는 많지만 거기에 맞는 권한을 함께 주자는 권한을 주자는 목소리는 없다. 현장 공무원들은 언젠가 더 큰 재난이 닥칠 것을 두려워 한다. 재난담당 공무원들의 이런 고충으로 장기 근무하며 전문가로 성장할 길을 막고 있다.

현재 기피 부서 1순위가 안전 관련 부서다.

'새벽 출근은 일상이고 주말 출근해서 일해도 잘해야 본전이고, 사고 나면 책임을 져야 한다'

국회 행정안전위원회에서 17개 시·도로부터 제출받은 최근 3년간(2021년~2023년) 재난담당 공무원 초과근무 현황에 따르면 이들의 월평균 초과근무 시간은 45시간으로, 다른 일반 공무원(31시간)과 비교했을 때 1.5배 더 일했다.

오송 참사가 또 일어날 수밖에 없는 이유

한 지자체 공무원은 온라인 익명 게시판에 이렇게 썼다. "공무원 2년만 해도 (재난·안전 부서) 탈출하려 애쓰고, 정 안 되면 그냥 휴직한다"며 "매번 신규 발령자가 그 자리에 앉곤 하는데, 다들 탈출할 생각밖에 없는 사람들뿐이라 (사고가 나면) 팀·과장에 물어봐도 어떻게 대처할 줄 모른다"고 했다. 재난 대비 업무는 전문가에게 맡겨도 어려운데 초임들이 떠맡으니 참사가 날 수밖에 없다는 것이 이 공무원 생각이다.

"지자체 재난안전부서 대부분은 재난에 관심조차 없으며 재난법조차 읽어본 부서장이 드물다. 재난 현장에 나가면 전화는 누가 받고, 보고서는 누가 쓰며, 상황실 운영은 누가 하느냐"

"사고 나기 전에 통제하면 '네가 뭔데', 사고 나면 '제발 살려주세요', 수습 끝나면 '사전 예방 못 한 네 탓'이란 분위기에 무슨 일을 하겠느냐"는 글도 게시판에 올라왔다.

마치 '오송 참사'를 미리 내다본 듯이 지자체 현장 문제를 일선 공무원들이 지적하고 있는데 정부와 지자체 책임자들은 관심도 대책도 없어 보인다.

전국공무원노동조합은 "오송 재난 대응 담당자가 한 명, 청주시 전체 담당자가 한 명"이라며 "이 한 명이 수많은 전화를 받는다. 민원을 처리하다 보면 현장에 나갈 엄두도 못 낸다" 오송 지하차도 참사에서도 방재안전직 인력 부족 문제가 나타났다고 설명했다.

헌신할 기회를 막고 있다.

공직사회가 최근 몇 년사이에 이기적으로 변해 희생, 헌신, 성실 등 단어가 무색하하리만큼 삭막하게 변해 버렸다. 다시 회복하기는 쉽지 않을 것이다. 잘못을 해도 뭐가 문제냐하는 태도가 더 문제다. 정시에 퇴근해라. 휴일 근무 하지 마라. 유연근무 의무적으로 연 몇 회이상 해라 정말로 나라가 정상적으로 가고 있는지, 국가와 시민을 위해 헌신할 기회조차 법과 규정으로 막고 있다. 정상적 수준이 아니다. 조직문화 실천계획으로 간부공무원 목표관리제 시행(부서장 없는 날 운영, 연가일수 의무적 사용, 유연근무제 의무시행 등)으로 기관평가 점수에 반영하고 있다.

"열심히 일하면 손해"라는 복지부동(伏地不動)을 강화시켰다.

2023년 6월 초 기획재정부가 출입 기자들에게 이메일로 배포한 보도 해명자료가 관가(官街)에서 화제가 됐다. '연금소득 저율 분리과세 기준금액 확대 여부는 결정된 바 없다'는 내용 자체는 문제가 없었지만, 첨부파일명이 '연금소득 저율 분리과세 확대 관련(실수)'이라고 돼 있었기 때문이다.

"실수"가 무슨 뜻이지라고 출입 기자들이 궁금해하고 있을 때 기재

부는 (실수)를 (배포용)으로 바꾼 수정본을 다시 배포했다.

'실수'는 공무원들이 쓰는 줄인 말로, '실장 지시로 수정한'이란 뜻이다. 국장이 과장에게 업무 지시를 내리면 과장은 지시받은 내용을 요약해 국장에게 이메일 등을 보내 "1~5번 항목이 지시 내용인데, 맞습니까"라고 확인한다고 한다. 상사 지시로 그 업무를 수행한다는 '증거'를 남겨 놓는 것이다. 마찬가지로 '국수' '과수'는 국장, 과장이 수정을 지시했다는 의미다. 국수1, 국수2처럼 숫자가 뒤에 붙는 것은 수정하라고 한 횟수를 가리킨다. 다른 정부 부처들에서도 이런 파일명이 널리 쓰인다고 한다.

나중에 정책이 잘못됐을 경우 감사원 감사나 검찰 수사를 받을 때 실무자가 본인 책임이 아니라는 것을 입증하기 위해 문건 수정 주체를 파일명으로 표시하는 것이라고 한다. 공무원들이 대한민국 정책을 자신이 주도했다는 자부심보다 책임 추궁을 두려워하는 보신주의에 빠진 것이다. 이런 관행이 정확히 언제부터 시작됐는지는 알 수 없지만, 관가에 뿌리내린 것은 문재인 정부의 적폐(오랫동안 쌓여 뿌리 박힌 폐단) 청산 때문이라는 의견이 많다.

왜 이렇게 관료사회가 바뀌었나

여러 가지 복합적인 원인이 있지만 **'정책의 정치화'**에서 답을 찾는 이들이 적지 않다. 정권이 바뀜에 따라 정책에 어느 정도 색깔이 입혀지는 것은 어쩔 수 없지만 2017년 7월 20일 당시 정부 대통령비서실이 정부기관에 적폐(오랫동안 쌓여 뿌리 박힌 폐단) 청산 관련 공문을 발송한다. 당시 정부의 100대 국정 과제 중 1호였다. 부처별로 '적폐청산 TF'를 만들어 국정 교과서 문제, 블랙리스트, 4대강 사업 등 박근혜 정부를 넘어 이명박 정부 정책까지 속속들이 파헤치며 공직사회를 쑥대밭으로 만들었다. 문재인 정부 들어 과도한 이념적 편향의 무리한 국정 운영이 공직사회를 극도로 위축시켰다.

"정권 교체 후 동료들이 곤욕을 치르는 것을 목격한 공무원들 사이에 '적극적으로 일하면 오히려 처벌받을 수 있다'는 복지부동이 확산됐다"고 한 고위 공무원은 말했다.

새 정부가 들어서면 국정 철학을 널리 알리고 공직 사회의 기강을 잡기 위해 어느 정도 필요한 측면이 있다. 전 정권에 업무를 추진했던 공무원들에게 인사상 불이익을 주는 오래된 관행은 정권이 바뀔 때마다 정도의 차이는 있지만 반복돼 오고 있다. 하지만 불법 행위를 저지른 것도 아닌데 전 정권의 정책을 수행했다는 이유로 형사처벌로 연결하는 것은 차원이 다른 문제다. 정부가 넘지 말아야 할 선을 넘었다고 비판받는 이유다.

"과거 공무원들이 부정 행위나 뇌물 수수 등 법률적으로 정해진 사안으로 감옥에 갔다면 이제는 위의 지시를 받은 업무 추진 과정에서 벌어진 일로 기소되다 보니 방어적으로 일할 수 밖에 없다"

공무원의 복지부동은 어제오늘의 일이 아니다.

우리나라 고위 공직자들은 경제성장 과정에서 핵심 역할을 하며 국가 발전을 이룬 우수한 집단이다. 국가 발전이라는 뚜렷한 목표와 공복으로서의 소명의식과 헌신이 있었다. 하지만 민주화 이후 관료 장악·통제권이 약해지면서 이들은 복지부동, 무사안일의 기득권 세력으로 변했다. 공무원들이 인사 보복에 대한 두려움 없이 업무에 전념할 수 있는 환경을 만드는 것이 필요하다.

관료 집단의 속성도 한몫한다.

공공선택(public choice)이론의 창시자로 불리는 제임스 뷰캐넌(1986년 노벨경제학상 '경제학에 있어서의 정치적 적용')은 정치인과 공무원이 국가와 국민을 위해 일하기보다 자기가 속한 집단의 이익을 추구한다고 봤다. 재선(再選)을 하거나 더 큰 권력을 얻으려고 하지 항상 공공의 이익을 위해 행동하지는 않는다는 설명이다. 정치인과 공무원이 자신들의 권한을 강화하기 위해 규제를 늘린다는 것이다. 때로는 공무원이 특정 이익집단과 한편이 돼 그들에게 유리한 방향으로 법·제도를 운용한다. 공무원이 이익집단의 포로가 된다고 보는 이런 관점을 '포획 이론'(1982년에 노벨경제학상을 수상한 조지 스티글러가 제시한 이론)이라고 한다.

뷰캐넌은 정부가 조직 규모와 지출을 늘리고 큰 재정적자를 내버려두는 경향을 분석했다. 정치인과 정부는 유권자들의 표를 얻기 위해 세금을 감면하고 재정적자를 감수하고 정부 지출을 늘린다고 진단했다. 세금 인하와 지출 증가가 합쳐지면 재정적자와 공공부채는 자꾸 늘어나며 정부는 공공사업을 하려고 점점 몸집을 불린다고 덧붙였다. 그는 30권이 넘는 저서와 강의 등을 통해 공공선택이론을 설파하고 작은 정부와 적자 축소, 규제 완화를 주장해왔다.

'시장실패'보다 무서운 건 '정치실패'라고 강조했다.

현재 공무원 조직문화에서는 적극성 그 자체가 문제가 될 수 있는 분위기다.

"공무원 한 명이 지역의 특정 업무 전체를 통째로 맡는 경우가 많다 보니 재난 시 전부 챙기기 쉽지 않지만 자칫 다 덮어쓸까 봐 소극적으로 대응하거나 보고 누락·회피 등 잘못된 판단을 내리는 일이 잦다"고 중앙·지방정부를 경험해 본 관료는 지적했다.

하천관리, 안전정책, 도로 담당에게 통보 했는데 그 중 한 곳에라도 '적극적인 공무원'이 있었으면 참사는 막을 수 있었다. 적극적으로 업무를 처리하면 다른 업무를 맡은 공무원에게 업무 범위에 명시되지 않은 일을 떠맡기는 꼴이 되기 때문이다. 민원·안전 관리와 같은 기피 업무를 함께 하자고 부탁하면 조직 내 평판이 나빠지는 부담도 져야 한다.

결국 안전 업무 담당자들은 대부분 평소엔 '참사가 발생하지 않도록 하기 위해' 주말도 없이 출근 격무에 시달리면서도, 참사가 발생했을 때는 충분한 지원인력이나 재량 없이 '참사가 발생했을 때 책임을 지기 위해' 책상을 뜨지 못한 채 여러 현장을 한꺼번에 챙기는 모습이 연출되고 있다.

방재안전직 공무원들은 승진도 녹록지 않다.

이들 가운데 대다수는 7급과 9급으로 임용된다. 승진하려면 자리가 생겨야 한다. 방재안전직 직렬은 인원이 적어 자리가 나는 경우도 드물다. 2022년 기준 지방직 5급 공무원은 8명에 불과했고, 4급 이상 공무원은 없었다.

행정안전부의 공무원 인사 통계에 따르면 2022년 기준 5급 40명, 6급 41명, 7급 47명, 8급 23명, 9급 6명 등 총 157명이 중앙 부처에서 근무하고 있다. 지방직의 경우 해당 지역 관청에 있는 재난 담당 부서에 배치된다. 2022년 기준 5급 8명, 6급 18명, 7급 197명, 8급 320명, 9급 224명 등 총 767명이 일하고 있다.

방재안전직군의 인력 유출이 심각해지고 있는 것도 이런 배경에서 받아들여진다. 2022년 행정안전부가 정의당 J 의원에게 제출한 '시·군·구 방재안전 직렬 공무원 채용·퇴직 현황 자료'에 따르면 방재안전직 채용 인원 대비 퇴직자 비율은 2017년 17.4%에서 2021년 48.6%로 증가했다. 새로 들어온 인원 가운데 절반가량이 빠져나가고 있는 것으로 나타났다(일요신문 2023.7.27.).

중앙부처와 지자체를 업무를 경험한 고위 공무원들은

"위기 때 조직을 제대로 운용하고 재난 상황에 빠르게 대처해 국민의 안전을 지키는 것은 지자체장의 가장 중요한 책무"라며 "하지만 지자체장이 평소 안전 문제에는 큰 관심을 두지 않다가 사고가 나면 마녀사냥식으로 해당 책임자만 문책하는 분위기가 팽배하다"고 말했다.

현장 공무원에 대한 처벌이 반복되면서 상급자들이 책임 분산을 위해 긴급 상황에서 여러 회의체를 가동시키는 경우도 흔하다. 이런 형태가 신속한 예방 대응을 어렵게 하고 있다.

"재난은 '발생하지 않아야 성공'이고 안전 관련 사안은 성과가 눈에 잘 드러나지 않기 때문에 리더십이 매우 중요하다"며 "평소 안전 문제와 관련해 이행 사항을 정확히 챙기고 이를 토대로 평가하는 지자체장의 위기관리 리더십 부재가 오송 참사를 불렀다"고 말했다.

지자체장들이 보고를 받는 데만 익숙하고 현장 상황을 살피거나 후속 보완 지시를 제대로 내리지 않는 등 위기 리더십의 부재도 문제점으로 지적된다.

선출직으로 4년에 한 번씩 지자체장이 바뀌는 상황에서 지자체장들이 대외적으로 잘 드러나지 않는 안전 문제를 지속적으로 관심을 가지고 관리하지 않아 참사가 되풀이되고 있다.

지자체장의 각별한 관심은 승진에서의 불이익을 상쇄할 수 있는 요인이 될 수도 있다. 그러나 현실적으로 선출직인 지자체장이 업무를 해도 잘 표시가 나지 않는 안전 업무에 지속적인 관심을 쏟는 경우는 드물다. 지자체장들은 겉으로 드러나는 주력 사업에 신경쓰느라 안전 업무를 도외시하는 경우가 많다. 안전관리 전문가를 육성한다는 생각으로 지자체장이 인적자원을 제대로 분배하고 인사와 처우에 대한 지원책을 마련해야 반복되는 악순환을 막을 수 있다.

문제가 생기면 실패의 책임을 지자체의 리더가 지지 않고 '꼬리 자르기' 식으로 책임자만 문책하는 경직된 조직문화도 위기 상황에서 소극적으로 행동하게 되는 주된 이유로 꼽힌다.

어떤 공무원에게 무슨 일을 맡길지가 아니라 어떤 방식으로 인적자원을 분배해야 공무원 집단 전체의 역량이 잘 발휘될 수 있을지를 고민하고 업무 분장 체계를 개선해야 한다.

행정안전부 관계자는 "재난 발생 여부와 상관없이 지자체장이 수시로 재난 대비 훈련을 하도록 의무적으로 강제하는 등 안전 문제에 대한 경각심을 일깨워야 공직사회의 무사안일주의와 소극적인 대처를 막을 수 있다"고 말했다.

세분화된 업무를 공무원 개인별로 배정해 둔 공무원식 업무 분장은 평소 행정업무를 효율적으로 처리하는 원동력이 되지만 위기 상황에서는 이런 '칸막이 문화'가 업무 수행을 방해하는 요인이 되는 사정이 최근 사고에 드러났다.

지역 정보·업무 익숙하지 않으면 재난에 신속 대응하기 쉽지 않다

방재안전직 공무원들은 업무 성과가 제대로 측정되지 않다 보니 승진에서 누락돼 사기가 저하되는 악순환이 반복되고 있다. 월급도 적은 데다 야간 근무가 반복되다 보니 평생 그 일만 하려는 사람은 적고 다른 부서로 나갈 생각부터 하는 경우가 많다.

승진이 안 되는 자리를 기피하는 공무원 조직의 특성상 평소 격무를 해도 잘 표시가 나지 않는 방재안전직은 항상 인력난에 시달린다. 따라서 이 자리에 인력을 배치하기 위해 방재안전직을 비롯해 건축직, 토목직, 공업직, 행정직 공무원이 돌아가면서 업무를 맡는 순환보직 체계로 운영된다. 순환보직 체계는 과로나 과도한 책임감을 분산시키는 효과를 내지만 재난안전 업무를 담당하는 공무원이 지속적으로 전문성을 쌓기 어려운 구조적 문제점으로 지적되고 있다.

행정안전부 출신 한 공무원은 "방재안전직 공무원은 중앙부처와 지자체에 매우 적은 인력이 배치되기 때문에 승진 자체가 어려운 구조"라면서 "해당 보직은 보통 2년 정도씩 순환 근무를 하게 되는데, 지역 정보에 밝지 못하고 업무에도 익숙하지 않은 경우 재난에 신속하게 대응하기 어렵다"고 말했다. 이어 "이번 오송지하차도 참사에서도 제방의 어디가 문제인지 아는 현장 직원이 있었다면 조치가 좀더 빠를 수 있었을 것"이라고 안타까워했다.

문제 발생 땐 민형사 책임도 부담이다

방재안전직은 모니터를 바라보면서 재난을 예방하는데 마치 아무 일도 안 하는 것처럼 비치다가 문제가 발생하면 혼자 민형사 책임을 져야 하는 것도 부담으로 작용하고 있다. 특히 경찰·소방 등 제복 공무원과 다르게 업무상 면책 등을 제대로 인정받지 못하는 점이 순환 인사 체계 때문에 생기는 약점으로 꼽힌다. 소방기본법 등은 소방공무원이 소방활동으로 인해 타인에게 손해나 사상에 이르게 했을 경우라도 소방활동이 불가피하고 고의 또는 중과실이 없을 때에는 형사책임을 감경하거나 면제하게 했다. 그러나 순환근무 체제로 일정 기간 동안만 방재안전 업무를 담당하는 공무원에겐 이 같은 규정을 적용하기 어렵게 된다.

재난 담당 실무자에 대한 형사처벌은 재난안전을 담당하는 방재안전 업무에 대한 기피 분위기를 조성하고, 형사처벌을 피하기 위해 책임을 최대한 분산시키는 관행이 생길 수 있다. 안전조치를 바꾸는 사소한 결정도 회의를 거쳐 하는 등 재량을 최대한 줄이고 책임을 여러 명에게 분산시키는 식으로 일을 하는 경우가 많다.

국민에 대한 봉사라는 헌법과 복무규정 원칙에도 워라밸 등 개인 이익에만 급급

2023년 8월 매일경제가 한국인사행정학회의 설문조사 자료를 분석한 결과, MZ세대(1980년대초~2000년대초 출생) 5~9급 공무원 120명 가운데 83.3%는 '공무원도 민간기업 근로자와 마찬가지로 경제적 편익을 지향하는 직장인'이라고 생각하는 것으로 나타났다.

이는 공무원을 국민 전체 봉사자로 규정하며 공사(公私) 구분과 근무기강 확립, 질서 존중을 우선 가치로 하는 현행 공직자 복무규정과는 동떨어진 것이다. 공무원이 직장인이 아니라는 반응은 11.7%에 그쳤다. 문제는 앞으로 대한민국 정책을 주도해 나갈 젊은 관료들 공직 인식이 급속도로 약해지고 있다는 점이다.

이근면 전 인사혁신처장은 “공무원이라는 직업의 본질을 이해하지 못한 공직자들이 순환근무제 등 구시대적인 인사 시스템을 거치며 전문성 부족 문제가 심해졌다”며 “성과 평가와 함께 전문성을 높이기 위한 로드맵을 서둘러 마련해야 한다”고 말했다.

경제성장기처럼 사명감을 요구할 수 없을지라도 최소한의 희생정신을 갖춘 자를 뽑아야 한다.

현장에 실권을 줘야 행정이 돌아간다.

권한을 받으면 반드시 책임을 져야 한다. 재난 대응의 경우 더욱 중요하다. 핼러윈 참사나 오송 지하차도 참사에서 피해를 키운 첫 번째 원인은 정확한 상황 판단, 초동 조치 등 현장 통제력의 문제였다. 현장의 대응 역량과 속도를 높이려면 컨트롤 타워의 작동이 필요하다. 현장 근무자의 책임의식과 자율성이 뒷받침돼야 한다. 엄격하고 합리적인 차원에서 공직자에 대한 책임을 묻도록 해야 한다. 결과에 대한 책임이 아니라 직무 수행과정에서 중대한 과실 여부를 객관적으로 분석해 법적 책임을 물어야 한다. 또한 정치적 책임을 법적 책임화하는 것, 즉 정치를 통해 풀 것을 법에 의존하는 잘못을 범하지 말아야 할 것이다. 공직자, 법원에 부담을 주고 그 피해는 다시 국민에게 돌아온다.

재난 발생시 정부 대응 능력이 떨어지는 원인에 대한 깊이 있는 연구가 필요하다.

원광대 소방행정학과 Y교수는 “재난 현장의 손발은 지방자치단체 공무원들인데 작은 단위의 시군은 방재 담당이 한 명뿐인 곳이 적지 않다"며 "한 명이 슈퍼맨처럼 재난 상황을 접수하고 현장도 살펴야 하는데 현실적으로 불가능한 이야기"라고 말했다. 전문가들이 재난관리 부서가 기피 대상이 되지 않도록 인센티브와 승진 가점 등의 보완책을 마련하라고 10년 넘게 제언하고 있지만 공직 사회의 특성상 개선이 쉽지 않다는 게 문제다.

이태원압사사고, 오송지하차도침수사고 등 정부와 지자체, 경찰, 소방 등 각 조직의 대응이 단절돼 있는 것도 참사를 부른 주원인이다. 사고 전날이나 사고 당일에도 사고 우려와 지하차도 통제 요청 신고가 각각 접수됐다. 경고음이 여기저기서 들렸지만 해당 기관에서는 사전 조치는커녕 상황 공유조차 하지 않았다. 기관별 상황실의 권한과 소통을 강화해야 하는 이유이다.

순천향대 경찰행정학과 J교수는 "911로 모든 신고를 통일한 미국·캐나다와 달리 우리는 재난신고 119와 경찰상황실 112의 운영 체계가 별도이고 광역마다 상황실이 따로 운영되는 실정"이라며 "경찰·소방·지자체를 연계한 통합적 관제 시스템이 필요하다"고 말했다.

재난 발생 시 상황을 관리하고 책임지는 관제탑의 필요성도 제기된다. 우송대 소방안전학부 S교수는 "미국은 1978년부터 연방재난관리청(FEMA)을 별도 독립 기관으로 운영하고 있다"며 "행정안전부 산하 중앙재난안전대책본부를 중심으로 재난별 컨트롤타워를 정하고 대응 매뉴얼을 개선하는 논의를 서둘러야 한다"고 말했다.

최상한 한국행정연구원장은 재난 연구를 지자체 연구원들과 같이 해야 하는 이유와 재난 현장 지휘권에 대해 이렇게 말했다.

"우리나라의 경우 재난 안전관리가 너무 중앙정부에 집중돼 있다.

재난관리의 '분권화'가 안 돼 있다. 재난의 현장 대응 총괄 기관은 소방이고 사고 발생 시 현장과 가장 밀착되어 있는 기관은 소방본부인데, 소방공무원 신분이 국가공무원으로 바뀐 것에 대한 심층적인 검토가 있어야 한다. 국가직이 되면서 대형 재난에 대해 소방청장의 지휘를 받게 되다 보니 지역 중심으로 현장에서의 지휘체계가 작동될 수 있을지 충분한 검토가 필요하다"

"미국의 경우 9·11 테러 시 뉴욕시장과 뉴욕시장이 임명한 소방대장이 재난 지휘권을 가지고 사고 수습을 진두지휘했다. 미국 안보를 뒤흔드는 엄청난 사고로 충격에 빠졌는데, 당시 사고 현장을 찾은 조지 W 부시 대통령은 이래라 저래라 하지 않았다. 대통령이든 주지사든 뉴욕시를 지원하는 역할만 할 뿐이고 현장의 사고 수습은 뉴욕시 소방대장을 중심으로 이루어졌다."(서울신문 2023.8.26.).

기계적 순환보직 제도가 직무 전문성을 기르지 못하게 할 뿐만 아니라 대충대충 업무를 처리하는 문화를 낳고 있다.

국가 주요 정책을 만드는 중앙부처 공무원은 시험에 합격해 부처에 배정받으면 특별한 사정이 없는 한 그곳에서 여러 과를 거치며 퇴직할 때까지 근무한다. 김태유 서울대 명예교수는 이 같은 부처 내 순환보직에 대해 "여러 일을 처리하는 '제너럴리스트' 공무원을 만드는 시스템"이라고 정의했다.

김 교수는 과거 '경제 롤모델'이 있던 고속성장기에는 외국 선진 정책을 카피할 수 있는 제너럴리스트(generalist ↔ specialist), 모든 분야에 대하여 상당한 지식과 경험을 가진 공무원으로 충분했지만 한국이 선진국 반열에 오른 현재는 세계를 선도할 정책과 기술이 필요하고, 이를 위해서는 분야별 전문가 공무원이 있어야 한다며 "순환보직은 전문가 공무원을 만들 수 없는 시스템인 만큼 현재 상황에 맞지 않아 개선이 시급하다"고 말했다.

그는 "전문성을 고려한다면 부처별로 공무원을 뽑아 순환시킬 게 아니라 범부처적으로 유사한 업무를 묶어 직무군을 만들어 채용해야 한다"며 "과학·교육·문화, 재정·경제, 사회·복지, 외교·국방, 산업·IT(정보기술), 일반행정 등 직무군을 신설해 승진과 전보는 같은 직무군 안에서만 이뤄지도록 하되 부처 간 벽을 자유로이 넘나들 수 있도록 해야 한다"고 제안했다.

목원대학교 소방안전학 C교수는 재난 유형은 변화하고 있지만 그 대응체계는 대충하는 방식으로 운영되고 있다고 비판했다. "현장에서 재난을 관리하는 사람이나 중심을 잡아야 할 지방자치단체장이 무엇을 해야 하는지 모른다"고 했다. 이번 오송 지하차도 참사에서도 소방, 경찰, 시청 등이 우왕좌왕하는 모습을 보여줬다.

C교수는 미국처럼 지역 맞춤형 재난 대응 체계를 확립해야 한다고 말한다. 지역마다 자주 발생하는 재난 유형이 다르기 때문이다. 미국은 재난안전관리 체계가 지방정부 중심으로 이뤄진다. 소규모 재난은 지방정부에서 자체적으로 대응하고, 대형 재난이 발생하면 주 정부가 지원한다. 주 정부조차 대응하기 어려운 재난이 발생하면 '연방재난관리청'이 지원에 나선다.

C교수는 △ 소방·경찰·지자체 재난 합동 대응 훈련 실시 △ 방재안전직 인력 확충 △ 지자체장 중심 지휘체계 확립 △ 담당 공무원에 대한 과잉 수사 자제 등이 필요하다고 주장했다. 특히 책임소재를 따지는 수사에 대해서는 "매번 공개적인 수사를 하면 공무원들이 국민

의 생명과 안전보다 자신의 신분을 지키는 데 급급하게 된다"며 "수사는 조용하게 해야 하고, 재발 방지 대책을 먼저 마련한 다음 해도 늦지 않다"고 조언했다.

전문성 사라지는 위기의 공직사회

2021년 한국행정연구원이 중앙부처 공무원을 대상으로 한 설문조사에서 공무원들은 전문성을 저해하는 1순위 요인으로 '순환보직으로 인한 잦은 인사 이동'(36.2%)을 꼽았다.

현재 공직 시스템이 부처가 각각 독립적 사무를 관장하던 과거와 달리 부처 간에 수평적으로 유사한 업무가 많아졌다는 지적이다. 가령 컴퓨터 관련 업무가 과학기술정보통신부에만 있는 게 아니라 산업통상자원부나 정보전산망을 관리하는 행정안전부 등에도 걸쳐 있다.

이 같은 문제 인식에 대해 공무원 사회에서도 공감대가 형성돼 있다. 박진 한국개발연구원(KDI) 국제정책대학원 교수는 "순환보직에 대한 문제점은 모두가 인식하고 있지만 현실적으로 당장 중단시키기는 어렵다"며 "적어도 과장급 이상 공무원에 한해 3~5년 보직 계약을 하는 방식을 도입해 정년은 보장하되 잦은 인사에 따른 부작용을 막아야 한다. 이는 부서별 서열화 타파에도 도움이 될 것"이라고 강조했다.

전문직 공무원의 효용성을 높일 수 있도록 임금 체계와 직제를 개편해야 한다는 의견도 뒤따랐다. 민간 영역에서 수급한 인재가 능력을 제대로 발휘하게 하기 위해서는 연차에 따라 임금이 자동으로 오르는 호봉제를 폐지하고 급여 체계를 업무 난도에 따라 차등 지급해야 한다는 지적이다. 최현선 한국국정관리학회장(명지대 교수)은 "순환보직 제도를 기반으로 한 승진 문화는 근본적으로 전문직 공무원이 불이익을 받는 환경"이라며 "급여 체계 다변화를 비롯해 업무에 대한 보상을 보다 확실하게 해야 한다"고 조언했다(매일경제 2023.8.21.).

독일 군대에서 배운다

역사학자 폴 케네디 미국 예일대 교수는 《강대국의 흥망》에서 역사를 관찰하면 어떤 국가들은 강력해진 반면 어떤 국가들은 쇠퇴했다. 강대국들은 특히 최대의 강대국들조차도 그들의 힘에 부치는 군사력을 유지하려 시도하기 때문에 국력이 쇠퇴하고 적정한 군사력을 유지하는 나라들이 새로운 강국으로 부상했다고 주장한다.

《무엇을 버릴 것인가》책에서 독일의 막강한 전투력의 비결은 독일 특유의 지휘시스템에 있다고 분석하고 있다.

(제2차 세계대전 당시 연합군의 압도적인 인적, 물적 자원 앞에서) 독일군이 그토록 오랫동안 잘 싸운 것은 정말로 경이로운 일이다.

1941년 12월 11일 히틀러는 미국에 선전포고를 했는데 그로부터 3년 6개월이나 버틴 끝에 1945년 5월에야 독일은 항복했다. 미국, 소련, 영국을 주축으로 한 연합군의 엄청난 인적, 물적 우위에 맞서 독일군이 42개월이나 버틴 것이다. 독일군은 긴 전쟁 기간내의 이길 때든 질 때든 한결같이 최강의 전투력을 발휘했고 이는 독일과 싸운 나라가 인정하는 사실이다.

오늘날 조직관리나 기업경영 측면에서 보면 매우 놀라운 일이다.

이스라엘 헤브루대학의 마틴 반 크레펠트는 ≪전투력≫(Fighing

Power)에서 이 문제를 깊이 다룬 바 있다. 특히 그는 방대한 자료와 정교한 방법론을 바탕으로 1939년부터 1945년 동안의 독일군과 미군의 전투력을 비교, 분석하고 있다. 이를 통해 그는 제2차 세계대전 당시 독일군의 전투 효율은 미군보다 52% 더 높았다고 결론짓고 있다.

현대 경영의 관점에서 흥미로운 점은 그가 제시하는 독일군의 막강한 전투력 비결의 그 중심에는 바로 **'임무 중심적 지휘 시스템'**인 독일군 특유의 통솔 시스템이 있다. 이것은 지휘관이 부하들에게 임무만 명령하고 그 수행을 위한 자세한 지시는 하지 않는 것이다.

반면 미군의 지휘 시스템은 프로세스 중심적이다. 즉, 지휘관이 수행해야 할 임무뿐 아니라 철저한 분석을 바탕으로 실행을 위한 상세한 지침까지 지시한다. 마치 맥도날드가 직원들의 손놀림 하나하나까지 세세하게 통제하듯 미군 지휘관들은 부하들의 행동 방식을 꼼꼼히 규제한다는 말이다.

최고 책임자는 독일군 지휘관처럼 우선순위와 목표를 확실히 정한 뒤 실행을 위한 세부사항은 직원들에게 맡긴다. 실제로 일을 하는 사람은 부하 직원이므로 그들은 당연히 상관보다 어떻게 해야 하는가를 더 잘 알고 있다.

재난현장, 전쟁터, 현대 경영에서 개인의 솔선수범, 책임, 유연성 그리고 분권화된 의사결정을 중시하는 독일 특유의 리더십 스타일이 현대사회 곳곳에서 그 진가를 발휘하고 있다(무엇을 버릴것인가, 유필화, 비즈니스북스).

3장
교육·훈련이 최고의 복지다

테러를 극복한 훈련

9.11 테러에서 2,687명의 목숨을 구한 영웅 릭 레스콜라(Rick Rescorla)

"문제는 늘 예고 없이 생기는 것이다"

2001년 9월 11일, 이슬람 무장테러단체 알카에다의 항공기 테러로 미국 뉴욕의 세계무역센터(WTC) 쌍둥이 빌딩이 차례로 무너졌다. 운명의 날, 많은 이들이 세계무역센터에서 근무하고 있었다. 역대 최악의 참사로 기록된 9·11테러로 3000명의 희생자가 발생하는 등 막대한 피해가 발생했다. 하지만 세계적인 금융 투자은행 '모건 스탠리'에서는 사망자가 거의 없었다. 13명의 직원을 제외하고 2687명의 직원이 무사했던 것이다. 최대 피해를 입을 것으로 예측했으나 이들의 생존 소식은 그야말로 예상을 깬 결과였다. 테러 직후 언론에서는 세계무역센터에 입주한 30개 이상의 기관 중 임대 규모가 가장 크고 건물(남쪽 빌딩) 44층부터 74층까지 가장 많은 층을 임대한 모건 스탠리에는 2700명의 직원이 근무하고 있었다.

당시 WTC의 73층에 위치해 있었던 모건 스탠리의 본사 사무실에는 직원들과 당일 오전 열린 주식 강좌를 듣기 위해 250명의 방문객이 있었다.

릭 레스콜라(당시 64세)는 2001년 당시 세계무역센터에 본사를 두고 있던 금융회사 모건스탠리의 보안 책임자였다. 영국 콘월에서 태어나 1963년 미국으로 이주해 군에 입대, 베트남 전쟁에 참여하고 퇴역 이후 모건스탠리의 보안 책임자가 됐다. 그는 "문제는 늘 예고 없이 생기는 것"이라며 작은 것부터 철저하게 조사하는 꼼꼼한 성격을 지니고 있었다. 오랫동안 군인 생활을 했기에 생명과 안전을 중요하게 생각했다.

놀라운 사실은 레스콜라가 테러 발생 전부터 테러의 가능성을 여러 번 예측했다는 사실이다. 1988년, 런던 히드로 공항을 출발해 뉴욕으로 향하던 팬암 항공사 103편 비행기가 리비아 테러집단의 공격으로 스코틀랜드 상공에서 폭발하는 끔찍한 사건이 벌어졌다. 이에 릭 레스콜라는 자신이 근무하던 세계무역센터 역시 미국을 상징하는 대표적인 건물이기에 표적이 될 가능성이 크다고 판단. "세계무역센터 역시 테러 공격에 대비해야한다" 911테러를 예견한 듯한 발언을 하기도 했다. 그는 "자체적인 테러대비 시스템을 구축해야 한다"고 회사측에 주장했고, 건물을 소유하고 있는 뉴욕항만관리청에 이와 관련한 보고서를 제출하기도 했다. 하지만 상부에서는 "일어나지도 않은 일 때문에 많은 비용을 들여 테러대비 시스템을 구축할 수 없다"는 답을 했고 그의 제안은 받아들여지지 않았다.

1993년에는 세계무역센터 지하에서 실제로 무슬림 테러리스트에 의한 폭발사고가 일어났다. 모건스탠리는 당시 직원들을 모두 구하는데 4일이나 걸리는 등 어려움을 겪으면서 안전사고와 재난 대비에 대한 교훈을 얻었다. 테러 방지 시스템을 제안했다가 거절을 경험하면서 당국의 재난 대응 플랜이 무용하다고 판단, 자체적인 재난 대응체계를 마련했다.

릭 렉스콜라가 전세계 재난 대책 시스템을 공부해 잠재적인 위험을 다각적인 분석을 통해 재난 대비 자신만의 대피 매뉴얼을 만들었다.

릭 레스콜라는 이후 회사에 양해를 구해 유사시 팀을 만들고 건물을 탈출하는 훈련을 실시했다. 일부 직원들은 시간 낭비고 불필요한 일이라며 못마땅해 했지만, 릭은 이에 굴하지 않고 주기적으로 재난대비 훈련을 지속해 나갔다.

처음 북쪽 빌딩이 공격당했을 때, 뉴욕 항만관리청은 남쪽 빌딩에 있던 사람들에게 '대기하라'는 명령이 내려졌다. 하지만 릭 레스콜라는 건너편 건물의 상황을 파악한 후 항만관리청의 대응과는 정반대로 매뉴얼대로 '대피하라'는 명령을 내렸다. 이때 릭 레스콜라는 사람들이 공포와 패닉에 빠지지 않도록 확성기로 자신이 베트남전 참전 당시 부르던 노래를 부르는 등의 행동을 보였다.

테러가 일어난 지 1시간 30분 후, 그리고 건물이 무너지기 14분 전 모건 스탠리 직원들은 대부분 건물 밖으로 탈출했다. 주식 강좌를 위해 건물을 방문한 250명도 안전히 대피했는데, 이는 강좌 시작 전 릭 레스콜라가 사람들에게 안전교육을 시킨 덕분이었다.

하지만 릭 레스콜라의 모습은 어디에서도 보이지 않았다. 그가 남은 직원들을 구하기 위해 다시 건물로 향한 후 불과 4분 뒤 건물이 무너진 것이다. 릭 레스콜라는 2687명의 목숨을 구했으나 정작 자신의 목숨을 구하지 못했고, 그의 시신조차 찾지 못했다. 이후 그의 고향인 영국 콘월에서는 모건스탠리 직원들이 참석한 그의 추모식이 열렸고, 미국 조지아주에는 그의 동상이 세워져 그의 영웅적인 삶을 기억했다.

뉴욕 국제무역센터에 입주한 모건스탠리의 보안책임자였던 릭 레스콜라(당시 64세)는 사고는 언제나 예고 없이 터지는 것을 잘 알기 때문에, 테러 위험에 대비해 주변 반대에도 재난 대비 메뉴얼을 만들고 최대한 비상 상황과 근접하게 반복훈련을 실시해 2,687명을 살릴수 있었다. 9·11의 영웅으로 아직까지도 칭송받는 릭 레스콜라, 그는 평소 반복훈련의 중요성을 이렇게 말한다.

> “인간이 재난으로 충격에 휩싸일 때 어떻게 행동해야 하는지 뇌를 움직이는 최고의 방법은 훈련이다. 똑같은 훈련을 반복하는 것뿐이다”

“미군의 한반도 훈련은 반드시 필요하다”

2017년 당시 트럼프 대통령이 2차 북·미 정상회담을 앞두고 한·미 연합군사훈련을 유예하는 카드를 꺼내자, 미군은 2017년 한·미 연합연습이 축소·중단되면서부터 새 훈련 장소 찾기에 골몰해 왔다. 군 수뇌부는 훈련 중단에 부정적 인식과 우려를 표명한 것이다.

2018년 10월 로버트 넬러 당시 미 해병대사령관은 “한국에서 진행되는 훈련은 해병대의 준비 태세를 위해 필수불가결하다”면서 한·미 연합훈련 중단에 공개적으로 우려 의사를 표명하기도 했다. 그는 “한반도는 여름에 덥고 겨울에 추운 기후뿐 아니라 가파른 지형 등 대대 수준에서 훈련 조건이 잘 갖춰진 곳”이라며 “한국에서 훈련할 기회를 놓치면 우리는 어디로 가야 하느냐”고도 말했다.

그는 “한국에서 진행되는 훈련은 해병대 준비 태세를 위해 필수불가결(integral)하다”며 “한·미 연합군사훈련 시 한국에 있는 많은 장갑차와 미사일 사거리를 시험해볼 기회를 갖게 된다”고 덧붙였다. 미 해병대 사령관이 "미군의 한반도 훈련은 반드시 필요하다"고 공개적으로 우려를 표명한 것이다.

넬러 사령관은 "해병대원들이 훈련을 할 때 마음 한 구석에 육체적으로나, 정신적으로 준비가 되어 있어야 한다(는 생각을 언제나 갖고 있어야 한다)"며 "정신을 항상 무장해야 하고 그들의 삶에서 단 한번도 해본 적이 없는 심각한 전쟁에 대비하고 있어야 한다"고 역설했다.

그는 "그것이 (내가 해병대원들에게 했던 말의)유일한 의도였고, 내가 이 자리에 있는 한 그렇게 하는 게 내 일"이라고 설명했다. 그는 "다른 지시가 내려오기 전까지는 기존처럼 소규모 훈련이 계속돼야 한다"고 강조하기도 했다.

한반도서 훈련할 수 없어서, 미 해군 알래스카로…

프링글 미 해군 소장은 "한반도에서의 훈련 중단이 알래스카 훈련의 실질적 이유"라며 "대체할 훈련장으로서 알래스카는 완벽한 환경을 갖췄다"고 말했다. 그는 또 "미 해군과 해병대는 세계적인 군대로서 어느 환경에서나 임무를 수행해야 한다"며 "훈련 장소와 방식을 그래서 다양화해야 한다"고 밝혔다. 프링글 소장은 "알래스카에서의 훈련 환경이 한국의 해상과 비슷했지만 기후 문제 때문에 장비와 전술을 다시 시험하는 절차를 거쳐야 했다"고 말했다.

北과 전쟁, 심각한 지상전 될 것 "모두 정신적으로 준비되어 있어야 한다"

로버트 넬러 미 해병대사령관이 북한과의 전쟁이 발생한다면 매우 힘든 지상전이 벌어질 것이라고 경고했다. 현장에서는 해병대원들에게 북한과의 전쟁 가능성을 염두에 둔 정신무장을 강조했다.

CNN에 따르면 로버트 넬러 미 해병대 사령관은 미 전략 국제문제 연구소(CSIS)에서의 연설을 통해 "북한과의 전쟁은 지상에서 정말로, 정말로 힘들게 진행될 것이고 매우, 매우 역동적이고, 물리적이며, 폭력적인 전투가 될 것"이라면서 "모두 정신적으로 준비되어 있어야 한다"고 밝혔다.

넬러 사령관은 북한과 전쟁이 벌어진다면 유례없이 피비린내 나는 지상전이 펼쳐질 것이라고 말하면서 북한과의 전쟁을 원치 않으며, 있어서는 안 된다고 강조했다. 하지만 그는 북한과의 전쟁 등에 대비한 다양한 시나리오 역시 마련한 상태라고 밝혔다.

"북한이 보유하고 있는 지상포병 규모를 감안할 때 미국은 예상치 못한 상황에 대비해야 하고, 실제로 모든 미군 병력은 북한 지형을 숙지하는 등 다양한 시나리오를 준비하고 있다"고 분명히 했다. 또 미군은 야간 작전을 비롯해 적에게 발각되지 않은 상태에서 이동하는 훈련과 통신이 지속적으로 가능한 상황에서도 적에게 들키지 않고 이동하는 훈련을 계속하고 있다고 강조했다. 이외에도 미군은 북한의 장사정포에 대한 준비도 이뤄져 있으며, 다양한 시나리오 역시 준비되어 있다고 밝혔다.

넬러 사령관은 "병사들을 훈련시킬 때 이들에게 육체적으로, 정신적으로 준비가 되어 있다는 것을 주지시켜야 한다"면서 "병사들은 평생 겪어왔던 그 모든 것들을 뛰어넘는 시험대가 될 수 있는 전쟁을 준비하도록 마음을 단단히 먹어야 한다"고 언급했다.

넬러 사령관은 공식 군가인 '해병대 찬가'가 들리면 모든 해병은 제자리에서 목청껏 따라 부르도록 지시했다. 거기에다 데이비드 퍼니스 해병 2사단장은 지휘서신에서 짧은 머리, 깨끗한 면도, 단정한 복장을 강조했다. 항상 위생과 청소에 관심을 갖게 했다. "예하 부대들을 둘러봤는데 복장이 엉망이고, 쓰레기가 버려졌다"며 "심각한 군기가 빠진 것을 직접 봤다"고 밝혔다. 방송과 인터뷰에선 군기의 중요성을 이렇게 설명했다.

"2010년 아프가니스탄에 파병됐을 때 우리 부대엔 31명의 사상자가 생겼다. 그중 19명은 훈련소에서 하지 말라고 배운 일을 했거나, 아니면 하라고 배운 일을 하지 않았다. 군기는 허튼소리가 아니다. 전투력과 상관있다. 당신과 당신의 전우, 부대를 전투에서 살아남도록 만든다."

릭 레스콜라니,

1939년 5월 27일 ~ 2001년 9월 11일 (62세)

영국 출신 미국 군인, 교수, 모건 스탠리의 세계무역센터 지부 보안책임자.

로버트 넬러(1953~) 제37대 미합중국 해병대사령관

아버지가 직업군인이라서 복무하던 루이지애나 주 포트 폴크 육군항공대 신병훈련소에서 태어났다. 1975년 미 해병대 보병장교로 임관. 2015년 대장으로 진급 해병대사령관으로 보임, 복무기간(1975~2019).

3명의 생명을 구한 부자(父子)

2017년 12월 21일 15시 53분에 충청북도 제천시 하소동 9층짜리 스포츠센터 주차장에 있는 천장에서 화재가 발생했다. 이 사고로 대낮인데도 29명이 사망하고, 36명이 부상을 당했다.

현장에서 단련된 사다리차 경험대로 움직였다.

화재 참사 당시 소중한 생명을 구하기 위해 행동하는 시민이 있었다. 이○섭(53)씨와 아들 이○현(29)씨 부자는 건물 외벽 작업에 쓰는 민간 사다리(스카이)를 이용해 3명의 시민을 구조했다.

이○섭씨는 작업을 마치고 사무실로 복귀 중 화재 현장 근처에 살던 친구로부터 건물 외벽에 사람이 붙어 있는데 빨리 구조해야겠다고 다급하게 말한다.

약 4시 25분쯤 현장에 도착해보니 폴리스라인이 처져 있어 민간인은 접근을 못 하게 했다. 그런데 건물 서쪽 편으로 우리 스카이 차량이 접근할 수 있다는 판단을 한다.

아들에게 비상 깜빡이를 켜서라도 최대한 빨리 화재 현장으로 달려오라고 했다. 마침 아들 이○현 씨는 일을 마치고 시내를 지나던 중 아버지로부터 “근처에 있으면 빨리 장비를 끌고 와라. 지금 난간에 사람들이 매달려 있으니까 우리 장비가 들어오면 사람들을 구할 수 있을 것 같다”는 전화를 받고 오후 5시경 현장에 도착했다.

화재 현장은 시커먼 연기와 사방에서 살려달라는 비명뿐이었다. 꼭 해야 할 의무감은 없었다. 그러나 내가 아니면 죽는다는 것 뿐이었다. 만약 실수라도 한다면 모든 것이 내 책임이다. 그러나 내가 시도하지 않는다면 반드시 불에 타 죽을 것이다.

"내가 제천에 스카이를 2003년에 처음 들여왔다. 15년 경력이지만 시커먼 연기와 화염이 치솟는 현장에서 구조작업을 하는 것은 평소 건물 외벽 작업하는 것과 차원이 달랐다. 특히 건물 서쪽 진입로는 너무 좁은 데다 스카이의 아우트리거(구난 차량 등 특수 차량의 안정적 작업을 위하여 적재함 모서리 부분을 떠받치는 받침용 다리)를 모두 수평이 되도록 설치하기가 어려웠다. 구조 도중에 스카이가 기울거나 쓰러질 위험 부담이 있었지만 9층에서 3명이 '살려달라'며 외칠 정도로 워낙 인명구조가 절박했다. 그래서 구조를 강행하기로 했다."

구조 작업 중 아찔했던 순간을 말한다.

"내가 갖고 있는 5t짜리 스카이는 38m 높이까지 직선으로 뻗을 수 있다. 아파트 기준으로는 13층까지 가능하지만 이날 화재 건물은 2, 3층(각각 여탕과 남탕)은 특히 층고가 높은 데다 증축까지 해 9층 높이나 됐다. 사다리와 건물 사이 간격을 감안하면 3명이 구조를 기다리던 9층까지 가까스로 닿을 수도 있겠다는 판단이 들었다. 1분1초라도 단축하기 위해 자동리모컨보다 조작 속도가 빠른 수동레버를 선택해 조종했다. 내가 차량 뒷부분 조종석에 앉아 스카이를 조종하고 아들과 친구에게 밑에서 수신호를 해가며 호흡을 맞췄다. 뿜어져 나온 연기 때문에 앞이 잘 안 보였다. 바스켓(고층 작업자가 타는 공간)을 9층 외벽에 정확히 못 붙이면 어쩌나 싶어 순간적으로 걱정했다. 하지만 평소 생업 현장에서 단련된 오랜 경험을 그 순간에는 믿는 수밖에 없었다."

바스켓에 옮겨 타면서 추락할 경우 3명의 생명을 잃을 위험이 있었다.

하지만 당시에는 내가 구조할 수 있는 사다리 장비가 있으니 빨리 사람을 구하는 게 무엇보다 먼저라는 생각뿐이었다. 작업 시작 2분 만에 바스켓이 9층 테라스 외벽에 닿았다. 잠시 후 주변에서 구조 장면을 지켜보던 시민들이 '3명 모두 탔다. 살려냈다'며 손뼉을 쳤다.

구조한 3명은 얼굴이 새까맣게 그을려 있었다. 헬스클럽 관장, 헬스클럽 손님, 건물주, 3명은 이렇게 구조되었다.

3명을 구조할 당시 소방관들은 뭐 하고 있었나

처음에 불이 난 1층 주차장에 있던 차량 16대에 소방관들은 물을 집중해 뿌리고 LP가스통에도 물을 계속 뿌렸다. 우리가 3명을 구조하고 있는 바로 옆에서 소방관들이 에어매트에 공기를 주입해 남자 1명이 3층에서 뛰어내렸다. 건물 북쪽에서 우리보다 먼저 굴절사다리를 펴고 구조작업을 하던 소방관들이 우리보다 한참 뒤에 5~6층에서 남자 1명을 구조했다.

우리는 3명 구조에 약 15분이 걸렸다. 현장에 연기와 화염이 치솟아 구조에 1시간이 더 걸린 듯한 느낌이었다. 그래도 나는 평소 장비 조작에 워낙 숙달돼 있어 상대적으로 빨리 구조할 수 있었다.

구조 현장에서 아버지를 도운 아들 이○현 씨는 "난간에 매달려 있던 3명을 구할 당시 연기가 너무 거세서 사람들이 보이지 않았다"고 당시 긴박했던 상황을 전했다.

제천스카이카고 이○섭 대표는 인터뷰에서 "제가 아니면 저기 있는 3명은 유명을 달리할 것이라는 생각에 저도 모르는 힘이 생겼고, 용기를 냈던 거죠. 스카이에 불이 옮겨 붙었다면 큰 손해를 볼 수도 있었지만 생명이 먼저라고 판단하고 망설임 없이 폈다"며 "구조된 분들은 옷을 마스크 대용으로 해 코만 가렸고 나머지 얼굴은 새까맸다. 생명에 큰 지장이 없어 다행"이라고 말했다.

50층 이상 고층 건물이 빠르게 들어서고 있다. 소방서에서는 고층 아파트 화재 진압 장비들을 제대로 갖춘다고 해도 한계가 있다. 소방뿐만아니라 재난관련기관에서 할수 있는 역할이 점점 줄어들고 있다. 전문화된 민간인들과 합동 훈련 등을 통해 서로 협력하는 시스템을 적극적으로 갖추어야 한다는 것을 깨닫게 한 것이 제천화재의 가장 큰 교훈이라 할 수 있다. 소방 사다리차(길이13m 폭2.5m), 굴절차는 지면이 고르지 않고 지면이 일정한 무게를 견딜 수 있는 조건이 필요하다. 아스팔트나 단단한 지역에서만 가능한 제약 조건이 있다. 따라서 시도 별 상황에 적합한 민간과 협업시스템을 갖추는 것이 필요한 때이다. 비상 상황 발생시 신속한 연락체계를 갖춘다면 제천화재 현장처럼 인명구조에 도움이 될 것이다.

경찰, 소방 공포극복 훈련이 필요한 이유

인천 층간소음 흉기난동사건

2021년 11월 15일 오후 4시 50분 인천광역시 남동구 서창동의 한 빌라에서 층간소음 갈등을 겪던 빌라 4층에 살던 C(남·50)씨가 3층 거주자인 40대 여성을 찾아가 흉기를 휘두를 때 경찰은 범행을 제지하거나 피해자를 보호하지 않고 현장을 이탈했다. 피해자는 C씨가 휘두른 흉기에 목을 찔려 뇌수술을 받았다. 그의 남편과 딸도 얼굴과 손 등을 다쳤다. 흉기 난동 사건 당시 현장에 출동해 부실하게 대응한 혐의로 A 전 경위와 B 전 순경은 불구속 기소됐다. 사건 발생 후 두 경찰관은 성실의무 위반 등으로 해임됐으며, 살인미수 혐의로 기소된 C씨는 1심에서 징역 22년을 선고받았다. 사건 발생 후 성실의무 위반 등으로 해임된 이들은 징계가 부당하다며 행정소송을 냈으나 받아들여지지 않았다.

피해가족 "비겁한 경찰관 엄벌해야"

피해자의 남편 D씨 재판 증인으로 출석하여 "경찰관들이 밖에 있는 사이 제가 칼등으로 범인을 기절시켜 제압했더니 뒤늦게 경찰관들이 올라왔다"며 "그런데 경찰관들은 범인을 데리고 내려가면서 바닥에 흥건한 피도 밟지 않으려고 피했고 아내를 같이 데려가달라는 요청에도 응하지 않았다"며 "그때만 아내를 병원으로 데리고 갔더라면

심정지도 없었을 것이고 뇌가 괴사하는 일도 없이 지금쯤이면 평범한 생활을 할 수 있었을 것"이라고 울분을 토했다.

"비겁한 경찰관들이 경찰 조직에 뿌리를 내리지 못하도록 법이 허용하는 최고의 벌을 내려달라"며 "사건 이후 집안은 아수라장이 됐는데 경찰관들이 제발 중벌을 받아서 우리 가족이 조금이라도 위안을 받을 수 있게 해주길 바란다"고 재판부에 요청했다.

D씨는 사건 당시 얼굴에 흉터가 생긴 딸은 정신과 치료까지 받게 됐다고 호소했다.

"(현장에 있었던) 저희 딸은 아내가 범인에게 칼을 맞고 쓰러지는 걸 바로 앞에서 목격했다"며 "범인이 칼을 찌르는 것을 손으로 막고 대치하다가 얼굴에 상처를 심하게 입었으며 성형외과 교수는 상처가 영원히 남을 거라고 했다"고 하소연했다.

이어 "극심한 트라우마와 스트레스에 시달리면서 술을 먹지 않으면 잠을 자지 못한다"며 "대학병원에서도 딸에게 정신과 병동에서 치료받는 게 어떻겠냐고 말할 정도로 힘든 시간을 보내고 있다"고 증언했다.

환경미화원은 "비명이 들려서 뛰어왔는데 경찰 두 분이 현관문 앞에 와 있었다"고 말했다. 당시 경찰들은 현관문이 잠겨 안으로 들어가지 못하는 상태였다고 한다. 환경미화원은 "제가 경찰하고 같이 삽으로 현관문을 젖히는데 유리가 깨질 것 같았다. 그래서 '유리를 깨야겠습니다' 이야기하니 (경찰이) '깨지 말라'고 그랬다"고 말했다. 이어 "제 입장에서는 비명은 계속 들리는데 제가 맘대로 깰 수도 없는 입장이었다"고 덧붙였다.

A전 경위와 B전 순경

당시 A(남·49) 전 경위는 "건물 안에서는 무전이 잘 터지지 않는다"며 무전을 해야 한다는 생각에 빌라 밖으로 나와 있던 중에 상황이 벌어졌다고 주장했다. B(여·25) 전 순경은 "당시 (피해자가 흉기에 찔린 뒤)솟구치는 피를 보고 '블랙아웃' 상태가 됐다"며 기억이 나지 않는다고 진술했다.

B전 순경은 최후 진술을 통해 "저로 인해 피해를 본 피해자분들과 경찰 동료분들께 죄송하다"면서 "매일 그날의 일을 생각하며 더 유능했으면 피해를 줄일 수 있었을 텐데 한탄하며 후회하고 있다"고 말했다.

A전 경위는 "통상 빌라에 출동을 나가보면 건물 안에서는 무전이 잘 터지지 않는다"며 "(증원 요청을 위해) 무전을 해야 한다 생각해서 나왔다"고 말했다.

직무유기 혐의로 기소된 B전 순경의 변호인은 "혐의를 인정한다"고 말했다.

그러나 같은 혐의로 기소된 A전 경위의 변호인은 "법리적으로 직무유기죄가 성립하지 않는다"며 "사실관계도 약간 다른 부분이 있어 증거조사 과정에서 확인했으면 한다"고 주장했다. A씨 측은 "빌라 현관 밖으로 나갔을 때 안에서 벌어진 일은 피고인이 알 수 없었다"고 했다.

경찰은 징계위원회를 열고 이들 경찰관에게 성실의무 위반 등으로 각각 해임처분을 내렸다. C씨는 살인미수 혐의로 기소돼 징역 22년을 선고받았다.

검찰

검찰 측은 "피고인들이 사건 당시 테이저건·삼단봉·권총 등을 갖고 있었는데도 피해자를 제대로 보호하지 않았다"며 "정당한 이유 없이 경찰공무원으로서의 직무를 유기했다"고 공소사실을 설명했다.

검찰은 "피고인들이 건물 밖에 있던 3분 17초간 피해 가족들은 안에서 가해자와 격투를 벌였다"면서 "프로복싱 한 라운드가 3분인데 그 시간 동안 너무나도 많은 일이 있었음이 자명하다"고 말하며 "국가기관이 범행 현장을 이탈한 직무유기를 엄하게 처벌할 필요가 있다"고 설명했다.

이어 검찰은 "피고인들이 일반 사회인으로서 받았을 충격도 다소 고려해야 한다"면서도 "국가기관이 범행 현장을 외면했던 이 사건을 엄정 처벌해 직무유기 행위의 엄중함을 명확히 할 필요가 있는 점 등을 고려해 법정최고형을 선고해달라"고 구형 사유를 밝혔다.

훈련한 대로 싸우고 싸우는 방법대로 훈련한다.

경찰관은 누구나 공포 상황에서 능숙하게 대응할 것이라는 기대는 잘못이다. 독감을 예방하고 이겨내기 위해서는 백신을 맞듯이 공포극복 훈련이 주입되어야 한다. 당시 현장 경찰관이 "흉기로 목 부위를 공격당한 피해자를 보고 구조 요청만 생각했고 그 뒤에는 기억이 없다"고 했다. 이러한 해명에 주목할 필요가 있다. 인간의 98%가 타인의 공격성에 공포를 느낀다. 경찰관, 소방관도 예외일 수 없다. 현장에 출동한 경찰관은 피의자와 외적인 전투가 시작됨과 동시에 마음에서도 공포와의 전투가 시작된다. 공포 반응은 혈관을 수축시키고 운동기능 약화, 혈압을 상승시킨다. 더 심해지면 '블랙아웃'상태에 빠진다. 주변 시야 상실과 거리 감각이 무디어진다. 실제로 강력범죄를 목격하는 경우 시야 상실로 인해 핸드폰 버튼을 누르지 못하여 신속한 신고에 실패하기도 한다. '전투 심리학'(데이브 그로스먼, 로런 크리스텐슨)에서 미국에서 총격전을 벌인 미국 경찰관 중 47%가 일부 행동에 대한 기억을 상실하였고, 21%는 기억 왜곡을 경험한 것으로 조사되었다. 공포에 따른 신체 변화의 특성을 고려한 교육 프로그램을 개발해야 한다. 훈련 없이는 능숙해 질 수 없다. 이 모든 공포를 극복하기 위해서는 훈련 밖에 없다.

현장에 출동하는 경찰, 소방은 군인과 다름 없다. 경찰, 소방 교육은 법령, 판례, 이론 등에 많은 시간을 할애한다. 현장에 필요한 교육을 이론보다는 실습에 더 비중 있게 해야 한다.

"리더는 태어나지 않는다. 꾸준한 학습과 준비를 통해 만들어진다"

인간은 자신의 실패를 숨기고 싶어 한다. 이미 일어난 실패를 무시할 것인가 아니면 실패를 통해 배울 것인가. 인간도 동물이기에 본능적으로 자신의 약점과 실패를 숨기고 싶어 한다.

세월호 참사 때 청와대와 해경 지휘부는 아무도 처벌받지 않았다. A정장이 유일한 정부 측 '책임자'였다. 476명을 태운 6700t급 여객선의 침몰을 100t급 경비정 하나로 막아서야 했던 해경의 인명구조 체계는 세월호 침몰 후에도 크게 나아지지 않았다. 2017년 제천화재 역시 현장 지휘관을 끌어내리는 '희생양 찾기'로는 화마에 갇힌 사람들을 구할 수 없다. 참사 때마다 실패한 지휘관이 양산될 뿐이다.

2021년 인천 빌라 층간소음 흉기난동사건 현장에서 경찰은 "(피해자가 흉기에 찔린 뒤)솟구치는 피를 보고 '블랙아웃' 상태가 됐다"며 기억이 나지 않는다고 진술했다. 훈련을 통한 공포극복이 필요한 이유가 여기에 있다.

훈련만이 현장에서 스트레스와 공포를 극복할 할 수 있다

『전투의 심리학』은 20년간 미 육군에서 복무한 예비역 중령인 데이브 그로스먼과 30년간 경찰 및 군 생활에 헌신한 로런 W. 크리스텐슨, 두 베테랑이 현직에 근무하고 있는 군인, 경찰이 경험한 수백 건의 실제 전투 사례를 수집하고 문헌 연구를 통해 체계화시킨 전투에 관한 대백과사전이다.

전투는 인간이 다른 인간에 대해 맹렬하게 공격성을 나타내는 사건으로 극도의 스트레스를 동반한다. 스트레스로 인해 심박수가 급격하게 증가하는 상황에서 인체는 각종 인지 왜곡을 경험하고 뒤죽박죽이 된다. 전투가 끝난 후에는 전투 중에 자신이 저지른 여러 행동으로 인해 트라우마가 남고, 외상 후 스트레스 증후군(PTSD)을 경험할 수도 있다. 그렇다면 전투를 수행하는 사람은 누구일까? 주로 군인과 경찰이다. 사회에 고용되어 안보를 지키고 치안을 유지하는 사람들이며 우리의 아들딸이고 이웃이다. 저자는 이들을 통틀어 전사라고 부른다. 내국인에 의한 범죄, 외국인에 의한 범죄 등으로 점점 더 폭력적으로 변해가는 현대 사회를 보전하기 위한 전투 중에 수 많은 전사들이 목숨을 잃었고 현재도 고통받고 있다. 하지만 이렇게 목숨을 잃은 사람들이 전투에 대해서 조금 더 잘 이해하고 있었다면 더욱 많은 전사들이 아직까지도 우리와 함께하고 있었을 것이라고 저자는 말한다. 『전투의 심리학』은 전사들의 생존을 돕기 위해 저자들이 바치는 책이다.

대부분의 사람들은 자기들만의 공포증을 몇 가지 지닌다. 뱀, 높은 장소나 어둠, 거미 등일 수 있는데 모든 사람들에게 예외 없이 느끼는 공포는 다른 사람의 공격성에 대한 것이다. 이것이 바로 인간의 보편적 공포증이다. 이 책은 군인, 경찰, 소방, 경호원, 특수요원 등 시민들의 생명을 보호하기 위한 최전선에서 일하는 직업적 전사들이 알아두면 유용한 내용을 다루고 있다.

그로스만은 책에서 전투 생리, 지각왜곡, 전투 이후 상태 등에 설명하고 있다. 실전과 같은 훈련을 반복한다면 실제 전투에서 발생하는 스트레스, 전쟁 공포, 생리현상 등 심리적 현상을 극복할 수 있다고 강조했다. 평소에 군인들이 왜 실전과 같은 훈련을 해야 하는지에 대한 가장 정확하게 설명을 하고 있다. 가까운 전투에서 군인들 간의 발생할 수 있는 심리적 현상을 극복하기 위해 필요한 훈련방법을 소개하고 있다.

① 전투 스트레스가 심해지면 주변시야를 잃어버린 '터널시야' 현상이 나타나고 조준을 할 수 없는 상태가 된다. 터널시야 발생할 때 즉시 현재 위치에서 옆으로 이동 조준하고 사격하는 훈련을 반복해서 숙달한다.

② 페인트탄을 활용 훈련을 통해 전투원들은 전쟁터 스트레스를 이겨나갈 수 있다. 페인트탄에서 오는 고통은 실제 전쟁터와 비슷한 상황을 연출하기 때문이다. 페인트탄을 활용한 훈련은 일종의 스트레스 예방접종이라 할 수 있다.

③ 잘못된 훈련 방법으로 숙달된 행동은 중뇌에 흉터조직으로 남아 생존에 역효과를 낳는다.

"경찰관들이 체포 실습시 용의자 역할을 손가락으로 겨냥하면서 구두 명령을 내렸다. 실제 체포 현장에서 이들이 무의식적으로 손가락을 사용한다는 보고가 전해지자, 훈련 방법은 중단되었다"

"경찰관들이 사격 후 탄피를 한꺼번에 수고를 덜기 위해 6발 단위로 탄피를 수거하여 호주머니에 넣었다. 실제 현장에서 총격전 발생시 많은 경찰관의 호주머니에 탄피가 들어있었고, 사망한 경찰관의 손에서 틴피가 발견되기도 하였다"

④ 전투상황을 예측하고 전투에서 생존할수 있는 방법을 알려줘라.

"인체의 5.7ℓ 혈액중 30%인 1.9ℓ가 빠져나가도 생존할 수 있다. 200㎖ 딸기 우유 10팩을 구입 바닥에 쏟아라. 그 정도 양의 피를 흘려도 계속 싸울수 있다는 사실을 알려 줘라"

"아프칸니스탄에서 돌아온지 얼마 안된 특수대원들을 대상으로 한 교육에서 총이 작동되지 않는 꿈을 꾼 적이 있는 대원이 얼마나 되느냐는 질문에 거의 모든 참석자가 손을 들었다"

"예행 연습을 반드시 실시하고, 임무에 투입되기 전에 항상 장비를 점검하라!"

"준비하고 또 준비하고 준비하라!"

전투대원들은 훈련대로 행동한다.

준비 없이 파멸의 순간을 맞이하지 않기 위해 전사를 끊임없이 훈련시키고, 단련시켜야 한다. 나라의 운명은 전투대원들을 얼마나 실전과 같이 훈련시키느냐에 달려있다.

적이나 위협 세력과 직접적인 접촉을 통해 전투를 수행하는 주체는 전투원들이다. 만약 이들이 전쟁 스트레스에 대한 면역력이 없다면 가까이 접근 전투에서 수많은 심리적 사상자가 발생할 것이다. 전쟁에 임하는 대원들은 실전과 같은 훈련을 아무리 강조해도 지나치지 않을 것이다.

어떤 상황에도 당황하지 않고 안전하게 임무를 완수하기 위해서는 실전과 같은 훈련만이 실제 전쟁에서 대원들이 겪을 수 있는 스트레스와 공포를 예방할 수 있다는 그로스먼의 주장은 우리에게 시사하는 점이 많다.

그로스먼은 강의에서 나는 무거운 보호 장구와 헬멧을 착용한 젊은 소방관의 사진을 보여 준다. 혈관 수축으로 눈, 코, 잎 주변이 하얗게 된 겁먹은 것이 확실한 젊은이의 얼굴을 볼 수 있다. 사진 배경에는 카메라에 등을 돌리고 급하게 계단을 내려가는 여러 다른 사람들도 보인다. 이 젊은 소방관과 사진에 찍힌 다른 사람들의 차이점은 그가 계단을 올라가고 있다는 사실이다. 해당 사진은 2001년 9월 11일 쌍둥이 빌딩 중 한 곳의 계단에서 촬영되었는데, 이 끔찍한 날 아침에 그곳에 있던 시민 3,000명이 죽었다. 이들 대부분은 이날 선택의 여지가 없었지만 경찰관과 소방관은 자진해서 현장으로 출동했다. 이들은 기꺼이 계단을 올라갔다. 그것이 자신의 직분이고, 그런 일을 하도록 훈련받았기 때문이지만, 무엇보다 이들은 자신의 목숨보다 건물에 있던 사람의 생명을 더 소중하게 여겼기 때문에 계단을 올라갔다. (……) 계단을 올라간 이들 중 대부분은 내려오지 못했다. 이 비극적인 아침에 많은 사람들이 목숨을 빼앗겼지만, 일부는 기꺼이 자기 목숨을 내던졌다.

혹독한 훈련은 부대를 위한 최고의 복지다.

훈련 중에 땀을 많이 흘릴수록 전투 상황에서 피를 덜 흘리게 된다. 군인과 경찰은 타인이 자신들을 다치게 하거나 죽이려는 곳에 의도적으로 뛰어들기 때문에 전투를 이해하는 것이 매우 중요하다. 소방관이 화재를 이해하듯이. 전투에 뛰어드는 사람은 오직 전사뿐이다.

전사는 전쟁(마약, 범죄, 테러, 화재 등)을 치르는 사람이다

"진정한 영웅은 두려워하면서도 싸우는 사람이다. 포화 속에서 두려움을 극복하는데 어떤 사람은 단 1분, 어떤 사람은 한 시간, 어떤 사람은 하루가 걸린다. 하지만 진짜 사나이는 죽기가 두렵다는 이유로 조국과 자신에 대한 명예와 책임감을 내팽개치지 않는다." -조지 패튼

지구상에 있는 다른 모든 정상적이고 분별력 있는 생물체는 총성이 울리는 곳을 피한다. 소수의 용감한 사람들은 부상자를 치료하기 위해, 혹은 정신 나간 몇몇 사람은 사진을 찍으려고 총성이 울리는 곳으로 다가갈지도 모른다. 하지만 통상적으로 총격이 벌어져 사상자가 발생할 때, 정상적이고 분별력있는 생명체는 서둘러 그곳을 떠난다.

소방관, 응급치료요원, 혹은 기자는 총성이 울리는 곳으로 갈지도 모른다. 하지만 이들이 시끄럽게 총을 쏘는 사람을 상대하려는 것은 아니다. 전투에 뛰어드는 사람은 오직 전사뿐이다. 다른 모든 생명체가 도망가는 사이에 전사들은 총격을 벌이기 위해 최대한 빨리 현장에 출동한다. …만약 악과 상대하기 위해 총성이 울리는 곳으로 다가갈 사람, 즉 전사가 없다면 한 세대 내로 우리 문명은 사라질 것이기 때문이다(전투심리학, p.35).

사건에 관여하지 않으면 우리는 총을 든 사회 복지사와 다를 바가 없다. 선량한 사람들의 목숨을 구하는 궁극적인 책임을 완수하지 못

할 것이기 때문이다. -익명의 경찰관

신이시여, 어디서 이런 사람들을 구하겠습니까? 인간을 어여삐 여기는 신께서 매 세대에 보내 주시는 새롭고 위대한 재능의 소유자들이 이 땅에 나와야 합니다. 단 한 세대라도 이런 사람들이 없으면 우리는 틀림없이 운을 다해 파멸할 것입니다. - 익명의 소방관

세상에 나가서 매일 같이 악을 기꺼이 상대할 사람들 없이 한 세대가 지나가면 그 기간 내에 우리는 틀림없이 운을 다해 파멸할 것이다.

의사 없이 한 세대를 보낼 수는 있다. 다치고 병들면 고달프겠지만 문명이 사라지지는 않는다. 기술자나 정비사 없이 지낼 수 있다. 물건이 고장 나고 파손될지라도 문명은 지속된다. 교사 없이도 지낼 수 있다. 다음 세대가 이를 바로잡아야 하는 힘든 상황에 처하겠지만 문명은 지속될 것이다. 하지만 “단 한 세대라도” 전사가 없다면 그 기간내에 우리는 진정으로 운을 다해 파멸할 것이다. 그렇다면 어디서 이런 사람들을 구할까? 우리가 훈련 시키고, 단련시키고 길러내야 한다. 문명을 위한 일 가운데 이보다 더 중요한 일은 없다. 소방관이 화재에 대해 연구하고 전문가가 되듯이 평화의 전사는 전투를 공부하고 전문가가 되어야 한다.

공포증은 단순히 두려움을 느끼는 것과는 다르다. 공포증은 특정대상이나 사건에 비이성이고 정도가 매우 심각한 통제가 불가능해질 정도로 두려워하는 것이다. 대부분의 사람들은 자신들만의 공포증을 몇 가지 지니고 있다. 연구결과에 의하면 생사가 오가는 극도의 스트레스 상황에서 하부 창자가 ‘부하’가 걸리면 이런 상황에서 똥오줌 싸는

것이 자연스러운 생리현상이라는 점이다. 부상자에 접근해 본 적이 있는 구급대원, 소방관, 경찰관들은 이런 사실을 알 것이다.

가장 취약한 시기는 싸움에서 이긴 직후의 순간이다. - 나폴레옹

목표를 달성한 전사들이 적 공격에 취약한 상태가 되지 않도록 계속해서 임무를 자동적으로 시행하도록 훈련해야 한다. 반격 상황에 대비해 안전을 확보하고 방어와 공격 준비를 갖춰야 한다. 군인, 경찰, 응급치료요원을 포함해 스트레스가 많은 직종에 일하는 사람들은 통합 및 재편성을 시행함으로써 다음 임무에 나서기 위한 정신 무장을 할 필요가 있다. 이러한 직종에 있는 사람들은 언제든지 위기 상황에 처할 수 있고 다음 임무에 착수하는 능력에 목숨이 걸려있다. 최근 물류창고 화재에서도 초기진화 후 재 발화과정에서 구조대원이 고립되어 순직한 사고가 발생했다. 일본의 속담은 이를 간결하게 말한다. "싸운 뒤에는 투구 끈을 조여라" 긴장을 풀지 말라는 뜻이다(전투심리학 p.63).

피로는 우리 모두를 겁쟁이로 만든다

사람들은 수면을 취하지 못하면 졸리고 피곤해진다는 사실을 잘 알지만 수면부족이 건강과 업무 능률에 미치는 심각한 악영향을 인식하는 사람은 드물다.

스트레스는 전사를 무기력하게 만들고 파괴하는 주요 원인이다. 제1, 2차 세계대전과 한국 전쟁에서 정신적 사상으로 인해 후송된 인원은 적군의 총탄에 쓰러진 인원보다 더 많다. 스트레스는 전사와 지휘관의 주요 관심사이고 정신적 스트레스를 해소하고 정상을 되찾는 최

선의 방법은 수면을 취하는 것이다.

미국의 한 포병부대에서 수면관련 연구를 했다. 관련 데이터를 얻기 위해 해당 부대원들이 지독하게 고생한 만큼 연구에 주목할 필요가 있다. 육군 대대를 4개 중대로 나눈 다음 20일 연속으로 매일 깨어 있는 사격 훈련을 실시했다. 1~4번까지 번호를 매긴 중대들은 하루에 각각 일곱 시간, 여섯 시간, 다섯 시간, 네 시간을 잤다. 20일째 되던 날에 하루에 일곱 시간을 잔 1번 중대는 최대 98%, 2번 중대는 50%, 3번 중대는 28%의 임무 수행 능률을 발휘했다. 4번 중대는 최대 15%의 임무수행 능률을 보였다. 네 시간을 잔 중대는 무기력할 뿐만 아니라 훈련을 지속하는 것 자체가 위험했다. 하루 여덟 시간 수면이 바람직하지만 일곱 시간 정도 수면을 취하면 장기간 버틸 수 있다.

엑손 발데스호 기름 유출사고(1989년), 체르노빌 원전사고(1986년), 스리마일 섬 원전사고(1979년)에는 한 가지 공통점이 있다. 모든 수면 관리에 문제가 있던 사람들이 관련되어 한밤중에 벌어진 산업재해라는 것이다. 수면부족이 수십억 달러 산업재해 원인을 제공한 것이다.대형사고가 날 때마다 경찰, 군인, 소방이 부족한 인력 보충 필요성을 주장하고 있다. 혹사하는 것은 좋은 해결 방법이 아니다. 경찰, 군인, 소방관들에게 하듯 항공기 조종사를 대우한다면 항공기 추락사고가 시도 때도 없이 일어날 가능성이 높다(전투심리학 p.66).

범인의 총을 봤는데, 그것 밖에 보이질 않았다(터널 시야)

스트레스가 심할수록 시야는 더 좁아진다. 거리 감각도 상실해 실제보다 위협 대상이 더 가까이에 있는 것처럼 보이고 근거리 시력을 상실해 가까이에 있는 물체를 보는 데 애를 먹는다. 말 그대로 '너무 겁에 질려 똑바로 볼 수 조차없게' 되는 것이다. 스트레스가 심한 상황에서 할 필요가 있는 행동은 뭐든지 미리 연습해야 한다. 경찰관은 탄창 교환을 연습해야 한다. 탄창을 끼워 넣는 일은 쉬운 일이지만, 경험 많은 경찰관들은 이처럼 간단한 동작도 연습하지 않으면 스트레스가 심한 상황에서 제대로 실행할 수 없다는 사실을 알고 있다.

총성은 안 들렸다. 아무 소리도 안 들렸다(스트레스성 난청)

일부 경찰관들은 총격이 시작하자마자 평상시보다 약간 작게, 대다수 경찰관은 자신의 총성을 듣지 못했거나 작은 소리만 듣는다고 한다. 들리지 않는 것은 총성만이 아니다. 많은 경찰관들은 총격전이 벌어지는 동안 순찰차나 구급차의 사이렌 소리가 안 들린다고 말한다.

어떤 경찰관은 계단 아래에서 용의자의 총격을 받은 경험을 털어놓았다. "저는 산탄총을 들고 있었습니다. 총을 들어 용의자를 향해 쐈는데 갑자기 총소리가 들리질 않았습니다"

이 경찰관이 용의자를 보며 조준했을 때에는 눈이 열리고 귀가 닫혔다. 이런 현상은 매복 공격을 당했을 때 자주 나타난다. 탕! 탕! 탕! 적의 총성은 처음에 엄청 크게 들린다. 기습을 당했기 때문에 시각적 능력은 제한되지만 잽싸게 주변을 둘러본 뒤에 상대를 발견해 조준하게 되면 총성이 들리지 않게 된다.

"육체가 1이라면 정신은 3이다" 전쟁에서 나폴레옹이 한 말이다.

심리적 요소가 물리적인 요소보다 세 배는 중요하다는 의미이다. 전투에서 이런 '정신적' 요소, 오늘날 흔히 말하는 자신감과 심리에 가장 큰 영향을 미치는 것은 소음이다.

자연에서 가장 크게 으르렁거리며 짖는 동물이 싸움에서 이길 가능성이 크다. 역사적으로 백파이프, 나팔, 병사들의 우렁찬 고함은 소음을 활용해서 적을 위협하기 위해서 사용되었다.

프랑스 대대의 백병전

6.25전쟁 때 프랑스 대대를 이끈 몽클라르 중령은 중공군의 피리와 나팔 소리에 병사들이 불안해 할까봐 수동식 사이렌으로 '맞불'을 놓았다. 수동식 사이렌에서 나는 엄청난 굉음은 중공군이 불어대던 피리, 나팔, 꽹과리 소리를 순식간에 잠재웠으며 예상치 못하는 상황에 중공군을 혼란스럽게 했다. 프랑스 대대는 이때를 놓치지 않고 빨간 수건을 머리에 매고 돌격해, 중공군 간담을 서늘케 했다.

미리 알면 대비할 수 있다.

경찰, 소방, 군인들이 현장에 닥칠 상황에 관한 지식을 잘 갖추고 싸움에 내보내야 한다.

한 경찰관의 경험담이다.

"저는 세 차례 총격전을 경험했습니다. 처음 두 번은 어떤 상황이 벌어지는지 전혀 교육받지 않은 상태에서 벌어졌습니다. 아무런 실수 없이 임무를 수행했지만 정신적으로 충격을 받아 혼란스러웠고 총격 사건 당시와 이후에 제가 경험한 온갖 불가사의한 현상으로 인해 가끔은 통제 불능 상태에 빠졌습니다. 어떻게 받아들여야 할지 몰랐고 이 때문에 사건 중이나 사후에 대처하기가 더 어려웠습니다. 전문가의 상담을 받고 나서야 제가 경험한 증상에 대해 알게 되었습니다.

의사 선생님은 스트레스 예방접종훈련 원칙에 대해서도 가르쳐 주셨고 앞으로 있을 상황에 활용하였습니다. 그 뒤 또다시 상황이 벌어졌을 때 지금까지의 과정을 통해 알게 된 지식 덕분에 이전과는 전혀 다르게 대처했습니다. 세 번째 총격전에서 벌어질 상황을 예측했고 터널시야, 소리 왜곡을 포함해 정신적으로 격게 되는 다른 이상한 일들을 통제하고 극복할 수 있었습니다. 증상에 대해 알고, 대처할 방법을 알고 있었기 때문에 훨씬 빠르게 충격에서 벗어나기도 했습니다"

훈련받은 만큼 실전에서 나온다.

전사들은 전투 상황 훈련 때보다 더 나은 기량을 발휘하기 어렵다. 실질적인 시뮬레이션 훈련을 개발하는 노력을 지속해야 한다. 위협이 사라질 때까지 사격 훈련을 계속하는 것이 도움이 된다. 훈련만큼 실전에서 기량이 드러난다. 살인에 대한 거부감, 생명의 존엄성, 인간적 감정, 최후에 일격을 가하는 순간에 느낄만한 양심의 가책이나 동정심을 모두 훈련을 통해 억누르고 극복할 수 있다. 두 번 베트남전에 참가해서 근무한 참전용사는 말한다.

"베트남에서 저는 까다로운 상황에서 임무를 잘 수행하는 제 모습에 항상 놀랐습니다. 무의식중에 거의 자동적으로 행동했고 나중에 기억조차 나지 않았습니다. 저는 '안되면 되게 하라'식의 병사라면 누구나 싫어하는 무식하고 지루한 훈련을 적극적으로 지지하는 사람입니다. 이런 훈련은 보통 같으면 죽기 살기로 도망가고 싶어 할 전투에서 저 같은 사람이 임무를 수행하게 만듭니다"(전투심리학 p135,142).

미·영·한 학교 안전교육

세계적 기후 변화, 이상 기온 등 재난의 빈도나 강도가 증가하고 있다. 생존을 위한 재난피난훈련 교육이 중요한 문제가 되었다. 미국, 영국, 일본 등 한국보다 안전교육을 시행한 역사가 긴 해외에서는 학교에서 안전교육이 어떻게 이뤄지고 있는지 살펴보고 개선 방향을 찾아야 할 것이다.

미국은 활동 위주의 안전교육

미국은 주마다 교육 과정이 다르지만 2021년 기준 50개 주 가운데 46개 주에서 안전교육을 포함한 보건 교과를 모든 학년에서 가르치도록 했다.

캘리포니아주는 '보건 교육 기준(Health Education Framework)'을 통해 유치원 졸업 학년인 만 5세부터 17세까지 안전을 포함한 보건 교육과정을 734쪽에 달하는 책자에 명시했다. 이 책자는 △성장, 발달과 성(性) 건강 △부상 예방 및 안전 △영양과 신체 활동 △알코올, 담배 및 기타 약물 △정신 및 사회 건강 △개인과 지역사회 건강으로 나뉘어 있으며 학년별로 배워야 하는 목표를 제시했다.

학년별로 학년에서 배우는 안전교육은 연령에 따라 세부적으로 나뉜다. 한국으로 보면 유치원 졸업부터 초등학교 3학년 때인 5~8세에는 학교 내 안전과 통학 안전에 초점을 맞췄다. 초교 4~6학년에 해당되는 9~11세는 화재, 지진, 홍수, 수상 안전, 보행 안전, 인터넷 공간의 안전, 놀이터 안전과 함께 집에 혼자 남겨졌을 때의 안전 수칙을 배운다. 한국의 중 1, 2학년인 12, 13세 때는 폭력, 총기 사용, 학대 등의 상황에 놓였을 때 안전 수칙을 익힌다. 중3~고3에 해당되는 14~17세 때는 성폭력 대처법, 안전한 운전 방법 등을 체득한다.

유치원과 초등 저학년 아이들은 위급 상황에 대해 파악하는 방법을 먼저 배운다. 아이들에게 사이렌 소리가 무엇인지부터 가르치고, 소방차나 구급차의 불빛이 의미하는 것에 대해 설명한다. 미국은 저학년일수록 실생활과 밀접한 안전교육을 한다.

미국은 주에 따라 각 지역의 특성에 맞춘 안전 교육을 추가로 시행한다. 캘리포니아주는 익사가 어린이 사망의 주요 원인이라 수상 활동의 주의 사항을 비중 있게 가르친다.

화재가 발생했을 때나 침입자가 학교에 들어왔을 때 탈출로를 그린 포스터를 학교에 걸어 두고 교사가 정기적으로 아이들과 보면서 이야기를 나누도록 권고했다. 특히 놀이를 통한 안전 교육에 중점을 뒀다. 예컨대 운동장에 횡단보도를 그려두고 교사의 '빨간불' '파란불' 신호에 따라 건너고 멈추는 활동을 하는 식이다.

영국은 주 1시간 안전교육 권고

영국은 1988년 교육개혁법(Educational Reform Act)에 근거해 '개인, 사회, 보건 및 경제 교육(PSHE)'을 교육 과정에 도입했다. PSHE에는 도로 안전, 음주와 흡연, 가정활동 안전 등 안전 교육에 대한 주요 사항이 담겨 있다.

영국 교육부는 주 1시간을 보건 및 경제교육에 배정해야 한다고 권고한다. 학생들은 일주일에 한 시간은 보건을 포함한 안전교육을 듣게 된다. PSHE는 꼭 독립 교과가 아니어도 괜찮다. 정보 교과를 가르치면서 온라인에서 직면할 수 있는 위험에 대해 논의하는 등 다른 교과와 혼합해 운영하는 것도 가능하다.

PSHE도 아동의 발달 단계에 따라 학습 내용과 목표를 4단계로 설정했다. 1단계인 5~7세에서는 안전한 장소를 식별하고, 위험한 장소를 인식하도록 가르친다. 또 학생들이 자신의 주소와 보호자의 전화번호를 알고, 집에 아무도 없을 때 갈 수 있는 곳을 파악하도록 했다. 사고 예방 원칙인 '멈추고, 보고, 듣기(Stop, Look, Listen)'에 대해서도 배운다.

2단계인 8~11세 땐 위험 상황을 판단하는 방법을 가르치는 데 중점을 뒀다. 사고가 발생할 수 있는 장소에는 어떤 곳이 있는지, 이를 어떻게 판단하는지를 배운다. 안전한 사람과 그렇지 않은 사람을 알아차리는 법도 중요한 학습 목표다. 3단계인 12~14세에서는 위험 상황을 평가해 사고 발생 시 대처 요령과 도움을 요청하는 법을 익히고, 4단계인 15~16세에는 기본 응급조치와 심폐소생술을 직접 실습해 본다.

영국 안전교육도 실생활 적용을 강조한다. 테러 대응 교육에서는 대응 원칙인 '도망가고, 숨고, 알린다(Run, Hide and Tell)'를 익히는 것을 넘어, 학생들이 실제로 학교나 지역사회에서 테러를 맞닥뜨렸을 때 대피할 장소를 미리 찾는 활동을 하는 식이다.

동영상 보는 한국 안전 교육

우리나라 학교에서 실시하는 안전교육은 명확한 학습 목표 없고 체험 위주 교육이 아닌 동영상으로 대체하는 실정이다.

한국의 학교 안전교육은 '학교 안전교육 실시 기준 등에 관한 고시'에 그 기준이 제시돼 있다. 해당 고시에 따르면 학생 안전교육은 생활안전, 교통안전, 폭력예방 및 신변보호, 약물 및 사이버중독 예방, 재난안전, 직업안전, 응급처치 등 7대 영역에 따라 유치원과 초중고교에서 51시간 이상 실시해야 한다. 하지만 학년별 또는 연령별 안전교육 목표가 명확하게 제시돼 있지 않다.

미국, 영국 등이 학생의 발달 단계에 맞춰 구체적인 안전 학습 목표를 제시하는 것과는 대조적이다. 한국도 '학생 안전교육 내용 및 방법'에 학교급별로 익혀야 하는 안전 수칙을 명시하긴 했지만 '화재의 원인 및 대피요령, 신고, 전파요령 알기' 등으로 단순하고, 초중고교 내내 동일한 내용이 제시되는 경우도 있다. 학생 발달 단계에 따른 안전교육이 이뤄지지 않는 것이다.

2024년 적용되는 2022 개정 교육과정부터는 초등 1, 2학년에 있던 별도의 안전 교과인 '안전한 생활'이 사라진다. 이렇게 되면 초등학교부터 고등학교까지 개별 교과 시간이나 창의적 체험활동 시간을 통해 안전교육을 실시해야 한다. 체계적인 안전교육이 더욱 어려워진다는 뜻이다.

현행 2015 개정 교육과정에서도 초등 고학년부터는 별도의 안전 과목이 없어 유아용 안전 애니메이션을 보여주는 것으로 수업을 대체하는 경우가 많다. 중학교부터는 도덕, 기술·가정 등에 안전 관련 내용이 분산돼 있어 안전교육 효과를 기대하기 어렵다. 고등학교에서는 대입 때문에 이론 위주의 영상 시청으로 대체하는 게 대부분이다.

성장하는 학생들의 안전 의식을 키우는 것은 일회성이나 단기 교육으로 불가능하다. 일상생활을 하면서 지속적, 반복적으로 안전교육을 시행해야 가능한 일이다. 우리도 이제 초등학교부터 고등학교까지 명확한 학습 목표를 제시하고, 체험 중심의 안전 교육을 시행해 안전에 대한 인식과 이해를 높여야 한다. 그래야만 각종 안전사고에 대한 대처 능력이 종합적으로 향상되고, 우리 사회가 좀 더 안전해질 수 있다(동아일보, 2022.11.2.).

일본, 안전교육은 학교 안전교육과 학교 방재 교육으로 나뉜다.

학교 안전교육은 학생의 학교생활 등에서 사고를 예방하는 것이 목적이다. 학교 방재 교육은 지진이나 태풍 등이 많은 일본의 특성을 반영해 자연 재난 피해를 최소화하기 위한 것이다. 한국의 초등학교에 해당하는 소학교부터 중학교, 고등학교에 이르기까지 교통안전, 자연재난 대처법, 심폐소생술 등을 반복 학습한다.

스토리텔링(Storytelling)통해 전달한다.

일본은 지진이 자주 발생하지만 다른 국가에 비해 피해가 적은 나라이다. 학교에서 자체적으로 재난교육을 하는데 특별한 점이 있다. 실제로 있었던 사건을 재구성한 "이나무라의 불"이라는 이야기를 해주면서 오래 기억하도록 하게 한다. 고지대에사는 '고헤'라는 사람이 바닷가를 바라보다 이전과는 다른 쓰나미를 보게 되었다. 통신이 지금처럼 발달하지 않는 시기 이 사실을 마을 사람에게 알릴 방법이 없자 산에 불을 질렀고 마을 사람들은 산불을 보고 높은 곳으로 이동해 쓰나미를 피했다. 일본 정부는 따분하고 재미없는 재난교육 대신 이야기를 통해 재난에 대한 경각심을 가지게 해주었다.

학생 때 부터 철저한 재난교육

일본 정부가 지진에 대비 재난교육을 철저히 하다보니 오히려 국민들이 안전불감증에 빠지고 있다는 사실을 2011년 동일본 대지진으로 알게 되었다. 방재교육을 더욱 철저하게 했다. 자연재해가 일어나면 가족을 찾지말고 먼저 생존해야 한다고 가르치고, 글짓기 등 다양한 행사를 통해 경각심 가지게 했다. 생존할 수 있는 지역까지 가는 방법에 대해서도 실전 연습을 통해 지속적으로 교육훈련 덕분에 큰 지진에도 생존율을 높일 수 있었다.

재난강국 일본 학교 안전훈련을 어떻게 하는가?

일본의 국토 면적은 세계의 0.25%에 불과하지만 전 세계에서 일어나는 리히터 규모 6.0 이상의 지진 20%가 일본 영토에서 일어난다.

1995년 고베대지진에 이어 2011년 동일본 대지진을 통해 변화하는 일본의 안전교육, 실패에서 배우는 EBS NEW(2014.6.24.~.25)는 일본 초,중학교 재난대응과 피난훈련등 사례는 우리나라 교육현장에 많은 도움이 될 것이다.

전교생의 목숨을 지켜낸 이이오카 중학교

일본의 한 중학교 교장 선생님이 보여준 작은 상자 안에는 손전등,

확성기와 무전기, 비상시 수동으로 충전할 수 있는 라디오와 손전등. 마지막으로 두 장짜리 전교생 명단이 나온다.

이것은 학교에서 학생들이 생명의 위협을 받는 비상 상황이 발생할 경우 교감 선생님이 챙겨야 할 상자이다.

2011년 3월 11일. 일본 동북 지방에선 규모 9.0의 대지진이 발생했다.

강진 후 초대형 쓰나미가 해안 도시들을 덮쳤고 도쿄를 비롯한 수도권 일대에 피해가 속출했다. 일본의 남동쪽 해안가에 위치한 치바현 아사히시 이이오카 지역의 피해도 컸다. 당시 7.6m 높이의 해일이 덮치면서 치바현에서 가장 많은 희생자가 나왔다. 이런 불가항력적인 자연재해 속에서도 신속한 대처로 전교생 310명의 목숨을 지켜낸 학교가 있었다. 바닷가에서 불과 200m 정도 떨어진 이이오카 중학교이다.

이이오카 중학교, 어떻게 대응했을까?

그 때 기록을 살펴보면, 진도 5의 지진 발생 2분 후 학교는 전교생 310명에게 체육관으로 1차 대피를 지시한다. 그리고 1차 대피 완료 8분 후 전교생을 약 700m 떨어진 2차 대피 장소로 이동시킨다. 지진 발생 57분 후 해일(쓰나미)이 학교를 덮쳤을 때 학생들은 이미 3차 대피장소로 이동을 끝마친 상태였다.

이처럼 빠른 판단과 신속한 지시를 한 사람은 당시 부재중이었던 교장을 대신한 교감이었다. 희생자 없음.

이 결과만으로도 만족할 수도 있었겠지만 자연재해를 계기로 학교는 변하기 시작하다.

예상치 못한 재난 상황에서 학생들을 보호하기 위해 학교가 무엇을 해야 할지를 여러가지 방법을 찾기 시작한 것이다. 그 결과 쓰나미가 몰려온 당일 어떤 일이 있었는지 정확히 인지하는 것에서부터 출발했다. 이들은 46분, 48분, 55분 등 분 단위로 쓰나미 당일 있었던 일을 교직원과 목격자들의 말을 종합해서 기록으로 남겼다.

후임 교장 등 교직원들이 당시 상황을 구체적이고 명확하게 알고 다음 재해에 대비하기 위해서였다. 현재 이 학교 교장도 동일본대지진 이후에 부임했다. 그는 이 기록을 토대로 자발적으로 위험 관리 매뉴얼을 만들었다. 이 매뉴얼에는 재난 상황시 학생은 물론 아이들을 데리러 온 부모의 안전까지 고려되어 있다. 기록을 토대로 상황에 맞게 매뉴얼을 수정해 나가는 작업은 반드시 필요하다.

인터뷰: 카지야마 사다카즈 교장 / 이이오카 중학교

"지금 우리 학교에는 위기관리 매뉴얼이 있습니다.

그 매뉴얼에 따르면, 쓰나미나 지진이 완전히 끝날 때까지 부모가 데리러 와도 인계하지 않고부모와 함께 대피하도록 되어있습니다."

이이오카 중학교의 노후된 시설을 보강하고 점검하는 안전일람표도 정부 양식을 그대로 따르는 게 아니라 학교 특성에 맞도록 교장이 직접 만들었다. 안전일람표는 크게 68개의 카테고리로 분류되고 각각의 세부 항목들이 있다. 이 항목들은 교장을 비롯한 전 교사가 나누어 관리하다. 한편 비상시 학생들을 인솔해야 하는 교직원들의 역할 분담도 피난 담당, 방재 담당, 피난도구 담당 등 조직적으로 바뀌었다.

인터뷰: 카지야마 사다카즈 교장 / 이이오카 중학교

"대피하는 선두에 서서 학생들을 유도하는 교직원, 중간에 들어가서 학생들을 유도하는 교직원, 맨 뒤에 서는 교직원, 그리고 마지막으로 남아서 학교 안에 남아 있는 학생들이 없는지 확인하는 교직원, 혹시라도 다리가 불편해서 대피하지 못하는 학생이 있을 때 그 학생을 돕는 교직원까지 전부 정해져 있습니다."

특히 의사결정권자인 교장은 전기가 끊기는 상황을 대비해 수동 충전식 라디오를 지참하고 수시로 학교 옥상에 올라 기상을 체크하며 바다의 움직임을 관찰했다. 비상 상황 시 전 학생의 목숨이 책임자인 교장의 판단과 지시에 달렸기에 정확한 정보 취합에 적극적인 대비를 하는 것이다. 우리는 재난 당시 교직원과 학생들의 결정과 행동을 통해 일본인들이 '실패'의 기준을 어디에 두고 있는지 주목할 필요가 있다. 그들에게 실패란 눈에 보이는 희생자 숫자만이 아닌 더 큰 인명 피해를 초래할 수 있었던 허점과 무지, 그리고 자만에 있었다.

그리고 그 속에서 교훈을 찾아내어 보완하고 노력하는 단 한 가지의 이유는 아이들의 생명을 지키기 위한 어른들의 지극히 당연한 상식과 책임감에 있었음을 알 수 있다(EBS NEW 기획취재: 실패에서 배운다. 2014. 06. 24).

세타가야구립 츠카토 초등학교 지진대피 훈련

일본 도쿄 23개의 특별구 중 인구가 가장 많은 세타가야구, 이곳에 위치한 학생 수 1,073명의 세타가야구 초등학교에서 학생들이 어떻게 지진대피훈련을 하는지를 살펴본다.

인터뷰: 세타가야구립 츠카토 초등학교 6학년

"지진이 일어나면 학교에서 훈련했듯이 책상 아래로 들어가서 우선 머리를 감싸고 진동이 멈출 때까지 계속 기다립니다."

인터뷰: 세타가야구립 츠카토 초등학교 6학년

"학교에서 배운대로 '오카시모'(밀지 않고, 뛰지 않고, 떠들지 않고, 돌아가지 않는다)가 중요하다고 생각합니다."

일본 초등학교에선 한 달에 한 번씩 피난 훈련을 한다. 평균적으로 1년에 10번 이상 훈련을 하는데, 초등학교 6년 동안 60번 이상의 피난훈련을 한다는 점이 특이하다.

실제로 이런 반복적인 피난훈련이 학생들에게 얼마나 몸에 체득되고 어떤 효과를 가져오는가를 대피훈련 계획부터 학생들 인터뷰를 통해 확인해 보기로 한다.

10시 10분, 비상상황을 알리는 안내방송이 나오고 각반 학생들이 복도에 집합하기까지의 예상 시간은 3분, 비상방송 8분 뒤 전교생이 운동장까지 모인다는 계획이다.

눈에 띄는 건 3분, 8분 단위의 계획. 통상적으로 5분이나 10분 단위로 계획하지 않고 분 단위로 쪼개어 계획을 세웠다.

인터뷰: 나가야마 미즈요시 교장 / 세타가야구립 츠카토 초등학교

"(계획을) 5분 단위로 대략적으로 해 버리면 시간이 지연되거나 하고자 했던 일을 하지 못할 수 있습니다. 굳이 13분, 18분이라고 정함으로써 시간 개념이 생기고 15분 만에 끝낸다는 것을 정말 계획적으로 하기 위해서 굳이 그렇게 자세하게 설정하고 있습니다."

(훈련 당일 비가 많이 와서 대피 훈련은 복도에 집합하는 것까지만 진행됐다)

3분 만에 1,073명의 학생들이 복도에 집합할 수 있을까?

잠시 후 비상벨이 울리면서 안내방송이 나온다.

지진을 가정한 상황이기 때문에 아이들은 머리를 보호하고 신속히 책상 밑으로 들어간다.

잠시 후 방송에선 복도로 나올 것을 지시한다. 아이들이 복도에 열을 맞춰 앉고 교사가 인원수를 파악하는 동안 아이들은 그 어떤 소리도 내지 않는다. 그렇게 교육을 받았기 때문이다.

복도에 전교생이 집합하기까지 걸린 시간은 예상 시간보다 1분이 초과한 4분. 학생들은 매우 익숙하게 대피 훈련을 마쳤다.

이러한 피난대피 훈련에 대해 학생들은 어떻게 생각하고 있는지, 얼마만큼 자신이 있는지, 초등학교 6학년 학생들의 인터뷰 내용이다.

인터뷰: 세타가야구립 츠카토 초등학교 6학년

"평소와 달리 정말 닥치면 조급해져서 어떻게 하면 좋을지 모를 수도 있으니 그건 좀 걱정이 돼요."

인터뷰: 세타가야구립 츠카토 초등학교 6학년

"주변에 사람이 없으면 스스로 어떻게 하면 좋을지 냉정하게 생각하는 게 중요하다고 생각합니다."

인터뷰: 세타가야구립 츠카토 초등학교 6학년

"자신을 스스로 지키는 것도 중요하지만 어른들이나 우리보다 어린 아이들을 먼저 대피시키고 싶어요."

반복적인 대피훈련이 이루어지는 일본의 학생들은 자기 몸을 자기가 보호할 수 있는 방법을 학교에서 직접 몸으로 배우고 있었다.

과연 한국 학교안전교육은?(EBS NEW 기획취재: 실패에서 배운다 2014. 6. 25)

독일 재난관리가 주는 교훈

독일의 재난관리가 주는 교훈은 무엇인가를 살펴보고 교훈을 얻어야 할 것이다.

독일은 재난 안전관리를 대단히 중시하는 나라다.

독일의 안전중시 관행은 역사적 산물이다. 중세(中世) 이후 길드와 제조업이 발달하면서 산업재해가 늘어나고 위험사회가 되었다. 게다가 제1·2차 세계대전, 국토 분단, 냉전(冷戰) 등 불확실성을 경험하면서 안전을 사회를 유지하는 기준으로 여겼다.

독일에서 신뢰받는 직업의 순위를 보면 소방관, 구급대원, 간호사, 약사, 의사 순이다. 그만큼 재난안전, 질병관리 등 국민의 생명과 안전 보호를 위해 일하는 직업은 존경을 받고 있다. 이들 역시 직업에 대한 소명(召命)의식과 자부심이 대단하다.

정직과 신뢰, 균형, 완벽주의가 안전한 사회 만들어

독일은 히틀러의 거짓 선동에 속아 제2차 세계대전 패전 후 압축성장으로 '라인강의 기적'을 이루는 과정에서 돈을 최고 가치로 여기는 물질만능주의에 빠지지 않고, 위험에 대한 성찰을 통해 안전한 문화를 바탕으로 성숙한 사회로 발전하였다. 독일은 산업화 과정에서 위험 요인을 슬기롭게 극복했다.

독일은 정직을 최고의 가치로 여기는 사회다.

건축물 건설 시 안전에 절대 필요한 철근이나 콘크리트 정량을 속이고 빼돌리거나, 부실 자재 사용, 불법 증축, 용도 설계 불법 변경, 안전진단 축소 생략, 공사비 유출, 감독기관 유착 비리 등의 불법행위를 하지 않는다. 식품에 유해(有害) 첨가물을 섞는 행위, 주유소에서 휘발유 정량을 속이는 행위 등은 거의 없다. 우리나라처럼 인간의 탐욕에 의한 대형 붕괴사고 발생이 그만큼 적어지게 된다.

제2차 세계대전이 끝난 1945년을 기준으로, 그 이전에 지은 집을 헌 집, 후에 지은 집을 새집으로 분류하고 있다. 우리나라 기준으로 보면 재건축 대상에 해당되지만, 대부분 골조, 대문, 히터, 상하수도 배관시설 등이 무척 튼튼하다. 건축물, 구축물(도로·교량·운하 등)은 수백 년 된 구축물이 많다.

독일 정부와 정치인들은 국민들로부터 절대적 신뢰를 받고 있다.

독일도 역시 2008년 광우병, 2015년 메르스(중동호흡기증후군) 사태를 겪었다. 하지만 큰 소동 없이 조용히 지나갔다. 광우병 발생 며칠 만에 정부가 "광우병은 문제가 없다"고 하자, 국민들은 그대로 믿고 정부의 조치를 따른 것이다. 국민들은 '재난 발생 시 국가가 국민들을 지켜줄 수 있다'고 믿는다. 이는 그동안 정치인의 정직성과 정부의 위기해결 능력 때문에 생긴 학습 효과다.

이러한 사회적 신뢰 덕분에 국가 위기가 닥쳐도 안전을 위협하는 객관적 사실이 불필요하게 확대되거나 왜곡되어 그 자체가 더 큰 사회적 위험으로 발전할 가능성이 매우 적다. 따라서 사회적 혼란이나 공포감이 조성되지 않는다.

독일에서는 안전 의식이 너무 지나치다는 의견도 나온다. 독일은 완벽주의를 추구하다 보니, 모험이나 불확실한 일은 기피하는 경향이 있다. 독일의 정부 정책, 기업 경영은 능동적·공격적이지 못하고 보수적이다. 그래서 진취적이지 못하다는 비판도 제기된다. 그만큼 안전에 대한 요구와 신뢰가 강하다는 점이다.

독일은 웬만한 사건에는 사회가 흔들리지 않는 균형사회다.

독일 국민은 감성적이라기보다는 이성적인 성향이 강하다. 일이 터질 때마다 마치 처음 겪는 일처럼 허둥대고 '국가 개조' '안전 불감증' '땜질 처방' 등 온 나라가 냄비처럼 들끓다가 곧바로 식어버리는 것이 아니라. 냉정하게 사고 원인을 분석하고 재발 방지에 노력을 집중한다.

독일 브랜드는 제품은 품질도 뛰어나다. 안전 분야도 마찬가지다. 독일 국민은 값싼 안전 서비스보다는, 비싸더라도 높은 수준 서비스를 원한다. 저비용·운임은 부실공사, 정원 초과, 과속, 과적 등으로 이어져 안전을 보장받을 수 없다는 인식이 강하기 때문이다.

언론도 매우 객관적이고 공정하다.

뉴스가 한쪽으로 치우치지 않는다. '뇌송송 구멍 탁…' 같은 조작된 가짜 뉴스를 생산하지 않는다. 여기에 유언비어나 근거 없는 괴담, 정치적 음모가 들어올 공간은 없다. 이는 사회적 비용을 줄이고 시장경제의 역동성을 유지시켜, 먼저 국가가 신뢰를 지킨 결과물이다.

재난사고에 어떻게 대비하고 있는가?

세계 어느 나라도 자연재난을 비롯한 교통사고, 화재, 붕괴, 선박 침몰 등의 사고는 정도의 차이는 있으나 계속 발생하고 있다.

사전에 철저하게 대비한다. 재난은 국가나 사회 개인에게 피해를 주지만 미리 예고 하고 찾아오지 않는다. 과거 오랜 경험과 축적된 지식에 의해서만 이해할 수 있을 뿐이다. 그러나 이러한 미래의 일도 결국은 과거의 일이 되고, 경험과 지식의 영역으로 바뀐다. 과거 재난을 어떻게 활용할 것인가는 그 나라와 그 사회의 역량에 달려있다.

여기에서 독일인들의 완벽주의가 드러난다. 불확실성을 싫어하는 독일인들은 돌발성 대재앙에 대해 '사전 대비가 최선의 방책'이라는 인식을 가지고 있다. 그래서 과거 사고의 실패에서 경험을 얻어 이를 지식으로 축적한다. 여기에 과학을 더하여 미래 위험의 재발 방지를 위한 지혜를 찾아내 철저한 계획을 만들어낸다. '비상계획'의 '비상계획' '플랜 B'는 물론 '플랜 C'까지도 세워둔다.

진상규명 우선의 독일 고속열차 사고사례

1998년 6월 3일 오전 10시 57분, 뮌헨에서 하노버를 향해 출발한 인터시티 고속열차(ICE)는 독일 북부의 작은 마을 에셰대(Eschede) 근처에서 탈선사고가 발생하여 101명이 사망하고 108명이 부상을 당했다. 독일연방공화국 건국 이후 최악의 대형 인재(人災) 사고였다. 독일은 이 사고를 계기로 차량 기기를 전면 교체하고 철도 시스템을 재정비했다.

총리와 도지사는 다음날인 6월 4일 현장을 방문했고, 대통령 참석하에 6월 21일 장례식을 치렀다. 사고 후 2주일이 지난 6월 17일 독일 의회에서 교통부 장관이 잠정적인 조사 결과를 발표하였지만, 실제 원인 규명은 프라우엔호퍼 연구소에서 담당했다.

사고 원인은 독일 철도청이 객차의 승차감을 높이고 정비를 쉽게하기 위해 통 쇠로 만들던 바퀴의 중심부를 고무로 채웠다. 이 바퀴의 쇠로 만든 주변 링이 균열로 찢어지면서 객차 바닥을 뚫고 올라왔는데도 다른 쪽은 콘크리트 침목들을 때리면서 달린 것이다. 그러나 전자제어로 운행되는 고속열차의 기관사에게는 망가진 열차 바퀴로부터 아무런 경고 사인도 오지 않아 열차는 시속 200㎞로 계속 달리면서 200톤이 넘는 육교 밑을 지나가다 뒤쪽의 끝 열차 한 칸이 결국 문제의 찢어진 바퀴로 인해 탈선하자 객차들이 연쇄적으로 접히면서 육교와 충돌하였다. 육교가 주저앉으면서 객차를 덮치고, 객차들 역시 뒤집히고 엉켰다.

독일 에셰대 참사 후에 재판은 사고 발생 후 피의자에 따라 1년, 3년 그리고 4년 후에 시작되었다. 그 이유는 대형 사고일수록 자세하게 그 과정을 재구성할 수 있어야 하며 여기에 당연히 시간이 걸릴 수밖에 없기 때문이다. 그러나 한국에서는 대형 참사가 일어나면 우선 국민적 분노의 쓰나미 속에서 책임자 처벌이 시작된다. 세월호 사고의 경우에도 사건의 원인을 검찰이 재판과정에서 밝혔다는 것은 사실판단과 가치판단이 뒤섞여 있었음을 의미한다.

'책임자 없는 대형 참사가 가능하다'

우리는 대형사고 후 분노와 책임자 처벌의 관계가 단순하지 않다는 점과 나아가 '책임자 없는 대형 참사가 가능하다'는 점을 알 수 있다. 이런 점을 이해하는 것은 재발 방지를 위해 매우 중요한 의미를 지닌다. 즉 대형사고 후에 국가의 우선 과제는 그 원인을 객관적으로 밝히는 것이고, 그 다음에 책임자에 대한 법적 조치를 하는 것이다.

이태원 압사사고도 그 원인 규명이 단순한 사건이 아니다. 단순히 물리적으로 보자면 한 희생자가 동시에 다른 희생자의 사망에 기여(?)할 수도 있는 다중에 의한 압사 사건이다. 많은 인파가 몰린 것도 어떤 주최자가 있어 계획한 것이 아니라 이미 수년 전부터 젊은이들이 모였던 유흥가에서 벌어진 축제였다. 여기에 코로나로 인한 거리두기가 해제된 후 첫 해이기에 MBC는 중계차를 보내 홍보성 뉴스를 보내기도 하였다. 이런 사건의 경우 사람들이 모이게 된 원인부터 사고의 예측과 예방 그리고 사건의 발생과 피해자의 사망에 이르는 과정에서 크고 작은 수많은 원인들이 존재할 수밖에 없다. 수년 동안 많은 인파가 몰렸음에도 불구하고 압사 사건은 단 한 건도 없었다는 점에서 안전에 대한 낙관적 예측도 사고 원인일 수도 있다. 코로나 해제와 언론들의 홍보로 인해 더 많은 인파가 몰릴 것이고 따라서 사고의 위험도 더 높을 수도 있다는 예측을 안전 관련 책임자들이 가질 수 있다.

사고 발생 전에 관계기관 책임자들이 어떤 결정을 내리는 것이 옳았는지를 살피기 위해서는 그 이유를 정확하고 자세히 확인해야 한다. 왜냐하면 이처럼 결정이 쉽지 않은 상태는 일상적이고 따라서 얼마든지 반복될 수 있기 때문이다

사건 발생 인과관계를 재구성 작업에는 대규모 압사의 원인으로 보이는 인파 압축 현상이 자연적으로 일어날 수 있는지에 대한 확인 작

업도 필요하다.

문제는 이런 정확한 원인 규명 작업을 정치인과 언론이 방해하고 있다는 사실이다.

이들은 사건이 나자마자 '국정 책임자 대통령은 퇴진하라'부터 '보고도 지휘도 하지 않은 경찰서장, 구청장이 책임자다', '많은 인파가 몰린 곳을 찾아간 개인의 잘못이다', '국가의 존재 이유가 없다'에 이르기까지 분노 내지는 분노를 가장하여 객관적 사실 판단을 막고 있다.

정치인과 기자들이 '해야만 할 일'을 안 한 점을 질책하고 분노하며 당장 처벌하라고 요구하지만, 사실 당시 해야 할 일을 가장 잘 아는 사람은 바로 정치인과 언론이다. **'할 일을 안했다'는 사실보다 '왜 안했는지'가 훨씬 중요하며 그것이 바로 사건의 재구성인 것이다.** 독일 에셰대 참사에서 객실 차장은 '비상 상황에서는 비상브레이크를 당길 수 있는 권한과 의무'를 갖고 있음을 가장 잘 아는 사람이었지만 그렇게 하지 않았다. 따라서 사고의 재발을 막기 위해서는 합법이거나 불법이든지 그 이유를 확인하는 것이 중요하다. 그러나 우리나라 대형 참사 후 사회의 반응은 정상의 정반대다. 정치인과 언론에 의해 만들어진 비이성적 분노에 전 국민이 지배당하는 모양이다. 2008년 광우병 사태, 2014년 세월호 등에서 광기와 같은 선동 언어로 유명한 한국의 정치인과 언론은 이번 참사에도 그 악습을 버리지 않고 똑같은 행태를 반복하고 있다. 참사 후 이들의 분노에 찬 언어를 쏟아내면 국민들도 같은 이유로 분노하지 않을 수 없게 되어 결국 이들의 주장을 쉽게 받아들이고 있다.

이런 점에서 이태원, 오송지하차도 사고에 대한 국회의 국정조사는 현재의 국회의원의 자질이나 행태로 보아 절대로 있어서는 안 된다. 일단 정치적 이해관계에서 모든 것을 자기 마음대로 판단하고 복잡한 사건을 이해하고 조사하기 위한 자질이나 인내심이 부족하다. 지금처럼 청문회나 국정조사에서 국회의원 신분을 내세워 반말과 폭언 그리고 답변의 기회를 주지 않는 야만 형태는 이성적 대화를 요구하는 참사의 발생과 대응 과정에 대한 조사를 국회에 맡길 수는 없다.

희생자와 유족에 대한 깊은 애도는 필요하다. 하지만 국민의 분노하는 민심은 결코 자연스러운 현상이 아니며 정치인과 언론에 의해 만들어진 왜곡된 현상이다. 분노와 책임자 처벌에만 집착하는 행태는 '또 다른 참사를 예약'해 둔 것과 같다. 참사 후 사건의 원인을 자세하게 재구성해 진상규명을 해야 한다. 그래야 또 다른 참사 발생을 예방하고 피해를 최소화할 수 있다.

독일 에셰대 참사 10년 후 2008년 4월 란트뤼켄에서 열차사고가 났으나 사망자는 없었다. 135명이 구조되었고 피해는 경상 19명이었다. 또 10년 후 2018년 10월 몬타바우어에서 열차 화재사고가 발생하였다. 객차 2량이 모두 불에 타고 나머지 차량도 파손되었지만, 승객 510명 전원은 무사하였다.

안전교육을 생활화하고 있다

안전 의식은 유치원에서부터 시작된다. 교통안전 교육을 공교육 교과과정에 편입하여 유치원부터 시작하여 초등학교까지 계속한다. 예고도 없이 긴급 소방재난훈련도 실시하여 대처 능력을 향상시키고 있다. 전 국민이 16세에서 65세까지 10시간 안전교육을 받아야 하며, 미사일이나 핵 공격 상황에 대처하는 방법도 배우게 된다. 운전면허 교습할 때에도 심폐소생술, 교통사고 대처 등 응급조치 교육을 의무적으로 4시간 받아야 한다.

독일 국민들은 수영을 잘한다. 초등학교부터 배우기 때문이다. 3학년이 되면 수영을 배우기 시작하여 8~9학년(김나지움 4~5학년)까지 계속된다. 마지막 단계에서는 심폐소생술과 인명구조 훈련을 배우고 인명구조 자격증까지 받게 된다. 모든 학생이 인명구조 요원이 되어 졸업하고 있다.

독일 국민은 법과 원칙을 지키는 준법정신이 매우 강하다. 국민들은 상위 법령은 물론 하위 안전수칙(매뉴얼)도 철저히 준수한다. 정원 초과, 과속, 과적, 공회전 등에 대한 금지 사항을 그대로 따른다. 있으나 마나, 지켜도 그만 안 지켜도 그만인 매뉴얼은 없다.

독일의 각 가정에는 평소 마스크, 장갑, 체온계, 상비약 등이 담긴 '응급 구조키트'를 갖추고 있다. 지하 창고에는 최소한 3개월 이상 버틸 수 있는 비상식량을 준비하고 있으며 집이나 사무실에서 반경 100m 이내에 대피 시설을 제공하고 있다. 인구 5만명 이상의 도시에서 건물을 신축할 때에는 지하에 대피소를 만들도록 의무화하고 있다. 각 대피소에는 11일간 버틸 수 있는 비상식량과 물, 환기장치, 화장실이 갖추어져 있다. 방사능 물질, 생화학, 화재, 파편, 미사일, 핵 공격 등의 비상 상황에 대비하기 위한 것이다.

독일은 1990년 10월 동·서독이 통일되면서 사실상 공산주의라는 주적 개념이 사라졌다. 러시아의 위협 요인이 있기는 하지만 당장 전쟁 상태도 아니다. 더욱이 독일은 세계평화지수 1위의 평화국가다.

그럼에도 안전과 안보는 철저히 지키고 있다.

현장중심시스템이 빠른 대응을 가능하게 한다

2010년 10월에 '독일판 세월호 사건'이 발생했다. 밤 12시에 독일과 덴마크 공해(公海)상에서 덴마크 선적의 여객선 '글로리아호' 갑판에서 화재사건이 발생하여 선박 전체가 불바다가 되었다. '하바리 코만도(Havarie Kommando,교통부 산하에 해난구조대)'가 즉시 출동하여 승객과 선원 236명 전원을 무사히 구출하였다. 사건 접수 후 작전 개시까지 20분 걸렸다. 그 후에도 60여 건 이상의 해양선박 사고를 성공적으로 처리했다.

일상적 재난관리, 화재 진압, 응급 구조 등 1차적 재난관리는 기초 지방자치단체(시·군)가 관장한다. 기초 지자체 능력을 초과하는 2차적 재난 안전관리, 관련 법령 입법, 계획 수립·집행 등은 주(州)정부(道)가 관할한다. 재난대응기관별로 재난 처리 기능이 효율적으로 분장되어 있다.

연방정부는 평소 재난 안전관리 입법·제도를 총괄하고, 국제 테러·전염병·대홍수 등 전국적 대형 재난, 국제 재난, 전쟁시 시민 보호와 같은 국가적 재난에 주력한다. 주정부나 지자체의 재난 처리 시 인적·물적 지원을 한다.

사고 대응 지휘 체계가 현장 중심으로 단순화되어 있다.

재난사고 처리는 고도의 전문성과 빠르게 대응하는 것이 절대적이다. 따라서 사건처리대책본부(control tower)의 책임자는 사건 내용과 대응 방법을 가장 잘 알고 있는 현장 책임자가 맡는다. 현장 소방서장·경찰서장·해난구조대장이 모든 권한과 책임을 가지고 맡은 사건을 지휘한다. 책임자의 계급이나 직책은 전혀 문제가 안 된다. 정당한 권한을 부여받은 책임자의 명령과 지시가 곧 법이므로 여기에 정치가 정무적 판단으로 개입할 여지는 없다. 해난구조대장은 교통부 밑에 조직의 국장급 수준에 불과하였으나, '독일판 세월호 사건'을 안전하게 처리했다.

정치인들은 재난 현장 방문을 자제한다.

재난 현장에 나타나서 사고 수습에 정신이 없는 책임자에게 현황 보고받거나, 불필요한 개입으로 수습에 혼선을 주거나 사진 등 홍보하는 모습은 찾아볼 수 없다.

대형 사고 발생시 연방총리나 관계 장관이 검은 예복을 입고 나와 피해자와 유족들을 위로하고 국민을 안심시키는 일이 있지만, 사고에 깊이 관여하지 않는다. 현장에서 멀리 떨어져 있는 총리나 장관이 탄탄한 사회적 안전망과 사고 처리 전문가를 대신할 수 없다.

탄탄한 현장 중심 시스템 때문에 연방총리나 장관은 상당 부분 사고 책임에서 자유롭다. 정치적 다툼 거리도 되지 않는다. 우리나라처럼 "세월호 7시간 동안 대통령이 뭘 했느냐?" "장관은 언제 연락을 받았느냐?" 같은 소모적인 논쟁에 휩싸일 일도 없고, 그만큼 국론 분열의 가능성도 적다.

지난 일이지만 돌이켜 냉정하게 생각해 본다면, 문제의 7시간 동안 대통령이 그 상황에서 지휘하는것이 상징적인 효과와 국민에게 위로가 될지는 몰라도, 국가 지도자 이미지 훼손이나 국론분열은 줄어들었을지 모르지만…, 결과는 크게 달라지지 않았을 것으로 생각된다.

검찰은 '화물을 너무 많이 실었고, 선체를 불법 증축했고, 배의 균형을 유지하는 평행수를 빼냈고, 화물을 단단히 묶지 않아 복원력 상실하고 한쪽으로 쏠려 침몰한 것'이라고 발표했다.

가라앉을 만한 모든 조건을 갖추었던 것이다. 이런 총체적 무너진 안전 시스템이 현장에서 대통령의 몇 마디 지시로 갑자기 해결되는 것은 사실상 불가능하기 때문이다.

반복훈련만이 안전한 사회를 만든다.

독일의 재난사고 처리를 전담하는 대원들은 평소 세뇌 수준의 엄청난 교육 훈련을 받는다. 재난사고 특성상 전혀 예기치 못한 돌발 변수와 경우의 수에 신속히 대응해야 하기 때문이다. 해난구조대 대원들은 평소 특공대 수준의 훈련을 하며 평소에는 실전 같은 훈련을 연 160회 정도 반복 실시한다. 재난전문가 되기위해서는 오직 훈련밖에 없다.

재난관련 훈련기관들은 그 훈련 결과를 분석하여 문제점을 발견 다음 훈련에 개선·반영하는 환류(feedback) 절차를 거친다. 이를 통해 학습 효과를 얻고 노하우를 축적하여 현장대응 능력을 향상 시켜나간다. 반복된 강도 높은 훈련 덕분에, 어떠한 위기 상황이 닥쳐도 차분하고 신속, 질서 있게 처리할 수 있다. 사고 처리 과정이 아주 조용하고 사회 분위기도 차분하지만, 현장대응 만큼은 아주 빠르게 진행된다. 이런 대응으로 대형사고로 번지는 경우가 드물다.

특별위원회, 특별, 특별이 아니라 '보통'이 지배하는 나라

우리나라는 유난히도 보통과 구별되는 특별을 쓰기를 좋아한다. 특검, 특단의 조치, 특별시, 특별위원회, 특별구조대…

독일은 '특별'이란 것이 없다 그냥 '보통'이 지배하는 나라다. '특별'이란 단어가 붙어야 겨우 신뢰하는 사회가 아니다. 그러나 이 '보통'이 세계 최고의 브랜드 파워 국가 독일의 국가 품격을 높이고 있다.

독일의 막강한 위기관리 능력도 여기에 특별한 비밀은 없다 일상의 '보통'에서 나온다. △ 철저한 사전 대비 △ 높은 안전 의식 △ 현장 중심 대응 △ 반복 훈련. 이것이 전부다. 다만 독일이 우리나라와 결정적으로 다른 점은, 독일은 실제로 실천하고 있다는 점이 우리와 다른 점이다.

우리는 왜 법규와 매뉴얼들을 실천하지 못할까? 안전 문제는 안전 그 자체만의 문제가 아니다. △ 정부와 재난대응기관의 무능 △ 정부의 여객선 운임 규제 △ 이를 보충하기 위한 사업주의 정원 초과, 과속·과적 △ 국민들의 안전 불감증 등 우리 사회 전체의 복합적 문제가 결합하여 대형사고가 이어지고 있다.

1994년 성수대교 붕괴, 1995년 삼풍백화점 붕괴, 2014년 세월호 침몰 등 대형사고가 안전규정이나 대응기관이 발생한 것은 아니다. 현재도 재난관련 법규와 매뉴얼이 5000여 개가 넘고 재난대응기관도 있다. 문제는 계속해서 유사한 대형사고가 발생한다는 점이다.

재난 특별대책을 만들고, 안전부서를 확대하고, 매뉴얼을 고쳐도 재난 문제를 쉽게 해결하지 않는다. 국민소득이 오르고 경제가 성장한다 해도 재난관리 능력은 오히려 후퇴한 느낌이다.

사회 전반에 정직과 신뢰를 바탕으로 정치인과 국민들이 안전 사회를 만들기 위해 인내하며 사회적 책임과 의무를 다해야 될 것이다.

4장
국민이 변해야 재난도 변한다

괴담을 뚫고 부활한 성주 참외

2016년 7월 사드 배치가 공식 결정됐을 때, 나돌던 전자파 괴담은 상상을 초월한 무시무시한 수준이었다. '전자파가 수분을 빨아들여 인근 주민 신체 내부에 화상을 입힌다' '기형아 출산·불임·암·뇌종양을 유발한다' '레이더 빔 산란으로 주변 농작물 피해가 발생한다.'

유일하게 괴담을 이긴 참외

"외로운 밤이면 밤마다 사드의 전자파는 싫어. 강력한 전자파 밑에서 내 몸이 튀겨질 거 같아 싫어." 2016년 8월 3일 경북 성주에서 열린 '사드(THAAD·고고도 미사일 방어 체계) 반대 촛불 집회'에 참석한 당시 야당 의원들이 빨간 가발, 검은 가발 무대에 올라 탬버린을 흔들며 이렇게 개사(改詞)한 노래 '밤이면 밤마다'를 따라 불렀다.

2023년, 경북 성주 참외의 올해 매출이 6000억원을 넘어섰다. 역대 최고 기록이다.

2016년 정부가 사드 배치를 결정한 이후 7년 가까이 가짜뉴스(fake news)에 시달리던 참외 농가 주민들은 "괴담에 흔들리지 않고 성주 참외를 찾아준 소비자들 덕분에 이런 성과가 가능했다"고 말했다.

성주군에 따르면, 2023년 총 17만t의 참외가 생산돼 총매출액은 6014억원을 기록했다. 1970년 성주군이 참외 시설 재배에 성공한 이후 53년 만에 최고 기록이다.

성주는 전국 참외 생산량의 80%를 넘게 차지하는 국내 최대의 참외 생산지다. 모래와 흙이 절반쯤 섞인 참흙인 양토와 사양토에 심한 추위가 거의 없는 풍부한 일조 시간 등 참외 재배에는 최적지로 꼽힌다. 그러나 2016~2017년 괴담에 넘어간 일부 주민이 참외밭을 갈아엎으며 사드 설치 반대 시위에 동참했다. 사드 배치 결정 이후 괴담이 돌면서 참외 밭 절반을 줄여야 했다. 농민들은 "괴담은 순식간에 번졌고, 당시 농사를 포기한 사람들이 여럿 있었다"며 "그때만 생각하면 아직도 아찔하다. 하루하루가 불안하고 답답했었다"고 했다.

당시 일부 야당 의원들은 성주군민 촛불집회에서 '강력한 전자파 밑에서 내 몸이 튀겨질 것 같아'라는 개사곡을 부르면서 탬버린을 치고 춤을 췄다. 이 어이없는 괴담에 많은 사람들이 속아 넘어갔다. 그 결과 한때 참외 가격은 30% 이상 폭락했고, 4000억원이 넘던 성주 참외의 연 매출액은 3000억원대로 줄어들었다.

성주 사드 기지에 대한 환경영향평가가 완료됐다. 정부는 2022년 6월 환경영향평가 협의회를 구성해 한국전파진흥협회 등 각 분야 전문가들과 기지 건설 적절성 등을 조사한 결과 사드의 전자파는 인체보호 기준의 0.2% 수준인 것으로 나타났다. 휴대전화기지국보다 미미한 수준이다.

성주 기지의 전자파가 기준치의 600분의 1로 무해하다는 게 실험으로 입증됐고 탁월한 맛까지 더해진 덕분이다. 과거 '사드 참외'라고 했던 거짓 선동가들은 사과 한마디 없다. 괴담을 뚫고 부활한 것이다. 성주 참외가 최대 매출 기록으로 근거 없는 괴담을 물리쳤기 때문에 가능한 것이었다.

경부고속철도 천성산 원효 터널(대구~부산 구간)

2001년 지율스님과 환경단체 등이 "천성산 습지 및 도롱뇽 서식지가 파괴된다"면서 문제를 제기해 공사가 6개월간 공사가 중단됐다. 터널이 천성산 무제치늪, 화엄늪을 통과하기 때문에 늪지 수분이 유실되고 도롱뇽 서식지가 파괴된다는 주장이었다. 그러나 사업 주체인 한국철도시설공단이 공사가 끝나고 2004~2010년 지하수위 자동계측 시스템을 설치해 사후 모니터링한 결과, 계절·강수량 요인 외에 수위 변화는 없었고, 도롱뇽 알 분포도 공사 전과 차이가 없었다.

사회적 비용 : 공사 6개월 중단 145억원 피해

광우병 난동(미국산 소고기 수입)

2008년, 근거 없는 광우병 선동으로 촛불 집회에 유모차 부대까지 등장했던 광화문 광장.

현재 한국은 전 세계에서 미국산 쇠고기를 가장 많이 수입하는 나라가 됐다.

"뇌에 구멍 송송, 소고기 들어간 라면 스프도 위험"

주변 상인 소득 감소 등 3조 7000억원 피해-광우병 발병 사례 없음.

2008년 미국산 소고기 수입 개방 이후 미국산 소고기 수입량·점유율 역대 최고기록, 6년 연속 수입육 시장 1위

광우병 '가짜'와 '왜곡' 시위를 촉발시킨 결정적 계기는 무엇인가?

"2008년 4월 29일 저녁 방송된 MBC TV PD수첩의 '긴급 취재! 미국산 쇠고기, 광우병에서 안전한가?' 편이었다. 4개월 후인 8월 12일 밤 MBC는 뉴스데스크에서 '6개 부분 오역(誤譯)'을 했으며 '한국

인의 인간광우병 발병 확률이 94%'라고 오도(誤導)한 점, 주저앉은 소를 '광우병 걸린 소'로 단정한 점 등을 공개사과했다. 대법원 2부가 2011년 9월 2일 상고심에서 확정판결을 내린 후, 엄기영 MBC 사장은 3일 후인 9월 5일 밤 뉴스데스크 방송 첫머리에서 사과방송을 하고 거의 모든 일간신문에 사과 광고를 실었다. 가짜와 왜곡, 날조 가득한 저질(低質) 프로를 내보냈음을 만천하에 인정한 것이다. 이런 가짜 방송에 온 국민이 속아 나라 전체가 엄청난 혼란을 겪고 에너지를 허비했다."

MBC는 2008년 8월 12일 밤 뉴스데스크를 마친 뒤 PD수첩 광우병 방송에 오역이 있었음을 인정하는 사과방송 자막을 내보냈다. 이에 앞서 같은 날 오후 열린 MBC 확대간부회의에서 엄기영 사장은 "시청자 여러분께 걱정을 끼쳐 사과드린다"고 말했고, 이어 2011년 9월 5일 또다시 공개사과했다(조선일보 2023.7.17.).

제주해군기지 강정마을 반대집회(2011~2012년)

"멸종위기인 붉은발말똥게 등 멸종"

사회적 비용 : 공사 중단 14개월 지연돼 275억원 피해

실체 : 제주도 해양수산연구원 조사 결과 인근 해양생태계 양호.

반대 단체는 "강정마을 해안 구럼비에서 멸종 위기종인 붉은발말똥게, 맹꽁이 등이 사라진다"는 주장을 펼쳤다. 하지만 제주도 해양수산연구원은 해군기지 건설 이후에도 해양생태계가 양호하다고 평가했다. 2014년 대법원은 강정마을 주민·시민단체 활동가 7명에게 유죄 판결을 확정했다. 공사가 14개월가량 지연돼 건설사가 275억원을 피해 보자 정부가 세금으로 대신 갚았다.

괴담 피해의 책임은 거의 묻지 못했고, 처벌받은 사람들도 사면 복권됐다.

제주 해군기지 건설 반대 시위 참가자 116명(주민 31명 포함)과 단체 5곳에 구상금 34억5000만원을 해군이 청구했지만, 문재인 정부는 법원 조정을 수용하는 형식으로 받기를 포기했다. 결국 정부가 비용을 국민 세금으로 보전한 것이다. 제주해군기지 건설 반대 시위 참가자 중 41명은 특별 사면됐다. 문재인 정부는 2019년 '7대 사회적 갈등 사건 관련자'라며 107명을 사면했고 이 중 62명(58%)이 광우병 사태, 사드 배치 반대 등 괴담과 관련된 사건이었다.

광우병 파동 핵심에는 MBC PD수첩 제작진이 있었다. 주저앉아 있는 소를 '광우병 걸린 소'로 단정하고 '한국인이 인간 광우병에 더 취약하다'는 내용의 방송을 내보내며 먹는 음식에 민감한 국민들의 불안감은 극에 달했다. MBC는 이후 당시 PD수첩 방송에 대해 사과하고 해당 편에 참여한 PD 2명에게는 정직 3개월, 2명에게는 감봉 6개월 중징계를 내렸다. 하지만 법원은 2012년 MBC 제작진에게 내린 징계는 무효라고 했다.

사회적 혼란과 주변 상인 소득 감소, 공사기간 중단 등을 부추기고 과학적 사실을 부정하며 책임을 회피한 정치인, 연예인, 방송 등은 어떤 처벌도 받지 않았다. 모든 사회적 비용은 국민 세금으로 대신 갚았다.

천안함 피격사건

2010년 3월 26일 밤 9시 22분 대한민국 백령도 남서쪽 약 1km 지점에서 해군 소속 천안함이(PCC-772) 초계임무 수행 도중 북한 잠수정 어뢰 공격으로 침몰한 사건이다. 천안함에 탑승하고 있던 승조원 104명 중 58명이 구조되었으며 나머지 46명은 전사하였다.

침몰해역에서 프로펠러, 추진모터, 조종장치 등이 수거되었고, 이는 어뢰의 추진동력부로서 결정적인 증거물이다.

조선민주주의인민공화국 해외로 수출할 목적으로 배포한 어뢰 소개 자료의 설계도에 명시된 크기와 형태가 일치하였으며, 추진부 뒷부분 안쪽에 "1번"이라는 한글 표기는 대한민국이 확보하고 있는 북한의 어뢰에 "4호"라고 표기된 표기방법과 일치한다.

"1번이란 글씨는 제조과정에서 기술자들이 써놓은 것으로 보인다"면서 "완성품은 알루미늄 외피로 싸여 있어 이를 사용하는 북한군은 내부에 글씨가 있는지 몰랐을 것"이라고 말했다.

2010년 5월 20일 민군 합동조사단은 (조사단 운영 2010년 3월 31일~2010년 5월 20일) 인양한 함수, 함미 선체의 변형형태와 사고해역에서 수거한 증거물들을 조사한 결과, 천안함은 조선민주주의인민공화국에서 제조한 감응어뢰의 강력한 수중 폭발에 의해 선체가 절단되어 침몰하였다고 최종 발표하였다. 민군 합동조사단은 한국측 10개 전문기관의 전문가 25명과 군 전문가 22명, 국회추천 전문위원 3명, 미국·호주·영국·스웨덴 등 4개국 전문가 24명으로 구성되었다. 이들은 과학수사·폭발유형분석·선체구조관리·정보분석의 4개 분과로 나누어 조사하였다(출처:위키백과).

772함 나와라
온 국민이 애타게 기다린다.
칠흑의 어두움도
서해의 그 어떤 급류도

당신들의 귀환을 막을 수 없다

…작전지역에 남아있는 772함 수병은 즉시 귀환하라

천안함 피격사건 추모시 772함 수병은 귀환하라 중에서-

2010년 3월 30일 김성찬 해군총장은 이명박 대통령이 백령도에서 직접 보고 받는 자리에서 "어뢰 피격 가능성이 높다"고 분명이 밝혔다.

"내가 배를 만들어 봐서 아는데, 파도에도 (배가) 그렇게 부러질 수 있다. 사고 가능성이 있다. 증거 없이 (북한 연계설을) 주장하다가 러시아 등 주변국이 증거를 대라면 어떻게 될 것인가? 북한의 기뢰 등도 침몰 가능성의 하나일 뿐이지 어느 하나로 몰고 가며 추측하는 것은 바람직하지 않다. 과학적이고 객관적인 증거로 말해야 한다."

- 4월 1일 남미지역 특사를 맡은 한나라당 의원들과의 오찬 자리에서 이명박 대통령

2010년, 천안함 폭침과 연평도 포격에 대하여 이명박 대통령이 합참의 신중론을 무시하고 북한에 즉각 보복 작전을 명령했었다면 그가 퇴임 후 감옥에 가지 않았을 것이란 생각을 나는 갖고 있다(월간조선 2023년 12월, 조갑제TV 대표).

2016년 1월, 천안함 침몰이 발생한 지 약 6년 만에 이 사건이 북한의 뇌격에 의한 폭발로 비롯됐다고 법원이 판단했다. 1심을 맡은 서울중앙지법 형사합의36부는 "천안함은 수중 폭발로 발생한 충격파와 버블 효과에 의해 절단돼 침몰했고, 여기에 사용된 무기는 북한에서 제조된 CHT-02D 어뢰, 또는 그와 같은 계열의 어뢰"라는 결론을 내놨다.

최원일 前 천안함 함장은 말한다

"천안함과 104명 전우들은 국가와 국민을 지키던 자랑스러운 군인이었음을 이제라도 바로 알리고자 합니다."

2010년 3월 26일 밤은 우리에게 잊지 못할, 아니 잊어서는 안 될 시간이다. 그날 밤, 우리는 지시된 경비구역에서 정상경비 임무 중이었다. 그러던 중 적에게 기습적인 어뢰 공격을 당했다. 그 사건으로 나는 46인의 사랑하는 부하들을 잃었다. 이후의 시간은 견딜 수 없는 현실이었다. 아니, 현실로 받아들여지지 않는 엄청난 일이었다. 함장으로서 유가족들과 전우들에게 무한한 책임을 느꼈다.

어떠한 설명도 변명같이 느껴질 것 같아 긴 세월 꾹 참아왔다.

① 천안함 피격사건은 경계하던 장병들의 문제가 아닌, 우리 군의 정보와 작전의 문제로 발생했다. 우리 군은 적 잠수정 정보에 대한 적시적인 분석과 판단을 하지 못했고, 좁은 구역 내 함정을 배치했다. 그날도 역시 천안함은 대청해전 이후 줄곧 경비작전을 수행하던 해당 구역에 있었다. …당시 천안함에는 적 잠수정과 어뢰를 탐지할 수 있을 만큼 고성능의 장비도 없었다. 적 위협에 대응하는 작전 사항과 함정의 특성은 보안상의 이유 등으로 알려지지 않았기 때문에 일반 국민이 이해하기에는 어려움이 많았을 것이다.

해상의 모든 상황은 매우 변화무쌍하다. 따라서 함정을 운용하고 지휘한다는 것은 제반 상황을 고려하는 고도의 전문성과 숙련된 경험이 필요하다. 부디 바다와 함정에 대한 짧은 지식으로 파도치는 바다에서 지금도 목숨 바쳐 바다를 지키는 해군 장병들을 욕되게 하지 말았으면 한다.

② 사건 초기 정부와 군의 대응이 가장 큰 문제를 일으켰다. 당시 북한과 정상회담을 논의하고 있던 청와대는 북한의 공격 가능성이 매우 낮을 것이라는 반응을 보였다. 당시 이명박 대통령은 '내가 배를 만들어봐서 아는데, 배는 쉽게 부러질 수 있다'는 취지의 말도 했다. 이런 상황에서 국방부 장관은 청와대의 눈치를 봤고, 참모총장은 국방부 장관의 눈치를 봤다. 결국 그 누구도 북한의 공격 가능성을 주장하지 못했다. 또한 당시 정권은 천안함 사건을 선거에 이용하려 했다. 2010년 6월 2일 지방선거가 있었다. 천안함 사건이 정쟁의 대상이 되니 당시 정권에서는 선거 일주일 전인 5월 20일, 급히 조사결과를 발표하고 '5·24 대북 제재'조치를 했다. 의도가 뻔히 보였다. 그러니 반대 진영에서는 더욱 인정하지 않았을 것이다(세계일보, 2021.3.25).

"국가가 어렵고 위기에 처했을 때 나라를 위해 기꺼이 헌신한 분들을 국가가 책임지지 않는다면 훗날 대한민국이 풍전등화에 놓일 때 어떤 국민도 나라를 위해 선뜻 자신을 희생하지 않을 것"이라고 말했다.

대형 재난현장이나 언론의 집중을 받는 사고가 발생하면 초기 대응이 정말 중요하다. 각자 맡은 조직의 리더들은 항상 이점을 염두에 두고 과거 사례들을 분석해 보면서 맡은 임무를 용기와 소신을 가지고 수행해야 할 것이다.

서울대 환경보건학과 **김승섭 교수의 『미래의 피해자들은 이겼다』는 폭침에서 살아남은 생존장병들이 그 후 겪어 살아왔던 시간에 대한 이야기를 담고 있다.**

58명의 생존장병이 들어야했던 말은 전투에서 패하고 돌아온 군으로서는 불명예인 패잔병이라는 비난이었다. 같은 배에 타고 있다가 사망한 46명의 장병들은 화랑무공훈장을 받고 영웅적으로 산화한 존재가 되었지만 살아남은 58명의 장병은 패잔병이라는 낙인과 함께 살아야 했다. 천안함 사건을 이용하는 정치인과 모든 절차가 마무리되었다고 생각하는 국민들 사이에서 생존 장병들은 자신의 고통을 얘기할 수가 없었다.

"니네는 둘이 붙어서 얘기하지마 배 또 가라 앉는다. 넋놓고 있다가 천안함처럼 당한다. 천안함은 실패한 전장이고 살아돌아온 애들은 창피한줄 알아야 한다"

생존자의 목소리에 귀를 기울이고 '당신 잘못이 아니다'라고 말해주고 그 고통을 비하하는 사람들에 맞서 함께 싸워주는 국민들이 있어야 한다.

왜 우리 사회가 이렇게 망가졌는가?

천암함과 세월호 똑 같았다, 거짓으로 진실 왜곡 힘들어 하는 생존자를 조롱하고 있다.

천안함 생존장병 10년 추적한 의사 출신 김승섭 교수는 누구도 관심 갖지 않았던 천안함, 세월호 학생, 장병들의 현장 목소리를 들려준다.

"전혀 다른 사건이지만 둘 다 한국 사회의 실력을 적나라하게 보여준 공통점이 있다"며 "트라우마 생존자를 대하는 폭력적 태도, 상대 진영이라 여겨지는 피해자의 고통을 조롱하는 진영 논리와 편협적 사고가 만연했다"고 말한다.

2010년 3월 26일 밤 9시 22분, 천안함이 침몰했다. 같은 배에서 경계 근무를 서던 이들은 그 시간에 어디 위치에 있었느냐에 따라 삶과 죽음이 갈렸다. 군함의 뒤끝에 있던 장병들은 사망하고, 군함의 앞 머리

부분에 있던 장병들은 살아남았다. 죽은 사람은 영웅이 됐지만, 산 사람은 죄인이 됐다. 사망한 장병 46명은 화랑무공훈장을 받고 희생한 장병이 됐지만, 살아남은 장병 58명은 패잔병이라는 낙인과 싸워야 했다.

(꿈속에서) 배에 있는 통로를 걸어가는데 그게 있었다. 종이 가방에 옷걸이가 많이 엉켜 있었다. 저거 꺼내야겠다. 하나 들었는데 이름표가 달려 있어. 근데 몇 개가 엉켜서 안 나와. 그러다 깼다. 꺼낸 애들은 살아 있는 애들이고 엉켜 있는 애들이 죽은 애들이었다. (생존 장병 C)

한 생존 장병은 탈출구 없는 폐쇄된 공간에 들어가면 불안도가 높아져 아직도 엘리베이터를 타지 못하고, 다른 장병은 업무에서 벗어나 긴장이 풀리면 팔과 다리가 오그라들고 동공이 풀리는 발작 증상을 겪고 있으며, 많은 생존 장병이 악몽에 시달리고 있었다"

2018년 조사에서 생존 장병 가운데 사건 이후 한 번이라도 PTSD를 경험한 비율은 91.3%에 달했다. 58.3%는 극단적 선택을 진지하게 생각한 적이 있고, 29.1%는 실제로 자살을 시도했다. 김 교수는 "베트남 참전 군인 중 PTSD를 경험한 비율을 30%로 추정하는데, 이 숫자와 비교해도 천안함 생존 장병이 얼마나 심각한 상황인지 알 수 있다"며 "천안함 생존 장병들은 군 생활을 하며 감당해야 했던 두 가지 낙인 때문에 더 고통받았다. 하나는 트라우마를 겪고 정신과 진료를 받는 사람에 대한 편견, 다른 하나는 전투에서 지고 돌아온 패잔병이라는 비난이었다"고 했다.

한국 사회에서 정치적으로 가장 예민한 두 사건이 있다. 세월호와 천안함이다.

여전히 진보와 보수가 정치적 이익을 위해 싸우고 있다. 김 교수는 세월호와 천안함 생존자를 둘 다 연구한 결과를 이렇게 말했다.

"2016년 세월호 참사 특별조사위원회 용역 연구 책임자로 세월호 참사에서 생존한 단원고 학생들을 만나 그들의 목소리를 기록하는 작업을 했습니다. 2년 뒤, 천안함 사건 생존 장병 연구를 진행했죠. 천안함은 보수, 세월호는 진보의 사안으로 여겨지며 양쪽이 서로 활용했지만, 두 사건에는 공통점이 있습니다. 첫째 트라우마 생존자를 대하는 한국 사회의 폭력적 태도가 고스란히 드러났고, 둘째 상대 진영이라 여겨지는 피해자의 고통을 조롱하는 진영 논리와 편향적 사고가 만연했죠. 구호와 구호가 부딪치면서, 당사자의 고통은 외면하고 정작 우리가 이 사건에서 무엇을 배워야 하는지 놓쳐버리는 게 아쉬웠습니다."(조선일보 2022.4.9).

천안함재단과 자유민주연구원이 개최한 '천안함 피격사건 가짜뉴스 대응과 호국보훈' 세미나 (2023.11.20.) 현장에서는 천안함 유족 근황을 소개했다.

"최근 몇 년 사이 전사자 부모님 중에는 암 투병으로 50~60대 초반 젊은 나이에 4명이 돌아가셨고, 2명이 암 투병 중에 있다." "최근 수년간 유가족 중 9명이 비교적 젊은 나이에 돌아가셨다(가짜뉴스 등에 의한). 정신적 스트레스와 외상후스트레스장애(PTSD)와 무관치 않다."

2018년 6월 한 언론 여론조사에서 1년간 천안함 생존 장병 24명 중 절반인 12명이 '자살을 심각하게 생각해본 적 있다'고 했고, 그중 절반인 6명(25%)이 '실제 자살을 시도했다'는 조사 결과도 소개됐다.

사회 암적인 존재인 가짜뉴스가 생존 장병과 유족들에게 한 2차 가해와 사회 전반에 끼친 폐해는 상상을 초월했다. 가짜뉴스와 거짓말 제조자들이 제지받기는커녕 독버섯처럼 기승을 부리고 있다. 이 한국적 사회병리 현상에는 정치인들도 지원하고 있다.

천안함 재단 이사장은 "북한과 종북세력 및 가짜뉴스 전문가들은 사건의 진실이 무엇인지 확인하려 하지 않고, 진실 그 자체에는 관심도 없다"고 개탄했다. 이어 "가짜뉴스 전문가들은 자신이 속한 조직과 개인적 이익을 위해 맹목적으로 자신들이 믿고 싶은 것만이 진실인 양 주장하며 비과학적인 음모론을 생산하고 무차별적으로 유포하는 행태를 보이고 있다"고 비판했다.

천안함 46용사 유족회장은 "우리 아들들의 희생에 대한 폄훼와 허위사실 유포 등 입에 담기 힘든 망언을 쏟아낼 때마다 폭침 당시 자식들의 처참한 얼굴이 떠오르고 주체할 수 없는 고통의 나락에서 헤어나지 못하고 괴로운 삶을 살고 있다" 이어 "살아서 돌아온 장병들은 물론 저희 부모들 모두 극심한 정신적 트라우마에 시달리며 살아가고 있다. 저희 부모들은 세상 어디에다 아픔을 하소연도 못 하고 가슴속 깊이 응어리를 안은 채 살아가고 있다"고 울분을 토했다.

시민단체인 선진화 특별위원회가 천안함 피격사건 관련 조사 결과, 2010년 사건 발생부터 2023년 5월 말까지 총 279건의 가짜뉴스가 있었으며 그중 '천안함 사건이 북한 소행이 아니다'는 가짜뉴스가 전체의 65%인 총 181건으로 압도적으로 많았다.

천안함 사건에 대한 정부합동조사단의 발표를 왜곡·부정하는 가짜뉴스는 정부와 국민을 이간질하는 폐해를 초래하고 여야 갈등을 증폭시켜 정치 혼란을 가중시켰다. 가슴에 응어리를 안고 힘들게 살아가는 유족과 사회를 병들게 한 '가짜뉴스'가 기승을 부리도록 더 이상 방치해선 안 된다.

가짜뉴스는 우리 사회에 집단적 양극화를 더욱 부추기는 암 덩어리 같은 존재다.

우리나라는 2021년 7월 유엔무역개발회의(UNCTAD)에서 압축적인 산업화와 민주화로 선진국으로 분류했다. 하지만 남북분단, 지역주의, 빈부갈등, 이념문제, 가짜뉴스 등 여러 구조적 문제점을 안고 있다.

습관적으로 거짓말을 하면서 안했다고 우기다가 조금 시간이 지나면 금방 잊어 버린다. 아니면 말고 하는 식의 상습적 거짓 행태를 언제까지 지켜만 볼 것인가. 누가 언제 어떤 거짓말했는지 꼼꼼히 기록해서 남기고 수시로 대중에게 공개할 필요가 있다. 언론의 탈을 쓴 선동가·장사꾼들이 거짓으로 대중을 우롱하는 사회, 잘못을 저지르고도 전혀 책임을 지지 않는 사회는 이제 끝내야 한다. 여론 조작과 국민 갈라치기는 심각한 수준이다. 특히 정치인들이 특권을 이용 계속 가짜로 퍼트렸다가는 결국 모든 걸 잃고 망한다는 사실을 교훈으로 실감하도록 해야 한다.

국민이 변해야 정부, 정치권, 재난도 변한다.

2014년 세월호 참사 발생 이후 특검을 포함 여덟 기관이 아홉 차례 수사·조사를 벌였다. 검찰 수사, 국회 국정조사, 감사원 감사, 해양안전심판원 조사, 선체 조사위 조사, 사참위 조사, 검찰 특별수사단 수사 등을 받았습니다. 한 사건을 놓고 이런 식의 강도 높은 수사·조사를 거듭한 유례가 없다. 검찰의 첫 수사에서 밝혀진 내용에서 더 나아간 것은 사실상 없다.

세월호가 침몰 과정에는 복잡한 내막이 없다. 통상적인 선박 전문가라면 누구나 짐작할 만한 원인으로 벌어진 사고였다. 검경 수사와 재판에서 '선체 불법 개조 증축과 평형수 부족, 부실한 화물 고정, 운전 미숙, 승객을 버려두고 도망친 선장과 선원들, 관리감독 소홀 등으로 사고가 났다'고 명확한 결론이 났고 '진실'은 벌써 인양되었는데도, 어떤 이유로 공식적인 발표가 이뤄지지 못하고 있다.

세월호 특별조사위원회와 사회적 참사 특조위는 각각 120~125명 규모로 구성됐다. 하지만 선박·해양 전문가는 거의 없었다. 특조위는 151억원, 사참위는 572억원의 예산을 썼으며 국민 세금만 낭비했다. 3000여명이 사망한 미국 9·11 테러 조사위원회가 쓴 돈(163억원)보다 훨씬 많았다. 70% 이상이 인건비와 조직 유지비였던 것이다. 이런 도덕적 해이 뒤에서 해난 사고는 세월호 때보다 오히려 2배 늘었다. 이제는 국민이 달라지지 않으면 정부, 정치도 결코 달라지지 않고 사고 때마다 가짜뉴스가 사고원인 분석과 대책 수립을 방해하면서, 어처구니없는 재난은 반복될 것이다(조선일보 2023.3.30.).

정치인들은 국민 다수의 평균적 수준을 넘어서지 못한다.

눈을 부릅뜨고 의견과 사실을 구별하는 능력을 키워야 한다. 미디어에 접근하고 정확히 이해하는 능력을 기르는 교육도 필요하다. 악의적 가짜뉴스에 대해서는 엄중한 책임을 묻고 더 늦기 전에 가짜뉴스를 뿌리 뽑아야 한다. 국민이 달라지지 않으면 그들은 결코 달라지지 않을 것이다.

국민이 변하지 않으니 정치도 변하지 않는다

경찰 특수본은 2023년 1월 '좁은 골목에 감당할 수 없는 인파가 몰려 군중 유체화 현상이 일어났고 순차적으로 넘어지면서 참사가 벌어졌다'고 수사 결과를 발표했다. 사고 관리와 예방, 현장 대응을 제대로 못한 서울경찰청장·용산서장·구청장 등 23명을 사법 처리했다.

전문가들로 구성된 사고 원인조사, 대책을 할수있는데도 특검을 통해 정치적 비난과 공격에만 몰두하는 형태를 국민이 막지 않으면 사고, 대책, 또 다른 사고로 이어지는 악순환은 반복될 것이다.

핼러윈 참사 공통점이 많은 사고가 일본에서도 있었다.

2001년 일본 아카이시 육교 위에서 불꽃놀이 축제를 보기 위해 좁은 공간에 많은 사람이 몰려 11명이 사망하고 247명이 부상하는 사고가 있었다. 사고 직후 두 나라는 정치권과 시민사회가 나서 철저한 사고 원인 규명과 책임자 처벌을 요구했다. 두 참사 모두 경찰과 행정 당국이 사전에 적극적으로 안전 대책을 수립하지 않았고, 사고 징후 포착 후 적절한 조치를 하지 않은 점이 원인으로 지목됐다. 일본과 우리나라는 시간이 지날수록 차이점이 더 두드러져 보인다. 참사 후 일본 여론은 "경비 당국은 물론 행사 참가자를 포함해 시민들 모두 안전을 위해 노력할 필요가 있다"는 시민들이 안전에 소극적이었던 스스로를 반성하는 목소리가 이어졌다. "군중 속에서 개개인의 행동 방식에 대해 일본인 전체가 반성해야 한다"며 라고 지적했다. 아사히신문에 "일본인이 집단 안에서는 매우 이기적이라는 모습을 보여줬다"며 "콘서트장, 놀이공원, 공항 등에서 이기심과 성급함에 경찰 등 관리원의 지시에 따르지 않는 사람을 쉽게 볼 수 있다"고 지적했다. "이번 사고의 근본적인 원인은 시민으로서 기본적인 질서를 지키지 않은 것"스스로를 반성하는 목소리가 많았다.

일본 정치권은 철저한 원인 규명을 통한 재발 방지에 모든 초점을 맞췄다.

아카시시 의회는 "사고 원인을 철저히 규명해 이에 따른 정확한 대응을 요구한다"고 밝혔다. 도시 방재 전문가, 건축 공학자, 재난 전문 구급 의사 등으로 구성된 사고 조사위원회를 결성하고 재발 방지를 위한 보고서를 만들었다. 사고 발생 후 두 달 만에 열린 합동위령제에서 "이런 사고가 다시는 발생하지 않도록 하는 것이 희생자들을 기리는 방법"이라고 유족들은 말했다.

우리 사회도 참사 초기에 "지켜주지 못해서 미안하다"는 시민들의 추모에는 자성의 목소리가 담겨 있었다. 하지만 시간이 지날수록 참사는 정쟁의 도구가 변해버렸다. 서울시청 앞에 추모대회를 열고 분향소를 불법적으로 기습 설치했다. 경찰 통제 미흡으로 참사가 일어났다고 지적하는 이들이 생각과는 달리 경찰 통제에 따르지 않고 몸싸움을 벌였다. 참사가 정쟁의 도구로 전락하면서 사고에 대한 시민사회의 반성과 앞으로 더 안전하게 축제를 즐길 수 있는 방안 등을 고민하는 목소리는 이제 거의 들리지 않는다.

사기 범죄율 세계 1위…거짓말에 관대하고 거짓말에 익숙한 사회

2016년 6월, 일본의 경제전문지인 '비즈니스 저널'은 한국 경찰청 통계를 인용해 이렇게 보도했다. '2013년 한국에서 위증죄로 기소된 사람은 3420명, 무고(사실이 아닌 일을 거짓으로 꾸미어 해당 기관에 고소하거나 고발하는 일)죄와 사기죄는 각각 6244명, 29만1128명이다. 한국과 일본의 인구 규모를 감안하면, 이는 일본 보다 165배 많다.

대한민국처럼 거짓말이 넘쳐나는 나라는 없을 것이다. 무고죄와 위증(거짓으로 증명함)죄 건수는 2007년 통계 기준 한국이 일본보다 24배, 38배 정도 각각 더 많다.

법무부 자료를 보면 우리나라의 사기(詐欺) 범죄 건수는 2011년 22만건에서 2020년 35만건으로 10년 새 60% 늘었다. OECD 회원국 가운데 한국의 사기 범죄율이 1위이며, 14세 이상 국민 100명당 1명꼴로 매년 사기를 당한다는 통계도 있다.

1653년 조선에 왔던 네덜란드 선원 하멜(Hamel)은 '표류기'에서 "조선인들은 서로를 믿지 못해 거짓말하고 남을 속이며 이를 자랑스러워한다"고 했다. 지금 한국 정치인들은 대놓고 국민 을 속이고 있다. 사실 확인도 없이 아무렇지 않게 선동 시위에 나서는 연예인들도 마찬가지다.

도산 안창호 선생은 '죽더라도 거짓이 없도록 해라', '농담으로라도 거짓말을 하지 마라'고 외쳤다. 그는 거짓말 때문에 조선이 망했다고 보았다. 우리는 선생의 뜻을 우리는 실행하기는커녕 거꾸로 가고 있다.

책임은 당사자 뿐만 아니라 우리에게도 있다. 안전하고 상식적인 시스템을 만들 수 있도록 유권자로서 지도자를 합리적 선택을 하지 못한 책임, 이태원, 세월호 같은 사회 재난을 보면서도 시간이 지나면 바쁜 세상에서 무책임한 분노에 익숙해 버린 책임을 다하지 못한 책임이 나에게도 있다.

공동체 정신 회복이 먼저다

공동체 정신이 붕괴가 젊은 교사 비극을 가져왔다.

20대 젊은 초등학교 선생님이 교내에서 숨진채 발견됐다. 스스로 세상을 등진 사건이 우리 사회에 던지는 의미는 결코 간단치만은 않다. 이 사건의 전체 모습이 완전히 드러나지 않은 상태에서 언급하는 것은 조심스럽지만, 젊은 교사가 힘들고 극한 상황에 이르기까지 아무도 관심을 갖지 않았다는 사실은 믿기 어렵다. 학교와 교사, 학생은 있으나 학교라는 공동체는 사라져 버렸다는 비극적인 현실로 나타나지 않았을까?

이 사건을 특정 지역 초등학교에서 발생한 불행한 사건으로 국한해서 보아서는 안 되는 이유는 언제부터인가 우리 사회는 스스로 힘으로 해결하려고 하는 자정 능력을 상실했다. 어떤 문제가 생기면 그것을 공동체 정신에 입각해서 스스로 해결하려고 노력하기보다는 행정기관에 민원을 넣는 등 타율적 해결에 호소하고 사소한 사안을 갖고도 고소·고발로 경찰, 검찰과 법원으로 가져가고 있다. 학교는 물론이고 아파트 단지에서 사소한 분쟁도 어디서든 이런 현상을 볼 수 있다. 과거 같으면 당사자끼리 결정할 문제가 소송으로 비화하고 이로 인한 사회적 비용도 엄청나다.

대한민국은 민원과 고소·고발이 넘쳐나는 이상한 나라가 됐다.

공동체 정신이 사라지자 책임질 만한 일을 하지 않는 이상한 현상이 모든 공직자부터 사회 곳곳에서 나타나고 있다. 기업들은 민원과 고소·고발에 대비하는 방어적 경영에 열중하고 생산성은 낮아지고 있다. 먹고살기 바쁜 대부분 사람들은 이런 추세에 적응해서 살아 나가지만 그렇지 못한 사람들은 힘들게 살거나 아예 포기하는 세상이 되고 말았다. 살기 좋은 나라를 살기 어려운 세상으로 우리 스스로 만들어 버린 것이다.

공동체 정신을 상실한 대신 들어선 것은 온갖 잡다한 법률과 규제다. 무슨 사건사고만 터지면 국회는 처벌을 강화하는 법률을 만들어내지만 그것은 스스로의 행동을 막아버리는 부작용을 일으키는 경우가 많다. 법률로 책임과 의무를 강화하면 경각심을 갖게 하는 긍정적 효과도 있지만 책임이 돌아올 수 있는 일은 아예 하지 않는 문제점도 많다. 의사에 대한 책임을 강화하면 의사는 위험하고 힘든 일을 피하게 되는 것이 대표적인 경우다. 응급실 의사가 부족하고 소아청소년과 병원이 문을 닫는 현상도 이런 추세와 관련이 있다고 할 수 있다.

의욕적인 교사가 사라지고 있다.

필립 하워드는 자신의 저서 **'공동선의 붕괴'**에서 학생들에게 '정직이 덕목'이라고 가르치던 시절은 오래전에 끝났고, 이제 학생들은 적법절차라는 보호막 안에서 거짓말과 부정을 당당하게 하고 있다"고 지적했다. 미국 공립학교에선 "이것을 하고 저것을 해서는 안 된다는 식의 관료적 규칙에 얽매여 있어, 열성적인 교사들은 아예 교직을 떠나고 있다. 교사는 수업을 방해하는 학생을 분리·교정하려 하지 않는다. 말썽부리는 학생을 제지했다가는 학부모로부터 소송을 당할 수 있음을 알기 때문이다.

20년 전에 필립 하워드가 지적했던 현상을 우리 학교 교육현장에서 겪고 있는 것 같아 심각한 문제다. 미국에서 소송 만능주의가 현재 우리나라의 모습은 아닌지 진지하게 볼 필요가 있다.

'공동선의 붕괴'(The Collapse of the Common Good, 필립 하워드 2001년)

이 책의 저자 필립 하워드는 예일 대학과 버지니아 대학 로스쿨을 나와서 뉴욕시에서 변호사로 일해 오고 있다. 미국의 법 제도와 변호사 과다가 초래하는 부작용이 너무 크다고 지속적으로 비판해서 큰 반향을 일으켰다.

미국은 국민의 권익이 법으로 잘 보장되어 있는 나라이며, 인구에 대비해서도 변호사가 매우 많은 나라이고 또한 소송이 많은 나라이다. 법적 장치와 절차가 정교하게 구비되어서 국민의 권리가 잘 지켜지는 장점도 있지만 이로 인해 전체적 사회비용이 높아진다는 비판도 있다.

2001년에 나온 이 책에서 하워드는 걸핏하면 소송을 제기하는 미국의 풍토가 미국인의 생활과 미국 사회를 나쁜 방향으로 이끌고 가고 있다고 주장하고 있다.

책은 소송 때문에, 그리고 소송을 우려해서 발생한 어처구니없는 일을 소개하면서 시작한다.

미국 전역의 어린이 놀이터에서 미끄럼 틀 같은 기구가 없어지고 있는데, 그것은 이런 기구에서 놀다가 작은 부상을 당한 부모들이 지방정부를 상대로 소송을 걸기 때문이다. 1주일 후면 의사면허를 받게 되는 의대 졸업생이 뉴욕 근교를 운전하다가 오토바이를 타다가 사고가 나서 길 밖으로 튕겨 나가 쓰러진 사람을 보고 처음에는 그를 도

우려고 했지만 무면허 의료행위로 인해 법적 문제가 발생할 수 있을 것 같아서 그냥 운전해서 지나쳐 버렸다. 이처럼 법적 공포(legal fear)가 미국의 문화를 결정짓는 요소가 되어 버렸다.

미국에서 일어난 황당한 소송과 법적 청구를 들자면 끝이 없다.

뉴저지주의 한 은행에 침입한 권총 강도는 자신이 권총으로 위협했다고 말한 은행 직원을 상대로 소송을 제기했다. 자기는 돈을 요구했을 뿐이고 직원의 생명을 위협하지는 않았다는 것이다. 마이애미 시청 직원들은 회전의자에서 떨어져서 엉덩방아를 찧었다는 이유로 진단서를 첨부해서 근로자 재해 청구를 하자, 시는 회전의자를 회수하고 예산을 들여서 고정의자로 교체했다. 그러자 직원들은 고개가 아프다는 불평을 하기 시작했다. 1993년에 법원은 GM 트럭이 연료탱크가 차량의 측면에 있어서 충돌시 폭발이 났다고 판결했는데, 1999년에는 GM 세보레 승용차가 추돌로 폭발한 사건에서 연료탱크가 후면에 있어서 폭발이 일어났다고 판결했다. 그렇다면 연료탱크를 어디 위치에 설치해야 하는가 하는 문제가 있다.

이렇게 툭하면 소송을 걸기 때문에 의사들은 환자를 자기를 상대로 소송을 제기할 수 있는 위험한 존재로 생각하며 진료를 하며, 소송을 걸기 위한 시신 해부가 붐을 이루고 있다.

엽관제의 폐단을 없애기 위해 도입한 직업공무원 제도는 정부 조직의 무책임을 초래했다.

미국 26대 시어도어 루스벨트 대통령은 무능한 직업공무원들을 해고할 수 있는 권한을 갖고자 했는데, 직업공무원들의 저항에 의해 무산되고 말았다. 1960년대에 적법절차 보장이 확대되자 이제는 공무원을 해고하는 일은 거의 불가능해졌다.

오늘날 정치적으로 임명된 고위직 공무원들은 하급 공무원들의 무사안일과 규정만을 들먹이는 관료적 태도에 깊이 좌절하고 있다. 공립학교의 시설이 마치 구시대의 박물관처럼 되어 버린 데도 공무원들의 무사안일과 관련이 있다. 덴버 공항의 관제탑을 어떤 색으로 할 것인가를 두고 연방항공국과 노조가 의견이 6년 동안 갈려서 도색을 못했다. 오늘날 미국에서 공무원들은 하급 인간으로 취급 받고있는 것은 우연이 아니다. 오늘날 우수한 대학 졸업생들은 공무원을 경멸하고 기피한다.

교직을 희망하는 학생들의 실력도 갈수록 저하하고 있다.

1998년에 매사추세츠 주 교사 시험에 응시한 지원자의 60%는 고등학교 1학년 영어와 수학 실력이 되지 못했다. 일단 교사가 되면 아무리 무능해도 해고는 거의 불가능하다. 공무원이 해고되는 경우는 사실상 존재하지 않는다. 교사와 공무원은 적법절차라는 법적 장치에 의해서 너무나 철저하게 보호되고 있기 때문이다. 무능한 교사가 자리잡고 있는 학교를 잘 가르치는 좋은 학교로 만들기 위한 기본적인 요건은 교사를 해고하고 새로 채용하는 권한인데 아무리 의욕적인 교장이라도 이런 권한을 행사하기는 무척 어렵다. 적법절차와 관료제가 가장 무능한 사람들을 공무원으로 앉혀 놓고 평생 봉급을 주도록 하고 있는 것이다.

학교 수업 시간에 교사는 말썽부리는 학생을 처리할 방법이 마땅치 않다. 부모로부터 소송을 당할 수 있음을 알기 때문이다. 학생들에게 정직이 덕목이라고 가르치던 시절은 오래 전에 끝났고, 이제 학생들은 적법절차라는 보호막 안에서 거짓말과 부정을 당당하게 하고 있다.

흑인 등 소수인종을 보호하는 데 사용된 적법절차와 법 앞의 평등 보호 원칙은 이제 소수인종을 무조건 보호하는 장치가 되고 말았다. 오늘날 무능한 소수인종 직원을 해고하는 일은 거의 불가능하다. 무능한 흑인 직원이 소수인종이라는 이유로 더 빨리 승진해서 전체 조직의 사기를 저하시키는 일은 어디에서나 일어나고 있다. 고용에서의 차별을 금지하는 법률이 고용에서 차별을 고질화시키고 있는 셈이다.

필립 하워드 '변호사가 없는 세상' (2009년) 이상돈닷컴, Book World
2000년 기준으로 미국의 변호사 숫자는 1970년에 비해 두 배가 되었다.

그러다 보니 미국 사회에서 변호사가 널려 있고 소송도 대폭 증가했다. 오늘날 미국인들은 '소송의 지뢰밭(legal minefield)'에서 나날을 살아가고 있다. 많은 미국인에게 미국은 더 이상 '자유와 선택의 땅'이 아니라 '법률로 인해 자유를 가질 수 없는 고통의 상태'가 되고 말았다. 법률이나 규정으로 소송이 증가함에 따라 사회비용도 증가하고 있다.

우리나라 등록 변호사수는 법무부 '월간 변호사 현황'에 따르면 2023년 3월 기준 전국 등록변호사 수는 3만3162명이다. 2013년 8월 1만5905명이었던 것에 비하면 10년 새 두 배를 넘어섰다.

지방정부는 혹시 있을 수 있는 사고로 인해 손해배상 소송의 대상이 될까 두려워서 어린이 놀이터와 비치를 폐쇄하고 있다.

수영장은 성희롱 책임을 피하기 위해 수영교사에게 실습생의 신체를 접촉하지 못하게 하고 있어서, 수영교습 도중에 사고가 발생할 위험이 증가했다. 제조사들은 혹시 있을지 모르는 소송에 대비해서 온갖 우스운 경고문을 제품에 부착하고 있다. 레터 오프너(letter opener)에는 "사용시 고글 착용을 권장합니다"는 경고문이, 낚시 미끼에는 "삼키면 위험합니다'라는 경고문이 부착되어 있다. 의사는 의료소송에 대비해서 필요치도 않은 비싼 검사를 하도록 해서 의료비용을 증가시키고 있으며, 이로인해 의료보험료가 올라가고 있다.

소송 남용으로 인해 '위험을 택하는(risk taking)' 창의적이고 도전적인 미국의 문화가 위협받고 있다.

극소수 사람에게 알레르기 위험을 야기할 수 있다는 이유로 대다수 사람들이 좋아하는 잣나무 숲을 베어버리거나, 경미한 위험 때문에 막대한 예산을 들여서 오염된 토양을 제거해서 더 큰 문제를 만드는 것도 그러한 경우다. 지방정부가 야외 놀이터를 폐쇄하자 어린이들은 밖에 나가서 노는 기회를 상실했고, 이로인해 체력과 사회성이 떨어지고 비만이 늘고 있다.

개인의 법적 권리를 지나치게 보장함으로써 다수가 피해를 입는 경우도 늘고 있다.

자폐증 아동의 권익을 보호한다는 명분으로 이들을 보통 학교에 보내도록 하고, 학교는 이들을 적절하게 통제하거나 배제할 수 있는 법적 수단이 없기 때문에 정상적인 학생들이 자폐증 학생의 발작으로 수업 손실을 입는 경우도 있다.

2007년에 워싱턴 DC의 한 변호사는 한국인 이민자 가족이 운영하는 세탁소가 자기가 맡긴 바지 한 벌을 잃어버렸다는 이유로 세탁소

주인을 상대로 백만 달러가 넘는 손해배상 소송을 제기했다. 그 변호사는 세탁소가 사기 마케팅을 했으며 잃어버린 바지를 입을 권리를 1,200일간 박탈당했고, 멀리 있는 세탁소에 옷을 맡기기 위해 매주 렌탈 카를 빌려야 했다는 이유를 댔다. 2년 간의 소송 끝에 법원은 원고의 제소가 실체가 없다는 이유로 기각했지만 변호사 경비를 10만 달러나 써야 했던 세탁소 주인은 가게를 닫고 한국으로 돌아가 버렸다. 저자는 이 같은 소송남용을 억제하기 위해 다음과 같은 대책을 세우자고 제언한다. 첫째, 법관은 '합리성(reasonableness)'이란 한계를 법률 문제로서 다시 확립해야 하고, 둘째, 법관은 재판에서 사건을 보다 적극적으로 관장해야 하며, 셋째, 특별한 전문성을 요구하는 분야에선 특별법정을 설치해야 한다는 것이다.

오늘날 미국 공립학교에선 의욕적인 교사를 찾아 보기 어렵다

소송남용은 많은 기관으로 하여금 그 조직을 관료적이고 방어적으로 운영하게 만들었다. 그 결과로 이 기관들은 원래의 목적 달성을 거의 포기하다시피 하고 있다. 대표적인 경우로 미국의 공립학교를 들 수 있다. 교사들은 창의성을 발휘해서 학생들을 보다 잘 가르칠 자유와 권리를 이미 상실했고, 이것을 하고 저것을 해서 안 된다는 식의 관료적 규칙에 얽매여 있다. 열성을 가진 교사들은 좌절해서 교직을 떠나고 있으며, 면학 분위기를 해치는 소수 학생들을 통제하지 못하는 교실에서 좋은 학생들이 희생되고 있다. 학교는 교원노조, 직원노조, 교장 협의체, 교육위원회 등 집단이기주의를 추구하는 단체에 의해 지배되어 가고 있다.

오늘날 미국의 공무원 조직 전체가 관료주의와 무능으로 병들어 있다.

노조가 너무 강해서 가장 무능한 공무원마저 파면하는 것마저 불가능하기 때문에 열심히 일하는 공무원이 오히려 바보가 되고 있다. 폭설이 오면 폭설을 치워야 할 공무원들이 폭설 때문에 출근할 수 없다면서 결근을 해도 어떻게 할 수가 없는 것이 오늘날 미국 공무원 사회이다. 콜럼비아 하이고등학교 총기 난사 사건과 버지니아 공대 총기난사 사건도 문제를 일으킨 학생들에게 심각한 문제가 있음은 주변은 알고 있었지만 이런 학생들에 대해 조치 취할 수가 없었던 것도 팽배한 관료주의와 과도한 적법절차 때문이었다. 관료주의와 무책임의 극치는 연방정부에서 찾아 볼 수 있다. 워싱턴은 로비 집단과 노조 등 조직된 이익단체에 의해 움직여지고 있고, 이런 단체와 관련을 맺게 되면 거기서 빠져 나오기란 조직범죄에서 이탈하는 것보다 더 어렵다.

미국은 새 대륙에 자리잡은 사람들이 세운 공동체로 이루어진 나라였다.

미국은 훌륭한 리더가 세우고 이끌어 온 나라였다. 하지만 오늘날 미국 사회는 리더를 인정하고 있지 않다. 법관은 터무니없는 소송을 기각해 버릴 수 있는 권한을 상실했으며, 교사는 자기 수업을 이끌어 갈 수 있는 지도력을 상실했고, **정치인은 자신을 지지하는 조직과 단체의 대리인 역할이나 하고 있다.** 이처럼 오늘날 미국은 공동체 정신과 창의성과 리더를 잃어 버린 사회가 돼 버렸다. 미국이 스스로 자유롭게 책임을 지는 사회가 되기 위해서는, 누적된 법률과 관료주의를 씻어 버리는 '법률 혁명'을 이룩해야 한다고 저자는 주장한다.

오늘날 미국에서 많은 사람들은 자신들이 생각하기에 정당하고 옳은 일을 할 수 없게 되어 좌절을 느끼고 있다.

이들은 종종 자신이 해야 한다고 믿는 일을 하기 전에 그런 일이 초래할 수 있는 법적 책임에 공포를 느끼고 그냥 뒤로 물러나 버리는 것인데, 이는 미국의 기본적인 정신과 문화에 배치된다. 법적 권리를 강조하는 사람들은 법적 권리 때문에 개인의 권리가 거대한 권력으로부터 보호된다고 말한다. 하지만 개인이 법적 장치를 동원해서 공동체의 결정을 좌절시킬 수 있다면 그것은 자유와 책임을 강조하는 미국의 전통을 좌절시키는 것이다. 소송을 일으키는 변호사, 노조의 이익을 지키기 위한 목적 뿐인 노조 지도자, 정년이 보장되어 있는 공무원과 교원은 전체 미국인의 선택을 저해하고 있다. 미국인들이 진정한 자유를 원한다면 이들이 갖고 있는 자유를 도로 회복해야 한다. 이것이 공공선을 회복할 수 있는 방안이다.

미국이 200년 걸린 과정을 우리는 불과 20년 만에 거치는 모양이다.

필립 하워드는 변호사이지만 이런 식의 소송 남용, 변호사 천국은 심각한 문제라고 경고를 하고 있다. 변호사 숫자가 적었을 때는 그로 인한 부작용이 있었지만 이제 우리는 변호사 과다와 소송 과잉을 걱정할 단계에 이미 접어 들었다.

집단소송적용범위확대와 징벌적 손해배상제도 도입한 이 상황에서 과연 변호사와 소송이 많은 사회가 바람직한지에 대해 진지하게 생각해 보아야 한다. 이상하게도 우리나라에서 이런 문제점을 지적하거나 심각한 사회문제로 인식하고 토론하는 교수, 교사, 공무원, 언론인은 찾아보기 힘들다. 모두가 안일함에 취한 책임을 방기하고 있다.

오늘날 미국의 공립학교는 총기 난사가 발생하지 않으면 그나마 다행인 처지로 전락했으니, 미국에서 일어난 이런 현상들을 보고 우리는 그래도 무기 휴대가 금지됐으니 조금은 더 낫다고 스스로 위안한다면 너무 비참한 현실이 아닌가? 더 늦기 전에 사라져 버린 '공동체 정신'을 되살리기 위한 노력을 국민 모두가 해야 한다. 서로가 상대방을 비난하고 내 책임과 의무를 경찰이나 법원 맡기기에는 우리에게 주어진 시간이 많지 않다(이상돈 중앙대 명예교수 컬럼, 필립 하워드 Book World 서평 등을 참고하여 정리하였다).

참고 문헌

1. 도서

일본의 가면을 벗긴다(Japan Inside Out) 이승만, 비봉출판사
폭침 어뢰를 찾다. 권영대, 조갑제닷컴
크리스토퍼 앤드루·박동철 역 〈스파이 세계사〉 1, 2, 3 (한울·2021년)
감염병을 바라보는 의료인문학의 시선, 김민정외7, 도서출판 모시는 사람들
바이러스 쇼크, 최강석, 매일경제신문사
재난인류, 송병건, 위즈덤하우스
6.25동란과 트로이목마, 현대사상연구회, 인영사
대한민국근대사시리즈4, 박윤식, 도서출판 휘선
건물이 무너지는 21가지 이유, 함인선, 글씨미디어
무엇을 버릴것인가, 유필화, 비즈니스북스
전투심리학, 데이브 그로스먼,로런 W. 크리스텐슨 (지은이), 열린책들
사람을 살리는 것은 결국 사람이다. 송재빈, 휴앤스토리
미래의 피해자들은 이겼다, 김승섭, 난다.

2. 기사 및 사설

잊힌 전쟁… 우크라 덮친 두 번째 겨울, 전후방 없는 공습 공포, 조선일보 2023.11.2

갈등 중재자 류성룡의 후손 류진 회장 경제 안보 노선은 '화이부동', 여성경제신문, 2023.8.13.

이태원 참사는 세갈래기습, 마음의 눈 없으면 매뉴얼 無쓸모, 신동아 2023년 1월호

세계 최강 이스라엘 정보기관은 왜 무너졌는가[김상운의 빽투더퓨처], 동아일

보, 2023.10.30.
'청문회 스타' 된 FBI 내부고발자 로울리 요원에 동료격려 쇄도, 연합뉴스, 2002.6.8.
사형 평결 자카리아스 무사위 "9·11 매일 일어났으면 좋겠다" 국민일보, 2006.4.14
[다산칼럼] 이기는 전쟁, 지는 전쟁, 한국경제신문, 2023.10.31.
"이스라엘, 하마스 공격능력 과소 평가… 무전 도청 1년전 중단", 동아일보, 2023.10.31
[남성욱의 한반도 워치] 적 능력 과소평가… 이스라엘은 1년 전부터 하마스 도청을 중단했다, 조선일보, 2023.11.13.
[남성욱의 평양리포트] 이스라엘의 정보 실패로부터 얻어야 할 교훈, 월간중앙, 202312호 (2023.11.17)
이스라엘, 하마스 침공 보고서 받고…"상상 속 시나리오" 묵살, 한국경제, 2023.11.24.
[기고] 이스라엘의 '정보 실패'가 빚은 파국적 재앙, 조선일보, 2023.10.10
"이스라엘, 하마스 공격능력 과소 평가… 무전 도청 1년전 중단", 동아일보, 2023.10.31
[횡설수설/전성철] 전성철 논설위원 입력 2019-07-16, 또 허점 드러낸 美 항공시스템…1개 '파일 손상' 때문에 1만편 올스톱, 2023.01.12.
경찰, KT 아현지사 통신구 화재 내사 종결…"원인 규명 불가" mbc 2019.04.30
[오늘의 시선] '제2의 ' 막으려면, 세계일보. 2018.11.27
스타벅스 '3중 통신망'... KT 화재에도 끄떡 없었다, 조선비즈, 2019.02.18.
KT 아현지사 화재 청문회, 대책은 없고 정쟁만 있었다, 시사저널 1541호, 2019.5.2.
KT 통신 먹통에서 배우는 초연결사회 대재앙의 교훈, 동아일보 2021.11.16
카카오톡 불통 사태가 드러낸 뼈아픈 교훈, 중앙일보 2022.10.17.
SK 데이터센터, 4시간前 '위험 경고'에도 배터리 화재 못막아, 동아일보, 2022.10.20
"비상전원 시스템 분리안돼… 화재대응 매뉴얼도 없었다", 동아일보 2022.12.07.
전문가 "카카오, 자체 데이터센터 안짓고 문어발 확장만", 조선일보, 2022.10.17
공룡 카카오의 '예정된 재앙', 근본 대책 세워야, 중앙일보 2022.10.17
카카오 등 데이터센터, 국가 재난관리시설로 지정하길, 중앙일보, 2022.10.18

[사설] 초유의 카톡 장시간 먹통 사태, 이러고 IT 강국이라 하겠나, 2022.10.16.
의협, "정부 코로나바이러스 방역 골든타임 놓치고 있다." 의협신문, 2020.2.3
최대집 의협회장 "한국인이 원인? 박능후부터 경질해야" 신동아 727호(p308~315)
메르스 사태 교훈삼아 정치적 계산 배제하고 방역·출입국 통제 강화해야, MEDI: GATE NEWS 2020.2.5
중국인 입국금지 빗발칠 때… 文, 시진핑에 전화해 방한 다짐받기, 조선일보 2020.2.25
100만명이 추모했다…2년 전 코로나 처음 알린 中의사 리원량, 중앙일보. 2021.12.31.
전염병 확산은 그때마다 세상이 바뀌었다…팬데믹 결정적 장면들, 매일경제 2021.3.23.
[김명자 서울국제포럼 회장 전 환경부 장관]
[사설] "압사 위험" 사흘 전 경고도, 4시간 전 112신고도 다 묵살됐다, 동아일보 2022.11.2
[사설] 안전 위협하는 불법 건축물, 남김없이 철거하라, 동아일보 2022.11.2.
[사설] 한국 재난 대비에 인파 사고 대책이 빠져 있다, 조선일보 2022.10.31.
이태원 참사는 세 갈래 기습, 신동아 2023년 1월호
[만물상] '과밀'에 익숙한 사회, 조선일보 2022.11.3.
[만물상] 변질된 핼러윈, 조선일보 2022.10.31.
'축구장서 94명 압사' 힐스보러 참사에 34년 만에 사과한 영국 경찰, 문화일보 2023.2.1
"인파 밀집 예측은 했지만 안전대책 안 세워", 내일신문, 2023.1.18.
[사설] 인파 예방 부재와 현장 대응 미흡이 참사 원인, 조선일보 2023.1.14
이태원 참사 수습 방해하는 가짜뉴스·혐오·정략 발언, 중앙일보 2022.11.01.
세계군중관리 전문가들 분석, 동아일보 2022.11.1.
"복서 자세로, 저항 말고, 대각선 이동하라" 美 압사방지 매뉴얼 보니, 조선일보 2022.10.31.
해외 군중관리 전문가들이 본 참사 원인, 동아일보 2022.11.1.
100명이 밀면 18t 압력… "m^2당 5명 땐 휩쓸리기 시작, 즉시 나와야", 동아일보 2022.10.31
[인터뷰] "스스로 살아 나올 순 없었다…이태원 참사, 경비 실패가 원인", 한국일보 2022.11.03

"군중 압사는 선·후진국 안 가려, 이태원 참사는 징후 간과한 탓", 조선일보 2022.11.7
일상 속 밀집 공포, 3대 해법으로 넘자, 서울신문 2022.11.08.
러시아-우크라이나 전쟁 평가와 전망, 교훈, 월간조선, 2023.2월호
[로터리] 우크라이나 사태가 한국에 주는 교훈, 서울경제 2022.5.10
[채희창칼럼] 우크라이나 사태의 교훈, 세계일보, 2022.3.7
러시아의 우크라이나 침공이 우리에게 주는 5대 교훈, 조선일보, 2022.3.1
우크라이나 사태의 교훈, MBN뉴스 2022.2.24
[기고] 우크라이나 사태의 교훈, 중앙일보 2022.3.5
故 서정우 하사 모친 "아들 전사하고서야 北 위협엔 예외없다 깨달아", 조선일보, 2023.11.24
반값에 공사하며 민원까지 떠맡으니… "자재비·인건비 줄일 수밖에", 조선일보, 2022.1.19
전국 건설현장의 불법 재하도급 조사해야, 중앙일보 2022.01.18
광주 아파트 붕괴는 '人災'…무단 구조변경·불량 콘크리트가 화 불렀다, 동아일보, 2022.3.14
[사설] 광주 아파트 붕괴는 "무단 설계변경 탓", 27년 전 '삼풍 사고' 판박이, 조선일보 2022.03.15
'그는 광주 아파트 붕괴 징후를 알았다' …현장의 기억 '424페이지', 세계일보, 2023.11.7.
[광화문에서] 또 다시 건설 현장에서 콘크리트가 얼고 있다, 동아일보, 2023.11.21
[단독] 비상구 문만 열렸어도 '포항 참사' 5명 살았다, 한국경제신문, 2022.9.13.
3명 숨진 부산 초량지하차도 사고 공무원들 유죄 판결, 중앙일보, 2022.9.5
오송지하차도 참사, 3년 전 '초량지하차도 참사'와 비슷…'인재' 판결 나와, 뉴스1 2023.7.18.
폭우 3명 숨진 부산 초량지하차도 참사…공무원 모두 '유죄', 더팩트, 2022.9.5
오송 지하차도 참사, 3년 전 '부산 초량' 사건과 판박이…처벌은?, 머니투데이, 2023.7.17.
지하주차장 침수 비극 막을 '새 매뉴얼' 시급하다, 중앙일보, 2022.9.8
행복청은 왜 관할구역 밖에서 부실공사 벌였나, 오송참사 숨은 원인들, 주간조선, 2023.7.30
[사설] 수많은 신고, 제보, 경고 다 무시한 공무원들, 존재 이유 뭔가, 조선일

보 2023.07.29.
오송 참사 전날 "제방 무너질 것 같다"... 119, 아무조치 안했다, 조선일보. 2023.7.27.
[사설] 한 곳만 제 역할 했어도 오송 참사는 없었다, 동아일보, 2023.7.29
[사설] 오송 참사 막을 기회 23차례나 있었다니, 국민일보, 2023.7.31.
총체적 관재 오송 참사, 윗선 책임도 엄중히 따져야, 중앙일보, 2023.7.31
장마 앞두고 재난부서 대규모 인사…"부실 대응 초래"(KBS 뉴스, 2023.8.15)
소방에 칼 겨눈 경찰 "우린 보조일뿐"…전문가는 의문 들었다, 중앙일보 2022.12.02
27년 전 오늘 북한 잠수함 침투...전쟁을 잊으면 위태로워진다, 중앙일보, 입력 2023.09.18.
[김종철 칼럼] 전쟁이냐 평화냐가 아니라 죽고 사느냐가 문제, 문화저널21, 2023.1.30
[단독] 태영호, 강릉무장공비 침투 사건 "북한군의 강한 정신력 보여줘" 망언, 미디어워치 2020.3.25
[전병규 칼럼] 96년 강릉 무장공비 침투 현장에서, 뉴스민, 2021.12.28.
[뉴스속 오늘] "대통령 암살하라" 강릉 침투한 北잠수함…'실종' 무장공비는 어디에, 머니투데이, 2023.9.18.
'3명 사망' 초량지하차도 참사 관련 공무원들 항소심서 대거 무죄·감형(종합), 뉴스1, 2023.10.19.
역사속의 오늘-서울 대왕코너 화재, 매일신문, 2006.11.2.
문학뉴스, 1970년대 서울을 불태운 3대 화재 사건, 2023.09.20
[DB를 열다] 53명의 목숨 앗아간 1972년 서울 시민회관 화재, 서울신문 2013.2.2.
시너-석유 불붙이기 내기하다 '펑', 조선일보, 1999.11.9
"가연성 실내 마감재 무분별 허용… 고양시 화재도 인재 아닌 관재", 경향신문, 2014.6.1
인천 호프집 화재사고; 꽉 막힌 탈출구, 인명피해 커, KBS뉴스, 1999.10.31
1999년 인천 호프집 화재사건, 동아일보, 2017.10.29
99년 인천호프집 화재참사 주인 등 3명 20억 배상판결, 동아일보, 2002.1.31
"18년전 동인천역 호프집 화재 비극 잊지말자", 동아일보, 2017.10.27
인천 인현동 호프집 화재 15주기…"청소년들은 여전히 갈 곳이 없다", 국민일보, 2014.10.29.
호프집 화재 사망자 대부분 고등학생, 연합뉴스, 1999.10.30.
23년 전 인천 화재참사와 판박이…"변한 게 없다", 연합뉴스, 2022.11.7.
민간 중심의 재난 응급 대응 체계 갖춰야, 조선일보, 2022.3.29
재난의 그늘 "과중한 업무·책임만 강요…재난 전문가 되기 전에 다 떠나", 한국일보, 2023.07.27
[데스크에서] 초임만 떠맡는 '재난 대응 부서', 조선일보, 2023.7.26
[경제포커스] 文정부 적폐 청산이 관료 사회에 남긴 후유증, 조선일보, 2023.7.6
"이걸요? 제가요? 왜요?" MZ 공무원 83%는 '그냥 직장인'으로 산다, 매일경제, 2023.8.16.
뺑뺑이 인사시스템이 무사안일주의 키워 "스페셜리스트 만들고 급여체계 다 변화를", 매일경제, 2023.8.21
욕만 먹고 승진은 힘들고…재난 일상화 시대 '방재직 공무원'의 현주소, 일요신문 [제1629호] 2023.07.27.
尹대통령 지시가 먹히지 않는 이유[최광숙 칼럼], 서울신문, 2023.8.8.
칸막이 밖은 월권, 먼저 나서면 찍힌다[되풀이되는 참사, 이대로는 안된다], 서울신문, 2023.7.21
"주말 아침 연락은 민폐" "실책 추궁당할라"… 윗선 보고 막는 불통[되풀이되는 참사 이대로는 안된다], 서울신문, 2023.7.24
2년마다 순환 근무·전문성 부족… 구멍 뚫린 지역 방재·안전망 [되풀이되는 참사, 이대로는 안된다], 서울신문 2023.7.25.
재난담당 공무원, 월평균 45시간 초과근무…"돌아온 건 화살", 중앙일보, 2023.10.10
행정의 사법화… 공직사회 '안전 업무·책임 쪼개기' 키웠다[되풀이되는 참사 이대로는 안된다], 서울신문 2023.7.27
행정의 사법화… 공직사회 '안전 업무·책임 쪼개기' 키웠다[되풀이되는 참사 이대로는 안된다], 서울신문 2023.7.27.
"재난 대응 역량 키우고 상황 소통 강화… 방재체계 뿌리째 바꿔야", 서울신문 2023.7.21.
"재난 대응, 중앙정부 중심 대비 '삐거덕'… 지방 '자치권' 확대해야" [최광숙의 Inside], 서울신문 2023.8.26.

9·11 테러 아수라장에서 노래 부르며 질서 유지, 신동아, 2014.12.26
[TV온에어] '서프라이즈' 9.11 테러, 2700명 목숨 구한 영웅, 2017.12.17.
모건스탠리의 기적 '릭 레스콜라'… '9·11테러'에서 2687명을 구하다, 국제신문, 2017.12.17.
지평리에서 현리까지 물망(勿忘)의 전투들[정전 70년, 끝나지 않은 6·25], 동아일보, 2023.7.26.
한반도서 훈련 할 수 없어서···美해군 알래스카로 갔다, 중앙일보, 2019.9.27
미 해병사령관 "北과 전쟁, 심각한 지상전 될 것" 정신무장 강조, 팬앤마이크, 2018.1.26
美 해병대사령관 "北과의 전쟁 처절한 지상전으로 펼쳐질 것", 아시아경제, 2018.1.26.
美 해병대 사령관 "한·미 연합훈련은 반드시 필요", 세계일보, 2018.10.11
이철재의 전쟁과 평화, 군대와 군기, 중앙일보, 2019.04.30
"15년 생업 현장서 단련된 사다리차 경험대로 움직였다", 중앙일보, 2018.1.19.
사다리차로 3명 구한 父子 "연기에 사람 안 보여, 감으로", 동아일보, 2017.12.22.
'제천 화재' 3명 구조한 민간 크레인 운전자 "퇴근길 아버지 전화에 구조 참여…구조 순간 안도했다", 연합뉴스, 2017.12.22.
"사람 목숨이 우선이죠"…3명 생명 구한 이양섭 부자, mbn뉴스, 2017.12.22
"피 솟구치자 블랙아웃"…인천 흉기난동 경찰들 '혐의 부인', 중앙일보 2022.02.05
인천 흉기난동 사건 새로운 증언 "남편 쓰러졌는데, 경찰들끼리 대화만", 조선일보, 2021.11.28
인천 흉기난동 출동 경찰관 1명 "부실 대응 인정 못해", 조선일보, 2023.04.17. 업데이트 2023.04.17
'인천 층간소음 흉기난동' 피해가족 "비겁한 경찰관 엄벌해야", 디지털타임즈, 2023.5.16.
'인천 흉기 난동' 부실 대응 경찰관들…직무유기 최고형, 서울신문, 2023.7.13.
'인천 층간소음 난동 부실대응'…순경만 "혐의 인정", 국민일보, 2023.4.17.
美-英, 나이 따라 체험형 안전교육… 韓은 동영상 시청 대체[인사이드&인사이트], 동아일보, 2022.11.22
EBS NEW 〈기획취재: 실패에서 배운다 1편〉 일본은 왜 학교안전교육을 강화했나, 2014. 06. 24
〈기획취재: 실패에서 배운다 3편〉 한·일 재난대피훈련 현장을 가다, 2014.6.25.

독일의 재난 안전관리에서 얻는 교훈, 월간조선, 2020년 4월호
Hansun Brief [21세기 한국 대중사회와 참사 후 참사], 통권 242호, 2022.11.10.
성주 참외 역대 최고 매출… 소비자가 '사드괴담' 퇴출, 조선일보, 2023.10.3.
"생존자 고통 조롱하는 폭력과 진영 논리… 천안함과 세월호가 똑같더라" [아무튼, 주말] [허윤희 기자의 발굴], 조선일보, 2022.4.9
[오늘의시선] 천안함 피격사건 11주기를 맞아, 세계일보, 2021.3.25
"천안함 전우들 희생 이제라도 바로 알려야", 문화일보, 2023.3.15
천안함 가짜뉴스 13년째[뉴스와 시각], 문화일보, 2023.11.23
가짜뉴스 퍼뜨리는 정치 장사꾼들, 중앙일보 입력 2023.02.08
[조일훈 칼럼] '미안하다' '죄송하다'…셀프 면죄부의 언어들, 한국경제, 2023.2.13
[사설] 핼러윈 참사도 특조위, '세월호'처럼 운동권들 일자리·돈줄 될 것, 조선일보, 2023.3.30
가짜뉴스 퍼뜨리는 정치 장사꾼들, 중앙일보 입력 2023.02.08
[조일훈 칼럼] '미안하다' '죄송하다'…셀프 면죄부의 언어들, 한국경제, 2023.2.13.
'광우병 연예인 40명' 전모 최초 공개…'가짜'와 싸우는 언론인 [송의달 LIVE], 조선일보, 2023.7.17.
미국산 소고기 수입량·점유율 최고치…"6년 연속 수입육 시장 1위", 이코노미스트, 2023.1.22.
[특파원 리포트] 日 시민들 "안전, 우리도 책임", 조선일보, 2023.2.13.
월간조선 2023년 12월호
필립 하워드, 변호사가 없는 세상 (2009년, 노튼, 225쪽, 15달러) 이상돈 Book World
필립 하워드, 공동선(共同善)의 붕괴 (2001년, 발렌타인 북스) 이상돈 Book World
이상돈 칼럼, 공동체 정신이 붕괴한 사회, 한국일보, 2023.7.31
변호사 3만명 시대, '불량' '부실' 변호사 넘쳐난다, 주간조선 2775호

3. 기타

[네이버 지식백과] 초연결 사회 [hyper-connected society] (IT용어사전, 한국정보통신기술협회)

[네이버 지식백과] 2019년 뉴욕 대정전 (시사상식사전, pmg 지식엔진연구소)

[네이버 지식백과] 스페인독감 (두산백과)

[네이버 지식백과] 힐즈버러 참사(1989) (시사상식사전, pmg 지식엔진연구소)

위키백과

정말 위험하다4, 베트남 통일 후 인적청산, [공병호TV], 2019.8.15

베트남 보트피플, 체제 경쟁에서 패한 사람들 [공병호TV], 2019.8.12

종북주사파 세력의실체, 유튜브 TV 0271

나무위키 인천 인현동 호프집 화재 참사

[네이버 지식백과] 서울 대연각호텔 화재(1971) (시사상식사전, pmg 지식엔진연구소)

[네이버 지식백과] 대연각호텔화재사고(한국민족문화대백과, 한국학중앙연구원)

(시사상식사전, pmg 지식엔진연구소)

미국의 사례를 통해 본 우리나라 의용소방대 활성화 제도 개선 방안 연구

성기환, 최희천(한국방재학회논문집, 제23권 3호 2023년 6월)

해외 의용소방대 활동의 운영체계 비교 고찰에 관한 연구, 강원대학교 방재전문대학원

김형도, 이시영(한국소방학회 논문집, 제31권 제6호, 2017)

우리나라 의용소방대의 효율적인 운영에 관한 개선방안 연구, 강원대학교 방재전문대학원

김형도, 이시영(한국소방학회 논문집, 제31권 제5호, 2017)

대규모 재난대비를 위한 의용소방대 활용방안과 시사점, 강원대학교

최준호, 최충익(한국소방학회 논문집, 제32권 제5호, 2018)

재난의 연결고리를 끊어라
재난을 어떻게 활용할 것인가?

1판1쇄 2024년 2월 2일

저자 송재빈
발행인 이경화

발행처 디자인21
주소 04560 서울특별시 중구 퇴계로 293-1 3층
전화 02-2269-6561(대)
팩스 02-2269-6568
이메일 21publish@naver.com
블로그 https://blog.naver.com/publish21
홈페이지 https://21publish.co.kr

등록번호 제1-1128호
등록일자 1991.2.12

ISBN 978-89-6131-139-7 03330

정가 20,000원

© 송재빈, 2024

* 본 도서의 내용을 무단으로 복제 시 저작권법에 의해 처벌을 받을 수 있습니다.
* 잘못 만들어진 책은 교환하여 드립니다.